Tudi Zhengzhi Yu
Meili Xiangcun Jianshe

土地整治与美丽乡村建设

吴次芳　叶艳妹 / 著

ZHEJIANG UNIVERSITY PRESS
浙江大学出版社

U0672917

图书在版编目（CIP）数据

土地整治与美丽乡村建设 / 吴次芳,叶艳妹著. —
杭州：浙江大学出版社，2018.6
ISBN 978-7-308-17568-5

Ⅰ.①土… Ⅱ.①吴… ②叶… Ⅲ.①土地整理—研
究—中国②城乡建设—研究—中国 Ⅳ.①F321.1
②F299.21

中国版本图书馆 CIP 数据核字（2017）第 265044 号

土地整治与美丽乡村建设

吴次芳　　叶艳妹　著

责任编辑	周卫群	
责任校对	虞雪芬	
封面设计	春天书装	
出版发行	浙江大学出版社	
	（杭州市天目山路 148 号　邮政编码 310007）	
	（网址：http://www.zjupress.com）	
排　　版	杭州中大图文设计有限公司	
印　　刷	绍兴市越生彩印有限公司	
开　　本	710mm×1000mm　1/16	
印　　张	15.75	
彩　　插	8	
字　　数	292 千	
版 印 次	2018 年 6 月第 1 版　2018 年 6 月第 1 次印刷	
书　　号	ISBN 978-7-308-17568-5	
定　　价	69.00 元	

前　言

在采集狩猎社会，人类是居无定所的。直至农业与牲畜业分离的第一次劳动大分工后，"村"的概念开始萌生；伴随着农业和手工业分离的第二次劳动大分工，"乡村聚落"中分离出"城邑"或"城市"，从此世界由乡村和城市二元格局构成。原本的乡村是很美丽、很有魅力的，多少有修养、有境界和有智慧的文人骚客，都在乡村寻觅审美生存的家园意境，东晋末至南朝宋初期伟大的诗人、辞赋家陶渊明归隐田园就是这种佐证之一。无论是中国的山水画，还是西方的油画，也都是以美丽的乡村景观作为主题的。天人合一的乡村，带给人类视觉的享受和盛宴、心灵的观照和感悟，情感的愉悦和兴奋。正所谓：城市使生活更美好，乡村使城市更想往。

可是，当我们从现代工业文明出发，"去乡村化"成为一种时尚。原本的乡村土地增值，必须是黑色的、松软的、潮湿的；而工业文明时代的土地要增值，则必须是白色的、坚硬的、干燥的，最后铺上水泥使之彻底固化。乡村与土地发生能量交换的通道断裂，乡村意图与实践活动脱节，村民存在与经验背离。回头审视这200多年来的乡村大地，它到底经历怎样的变迁。到如今，回不去的故乡，踏不上的乡村天道，乡愁何寄，美丽何在，魅力何觅？这将成为人类从现在开始，一个最迫切需要解疑的心灵与身体、个人与群体、社会与国家的多重困惑。

为了重现美丽乡村的图景，修复生命诗性的乡愁，在人类所有能运用的手段中，土地整治可能是最直接也最有效的途径之一。它是重构乡村美丽景观的"大地艺术"，也是心灵还乡获得救赎和填补乡村时空断裂的强大能量。然而，"乡村土地整治，是美化还是破坏？"目前仍然还是以一个不可回避的问题存在。当土地整治行走在重建美丽乡村的进程中，能否实现以下两个最重要的目标：为了乡村居民，改善他们的生产生活质量；为了全国人民，改善乡村的发展质量，当下也仍然是需要加大努力和贯通的方向。当余氏命题给人类导出了"人活在上帝与牛顿之间"的存在愿景时，总是希望走向无限的生命衍化之境；通过土地整治重建田园牧歌的生活，希望温饱有余的农民和城市居民可以继续享受乡村的青山绿水和蓝天白云，可以继续享受陶渊明式的"采菊东篱下，悠然见南山"的美丽乡村休闲与情趣。

笔者于 1995 年开始正式承担原国家土地管理局委托的全国第一个土地整治研究课题,从那时算起至今已经持续关注土地整治 20 多年了。从 2013 年开始,作者先后受宁波市城乡建设委员会、九江市国土资源局、上海市规划和土地资源管理局等单位委托,充分运用原有相关土地整治的理论和经验积累,开始了"土地整治与美丽乡村建设'联姻'"的课题研究。这是一个新的领域,也是一种新的探索,更算是一个新的起点。我们的研究并不成熟,全部积累尚不充分,一切都还在学习的路上。之所以将初步成果梳理出版,我们只是希望有更多的人能共同关注土地整治的存在境界,共同探索土地整治与美丽乡村建设在时间三重向度和空间多元维度相融合下的理论逻辑、适然价值和实践路径,真诚地欢迎来自各方的意见、建议和批评。

全书由署名作者共同撰写完成,参与课题研究的还有张晓滨、吕添贵、贝涵璐、卓跃飞、林凡凡、葛又畅、邱滋璐、吕凯一等研究生。书稿中第六章是在笔者指导的林凡凡硕士论文《基于目标规划模型的村庄布局优化研究——以流泗镇为例》的基础上梳理提炼而成的;第十章的第二节是在笔者指导的葛又畅硕士论文《基于公平与效益的宅基地管理模式研究——以浙江义乌为例》的基础上撰写而成。在书稿付梓之际,笔者要特别感谢宁波市城乡建设委员会及其相关部门,九江市国土资源局及其相关部门,上海市规划和土地资源管理局及其相关部门,义乌市国土资源局及其相关部门,在收集资料过程中所提供的帮助和支持;还要特别感谢他们所提供的实践案例。本书撰写过程中,参阅了大量国内外学者的文献资料,感谢各参考文献的作者,撰写中可能会有疏漏的文献,敬请作者谅解。

吴次芳

2017 年 4 月

目　录

上篇　理论篇

下篇　实践篇

上篇　理论篇

第一章　研究背景

第一节　国家战略

一、土地整治的国家战略

1986 年 6 月,全国人民代表大会通过的《中华人民共和国土地管理法》在
"合理利用土地、切实保护耕地"作为立法目标的导向下,对国有荒山荒地滩涂
开发和生产建设损毁土地做出了原则性规定,从此开始了中国现代意义上的土
地整治探索起步工作。1997 年中共中央、国务院出台了"11 号文",明确"实行
占用耕地与开发、复垦挂钩政策",提出要"积极推进土地整治、搞好土地建设";
1998 年 8 月修订的《土地管理法》提出:"国家实行非农业建设占用耕地补偿制
度"、"各省市自治区政府负责本行政辖区内的耕地总量动态平衡"、"国家鼓励
土地整理",这进一步强化了土地整治在促进耕地保护中的法律地位;新修订的
《土地管理法实施条例》要求"县、乡(镇)人民政府应当按照土地利用总体规划,
组织农村集体经济组织制定土地整理方案,并组织实施",土地整治从而成为土
地利用计划管理的重要内容,成为支撑和促进地方经济社会发展的重要手段;
2004 年国务院发布的《关于深化改革严格土地管理的决定》,重申"严格执行占
用耕地补偿制度",要求定期考核地方政府土地开发整理补充耕地情况;2005 年
国务院办公厅印发《省级政府耕地保护责任目标考核办法》(国办发〔2005〕52
号),确定省级人民政府对本行政区域内的耕地保有量和基本农田保护面积负
责;2006 年国土资源部下发《耕地占补平衡考核办法》(国土资源部令第 33 号),
确立了占补平衡考核制度,明确提出开展年度耕地占补平衡考核。土地整治工
作因为直接关系地方政府耕地保护目标能否实现而受到全社会更多关注。

2008 年,中国共产党十七届三中全会要求"大规模实施土地整治",土地整
治正式纳入国家层面的战略布局。2012 年国务院《政府工作报告》明确提出要
"加大土地开发整理复垦力度,大规模建设旱涝保收高标准基本农田";国务院

批准实施的《全国土地整治规划（2011—2015 年）》明确提出"十二五"期间建设 2760 万公顷（4 亿亩）高标准基本农田，计划投资 6000 亿元。国务院批准实施《全国土地整治规划（2016—2020 年）》，明确提出未来五年国家土地整治战略部署，确定土地整治的指导思想、基本原则、目标任务和方针政策，统筹安排各项土地整治活动和高标准农田建设任务，明确土地整治重点区域和重大工程，提出规划实施保障措施。2017 年 1 月 9 日，中共中央 国务院联合下发了《关于加强耕地保护和改进占补平衡的意见》（中发〔2017〕4 号），明确提出："像保护大熊猫一样保护耕地，着力加强耕地数量、质量、生态'三位一体'保护"，"大力实施土地整治，落实补充耕地任务"。可见，土地整治已上升为国家战略，成为实现保护耕地的基本国策，确保国家粮食安全、推动城乡统筹发展的重要手段，是造福子孙后代、实现中华民族永续发展的长远大计。可是，现实中的土地整治主要是为满足耕地保护或者更具体地说是为落实耕地占补平衡任务的需要而展开的，不仅不能满足着力加强耕地数量、质量、生态"三位一体"保护的需要，也不能满足中国经济发展进入新常态和新型工业化、城镇化建设深入推进的需要，更不能满足统筹推进"五位一体"总体布局、协调推进"四个全面"战略布局和生态文明建设的需要。因此，我们必须从国家战略的高度重新认识土地整治发展的定位、功能和在经济社会发展中的基础性作用。

二、美丽乡村建设的国家战略

美丽乡村（beautiful village）是指经济、政治、文化、社会和生态文明协调发展，规划科学、生产发展、生活宽裕、乡风文明、村容整洁、管理民主，宜居、宜业的可持续发展乡村（包括建制村和自然村）。2012 年年底，党的十八大报告提出了建设美丽中国的宏伟构想。美丽乡村是美丽中国的起点，其建设需要按照"规划科学布局美、村容整洁环境美、创业增收生活美、乡风文明素质美"的要求，打造宜居、宜业、宜游的新型乡村结构，并纳入新型城镇化的战略框架，从而共筑美丽中国的发展愿景。2013 年中央一号文件《关于加快发展现代农业 进一步增强农村发展活力的若干意见》，正式提出了"努力建设美丽乡村"的国家战略。同年，农业部在全国启动了美丽乡村创建活动，住房和城乡建设部在全国开展了美丽宜居示范村建设工作。由此，美丽乡村建设被提到了国家战略高度，各地掀起了美丽乡村建设的新热潮。美丽乡村建设是推进生态文明建设和提升社会主义新农村建设的新工程、新载体。近年来，浙江美丽乡村建设成绩斐然，成为全国美丽乡村建设的排头兵。如今，安徽、广东、江苏、贵州等省也在积极探索本地特色的美丽乡村建设模式。2013 年 7 月，财政部采取一事一议奖补方式在全国启动美丽乡村建设试点。美丽乡村建设不仅是社会主义新农村建设的积极探索,也是"美丽中国"和生态文明在中国农村的重要实践形式。"美丽乡村"是以天蓝、地绿、水净、安居、乐业、增收为特征,以促进农业生产发展、人居环境改善、生态文化传承、文明新风培育为目标的新农村。"美丽乡村"建设对乡村规划提出了很多的新要求,如加大力度进行配套设施的完善、村庄特色与乡土风情的保护、生态文明的建设、环境卫生的改善、村容风貌的提升。2015 年 5 月 27 日,《美丽乡村建设指南》国家标准发布,对美丽乡村建设的生态美、生活美、生产美、行为美提出了具体要求。然而,如何全面推进美丽乡村建设,如何更有效实施美丽乡村建设,如何保持美丽乡村建设的可持续性和韧性,不仅在理论上有许多困扰和难点,更重要的是缺乏可持续的政策工具和抓手。

　　土地整治是对山、水、田、林、路、村的综合治理和功能提升,是促进区域发展和城乡统筹的重要手段,能有效促进土地利用的有序化和集约化,不断提高土地利用率、生产率,以满足经济社会可持续发展对乡村发展的需求。土地整治对提高耕地质量,增加耕地数量,改善农业生产条件和农村生态环境,促进农业产业结构调整,发展现代农业,增加农民收入,改善农村面貌等都具有十分重要的作用。更具体地说,土地整治有政策、有经费、有平台、有技术,更有国家战略的支撑和对乡村发展的独特功能。因此,土地整治就顺理成章地成为推进美丽乡村建设的一项重要举措。

第二节　现实需求

一、缩小城乡差距的现实需要

　　尽管改革开放以来农村积极有为,切实把城乡统筹作为重中之重来抓,乡村面貌发生了根本性的变化。第一,农村环境日益改善,实现从脏、乱、差到硬化、净化、美化的转变。"十一五"以来,全国各级财政大力投入资金开展清垃圾、清河道、清路障、清露天粪坑、清闲置宅基地等村庄整治活动。尤其是"十二五"以来,各地美丽乡村建设和美丽宜居示范村建设都取得了积极的成效。第二,农村医疗保险逐步与城镇医疗保险接轨,实现从看不起病到看得起病转变。2013 年新农合制度与上一轮相比,筹资标准和保障水平提高,补偿范围进一步扩大,扩大参合人员就医的自主选择权。第三,养老保险走向全覆盖,逐步实现从家庭养老到社会养老过渡,不仅标准有所提高,还建立了高龄老人补贴制度。第四,把脱贫攻坚与推进城镇化和产业发展相结合,乡村品质发生了巨大变化。但是城乡统筹发展的形势依然严峻,任务依然艰巨。主要表现在以下几个方面。第一，区域发展不平衡。生产总值和财政收入主要集中在市区和县城，乡镇发展动力不足，村庄发展无特色。第二，农村基础设施相对落后。全国各地自然村多而散，且农村基础条件相当薄弱，是"有新房没新村"，"脏、乱、差"现象依然存在。第三，城乡居民收入差距大。2015年，城镇居民人均可支配收入为31195元，农村居民人均可支配收入为11422元，城乡收入比为2.73∶1，虽然有所缩小，但是城乡人均可支配收入差距的绝对值依然很大，是19773元，比农民人均可支配收入还要多。第四，贫困弱势群体仍然较大，低收入农户群体动态的长期存在。根据《中国扶贫开发报告2016》，2015年全国仍有5575万人贫困人口，其中河南、湖南、广西、四川、贵州、云南6个省份的贫困人口都超过500万人。全国不仅有14个连片特困地区，除京津沪3个直辖市外，其余28个省级行政区都存在相当数量的生活在贫困线以下的群众。第五，村级集体经济十分薄弱，发展不平衡。第六，农村公共服务、社会保障依然薄弱。城乡教育资源分布不均，农村优秀师资过度流向城市。城乡医疗卫生资源配置仍不合理，农村养老保险保障水平较低。

推进建设美丽乡村的目标，就是要加大城乡的交流融合，在加快城镇化的同时，公共资源要向农村地区倾斜，加快推进社会保障、公共服务均等化。自愿退出宅基地和承包地的转产农民在城镇得以安居乐业，享受市民的同等权利，尽快融入城市社会；留在农村的人，有更多的创业空间和就业机会。要让广大农村群众享受改革开放成果，在这一进程中，土地整治是最重要和最基础性的抓手，可以通过城乡建设用地增减挂钩、高标准基本农田建设和农村土地综合整治等途径，促进城乡统筹发展，缩小城乡之间的差距。

二、农村建设转型的必然要求

建设美丽乡村强调人与自然的和谐，是落实生态文明建设的重要措施。通过近几年的村庄整治，不少村庄基本实现了"治脏"的目标，实现了从治脏到治乱、治散的转变，但是农村散乱的局面依然存在。要防止农村建设的无序性，必须要未雨绸缪，加强村镇建设规划，确保规划真正落到实处。新村建设要建一处成一处，做到重点村重点抓，一般村一般抓，撤并村控制抓。充分利用土地整治中宅基地整理复垦带来的收益，可以更好地把中心村中心镇建设、村庄整治建设与发展村级集体经济有机结合起来，为村级集体经济营造一个稳定的收入来源。同时，土地整治还可以有力地促进发展休闲农业和乡村旅游、农家乐，增加农民创业就业平台，增加农民收入；而且有利于深度培育和挖掘地方文化特色，给美丽乡村创建提供更为丰富的内涵和动力。

在全面推进城乡融合的新阶段，农村建设也需要转型。土地综合整治有利于推进人口集聚,促进资源节约利用。一年一个脚印分步实施,注重发展村域经济、推进宅基地置换、自然村搬迁和集中居住区建设、加快基础配套设施建设、挖掘传统文化、完善公共服务体系,从注重数量逐步向注重质量转变,就可以真正打造一批新农村建设样板村。通过整合农办、农业、林业、文化、旅游等部门资源,统筹安排村庄、产业、文化、景点、基地等建设,点、线、面相结合,连线连片推进,整体提升农村人居环境,从而建设科学规划布局美、经济发展生活美、村容整洁环境美、乡风文明素质美的美丽乡村。

三、提高农民生活品质的重要途径

建设美丽乡村就是要打造生态家园,彰显农耕文化,展示乡土风情,推进城乡融合,从更高层面、更广范围来综合考虑农村的就业、居住环境问题,乡村不但要能够居住舒适,而且能够依靠良好的生态环境吸引城里人来旅游,从而农民获得收入,进一步提高生活品质。当下,城乡互动频繁,乡下人想进城,城里人想出城,去享受自由自在的田园生活。因此,通过土地整治这个平台,把乡镇打造成景区,把村落打造成景点,把家园打造成盆景,契合城乡统筹发展的趋势。

新农村建设行动,有利于加强空心村改造,促进土地资源集约化利用,改善人居条件,提升居住品位,提高农民生活品质;实施"环境优化行动",开展生活污水整治、卫生改厕和长效保洁,连线综合整治等逐步扩大保洁面;实施"基础配套行动",提高绿化覆盖率,加强路灯安装和休闲活动场地建设,提高农民居住环境;实施"社区提升行动",建设社区服务中心,设置便民服务窗口,配套建设文化活动室、老年活动室等,使农村社区"规划科学、环境整洁、设施配套、服务健全、安居乐业、生活舒适、邻里和睦、管理民主"。

第三节 问题导向

一、土地整治促进美丽乡村建设如何更有成效

20 世纪 90 年代中后期以来,中国开始全面推进现代意义上的土地整治。"十一五"期间全国建成 1.6 亿亩高标准基本农田,经整治的耕地平均亩产提高 10%～20%(张晓燕,2015)。"十二五"期间,全国整治农用地 3535.3 万公顷,建成高标准基本农田 2760 万公顷(4.14 亿亩),补充耕地 184.5 万公顷(2767 万亩),其中,土地开发补充耕地 54.8 公顷(822 万亩),土地整理复垦补充耕地

117 万公顷(1755 万亩),增减挂钩补充耕地 12.7 公顷(190 万亩),新增耕地超过同期建设用地和自然灾害损毁的耕地面积,保证了全国耕地面积基本稳定。耕地质量平均提高 1 个等、亩产平均提高 10%~20%,提高了耕地生产能力,新增粮食产能 373.68 亿千克,其中补充耕地增加粮食产能 64.68 亿千克,提高耕地质量增加粮食产能 288.4 亿千克,规模经营增加提高土地利用率增加粮食产能 20.6 亿公斤(国土资源部土地整治中心,2015)。10 多年来,全国在扶贫开发重点县安排土地整治项目共约 1.5 万个,投入资金 520 多亿元,惠及 1200 多万贫困人口。可是,当下土地整治的方式仍然比较单一,主要集中在耕地质量提升和耕地生产条件的改善,以及通过城乡建设用地增减挂钩这一政策工具局部改善农村居民点的空间布局,在整体上促进美丽乡村生产发展、生活宽裕、村容整洁、人居环境改善、农村基础设施建设和公共服务设施配套、环境综合治理合理保护与修复自然景观和田园风光、加强农耕文化和民俗风情的挖掘与传承等方面的作用尚未充分发挥,还不能适应美丽乡村建设对土地整治提出的更高和更全面的要求。随着 2015 年 5 月《美丽乡村建设指南》国家标准的发布,土地整治工作面临着如何进一步促进美丽乡村建设走上生产发展、生活富裕和生态良好之路的新任务和新要求。如何使土地整治在促进美丽乡村建设方面更有成效,如何使农民通过土地整治更有获得感,如何使土地整治在促进美丽乡村建设的进程中更有韧性,无论在理论和实践方面都还有待进一步的探索和创新。

二、美丽乡村建设如何构建更有效能的发展模式

2013 年以来,在国家的大力推动下,美丽乡村建设在各地普遍开展,取得了良好的成效。在以浙江为典型的东部地区,美丽乡村建设成效尤其突出。以浙江省的安吉县为例,全县 187 个村,规划为 40 个工业特色村、98 个高效农业村、20 个休闲产业村、11 个综合发展村和 18 个城市化建设村。落实到各个点上,以 12 个乡镇为单位,从实际出发,安吉县逐村规划、逐村定位,以土地整治为平台,形成既各具特色又浑然一体的美丽乡村风情带、功能区。到 2016 年,安吉县率先全面建成中国美丽乡村,建成浙江省首批美丽乡村示范县,农民有了实实在在的获得感。但纵观整个美丽乡村建设,其中还存在着诸多问题和短板。第一,美丽乡村建设缺少整体规划,一些项目随意、分散,布局上存在点多面广、经营分散等问题。譬如在常州地区的溧阳市,即使只有一塘一坝,也会马上有人来圈地开发,已经对美丽乡村建设造成一定的负面影响(乐俊兰、沈坚等,2016)。第二,盲目仿效,缺乏因地制宜和地方特色。当前在很多地方,美丽乡村建设方面主要采取的是"以点带面"的方式,率先发展示范村,边建边摸索,然

后在面上推广。这种方式能在一定程度上降低建设风险,但盲目模仿现象突出,没有突出当地特色,甚至是使本地的一些民俗文化被丢弃,已经影响美丽乡村建设的成效。事实上,一方水土养一方人,不仅生于斯长于斯的人身上弥漫着当地的个性气质,就连外来的人口在当地生活一段时间以后也会在环境的浸染下融入当地的文化。如果美丽乡村建设缺乏个性和地方特色,这必然影响美丽乡村建设的发展韧性。第三,农民与土地分离,这脱离乡村发展的现实背景和要求。例如以地换房和以房换房的美丽乡村建设模式,很多乡村的建设面貌乍看是非常有成效的,类似城市小区的农村小别墅随处可见,不知情的会以为是哪个房地产商新建的楼盘。然而,在这一排排楼盘的背后,是用农民的农村宅基地交换而来的。原有的住房被推倒,农田和宅基地被征收,然后搬入这集体的远离农业的乡村小区房。这种以地挺起房以房换房的结果是农民与其赖以生存的农田、农地脱节,村民的养殖种植产业无法进行或在现条件下难以进行(胡立亚,杨毅,2015)。此外,美丽乡村建设缺乏后续的激励措施和韧性,没有突出农民群众的主体作用,在经济和生态建设方面的效果不突出,文化和历史遗存没有得到应有的保护等等问题,在各地也十分普遍。因此,如何通过土地整治构建更有效能的发展模式,是未来美丽乡村建设亟须探索的重大课题。

三、土地整治与美丽乡村建设如何更加互促互进

按照现行的管理体制,土地整治的行政管理主要隶属国土资源部,国家发展和改革委员会、财政部、农业部、水利部等部门也行使相应的行政职能;而美丽乡村建设的行政管理主要隶属农业部,住房和城乡建设部、财政部等也行使相应的行政职能。"政令不出中南海"似乎是中国的一个顽疾,已在某种程度上成为妨碍中国改革大业和中国梦实现的拦路虎。它反映了在中国久已存在的央地博弈关系。其实,政策落实不到位不仅存在于地方,更存在于国务院部委层面。严格说来,地方对中央的政策打折扣,实则针对的是中央部门,因为中央的政策一般以部门的名义下发的,即使以中央政府的名义,具体部署也要通过某个部门。因此,分属不同部委的事务,相互扯皮和不配合是司空见惯的现象。此外,土地整治和美丽乡村建设就其本体而言,工程路线图和技术模式也是有差异的:前者主要以地为主体,后者主要以村为主体,工程建设的重点和技术要求原本就有一定差别。因此,探索土地整治与美丽乡村建设互促互进的制度模式和技术模式,实现 1+1>2 的效果,从推进治理体系和治理能力现代化的角度看,是十分必要和紧迫的。

第四节 核心意义

一、落实国家发展新战略

正如本章第一节所指出的那样,全面推进土地整治和美丽乡村建设都是国家治国理政的新思想和新战略。从"农耕社会、乡土中国"到"工业社会、城市中国",再到"生态文明、美丽中国",乡村建设始终是中国近100年来,最为重要的议题之一。乡村是人类的故乡,是城市人的精神家园。可是,随着当今社会工业化、城市化和现代化进程的加速推进,乡村作为一种精神家园似乎已成为永远走不进去的画面。中国科学院和中国工程院两院院士吴良镛先生曾经指出:"城与乡是一个事物的两面,城市化进程中不能忽视农业地区的发展,美好人居环境与和谐社会共同缔造离不开城乡统筹。现在对城市的研究已经较为深入,但对乡村的研究却显欠缺。"(赵永新,2012)习近平总书记指出,"山水林田湖"是一个生命共同体,人的命脉在田,田的命脉在水,水的命脉在山,山的命脉在土,土的命脉在树。由一个部门负责领土范围内所有国土空间用途管制职责,对"山水林田湖"进行统一保护、统一修复是十分必要的。如此看来,整体谋划土地整治与美丽乡村建设,不仅是落实国家发展新战略和建设"山水田林湖生命共同体"新理念的需要,也是长期以来对乡村建设研究欠缺的一项补短板课题,具有历史和现实的双重价值。

二、践行国家土地整治新理念

《全国土地整治规划(2011—2015年)》就提出"全域土地整治"的理念和指导思想。《全国土地整治规划(2016—2020年)》进一步提出:坚持区域协同、城乡一体,实施山水林田湖综合整治。土地整治的本质特征是要统筹人口增长、经济发展、社会进步与自然资源持续利用之间的关系。以往单一地将田、水、路、林、村、城割裂开来或各项工程分开实施的土地整治活动,已经无法满足城乡发展和土地整治的新要求。把城乡分割和孤立分散的土地整治项目转变为连片集中的综合整治项目,做到整体谋划、综合部署、聚合资金、协调衔接各项整治工程,把城镇和乡村置于一个整体的地域空间下推进全域全类型的土地整治,统筹生产、生活和生态用地配置,协调城镇、农业和生态空间的对立统一,才能更好和更有效实现美丽乡村建设。但是至今为止,学术界尚缺少有关如何通过更全面、更全域的土地整治来助推美丽乡村建设的系统研究。所以,本研究不仅仅是对国家土地整治新理念的积极响应,对国际土地整治发展新趋势的主动适应,也是对土地整治发展新方向、新动能和新功能的一次探索。

三、探索人与自然和谐发展新路径

土地整治不只是一个工具或某种技术手段,它是人类活动的组织哲学,最终目标是寻求与地球共生存,探索人与自然和谐的方法和路径。纵观许多古文明的衰落,可以发现这些文明之所以从强盛走向衰落,是因为他们在文明发展过程中很少或根本没有遵循人与自然和谐的规律,对自然界肆意开发和掠夺,从而导致自然生态系统的崩溃,最终酿成文明的衰败。美索不达米亚文明、玛雅文明、哈巴拉文明都是如此。土地整治作为重构地球生命景观、促进人与自然和谐的有效途径,在很多场景下并没有充分发挥好这一功能,甚至在局部区域出现了生态环境退化的现象。例如,近年来吉林西部一些地区大搞土地整理,盲目开垦湿地资源,发展农业生产,致使湿地面积逐年缩小,质量下降,加剧了该地区土地的干旱化、荒漠化、盐碱化程度,生态环境不断恶化。以白城市为例,在"以水治碱,以稻治碱"的口号影响下,大片的湿地资源被垦作水田,仅1995—1997年3年间,湿地面积就减少了1/3,严重影响了当地的空气湿润度和汛期防洪蓄水的效果。该区1997年历史罕见的干旱灾害和1998年特大洪水造成的严重经济损失,与湿地资源的严重破坏有直接关系(李立娜,姚尚莲等,2003)。人类学和历史学的研究表明,人与自然对抗,必然发生生态环境破坏,这是不变的宇宙法则。人类文明必须遵循宇宙法则,建设人与自然的共生系统,土地整治也不能例外。我们必须以构建人与自然和谐共处的生命共同体为基本法则,将原有单一地块或某一具体项目区为整治单元逐渐向生命共同体建设单元(如一个流域、一片区域)转变,明确"山、水、林、田、湖"生命共同体各要素、"田、水、路、林、村"土地整治各要件之间的内在关联和相互统一关系,按照生命共同体的整体性、系统性及其内在规律,推进土地整治模式转变和创新,推进土地整治与美丽乡村建设的完美契合,把土地与人类作为一个生命共同体进行统一的、整体的、系统的保护和修复,把山水林田湖保护和美丽乡村建设放在更加突出的位置,发现隐秘于山水林田湖和美丽乡村建设之中的宇宙法则和熵减少规律,通过共生和再生型土地整治,推动形成人与自然和谐发展的新格局,实现寻觅审美生存的美丽乡村家园意境。

四、寻找乡村持续发展新举措

在中国的国情下,中央一号文件聚焦的主题往往是国家当前需要重点关注和亟须解决的问题,在全年工作中具有纲领性和指导性的地位。20世纪80年代初,在农村改革开放全面推进的大背景下,从 1982 年到 1986 年,中央连续 5 年发布以"农业、农村和农民"为主题的五个一号文件,对当时的农村改革和农业发展做出具体部署。自 2004 年起,中央一号文件又连续 14 年聚焦"三农"。这些中央文件对加大深化农村改革力度、农民收入继续较快增长、农村基础设施和公共事业较快发展、农村社会和谐稳定等方面发挥了重大的作用。但是,由于农业生产条件基础薄弱,与发展现代农业的要求仍旧存在不小差距;经过连续多年的整治建设,农村面貌向美丽乡村迈进了一大步,可是农村建设不集约、不节约、特色不强和环境不美的问题仍然存在。不少村庄建设未能照顾到山水自然环境,保护好历史文化脉络,往往是一家建房,全村模仿建房样式。部分村庄建设还存在着城市化倾向,建广场、铺草坪,而未能很好利用农村原有的自然山水和农作物的生态功能,导致维护成本极高。某县 2014 年年底农村负债 4.29 亿元,平均每村负债近 85 万元(胡华宏,2015)。特别需要关注的是,自改革开放以来,中国经济迅猛发展,国内居民收入大幅增长。然而在人民生活水平普遍得到较大改善的同时,城乡居民之间收入差距继续扩大化,甚至成为收入分配领域中的突出问题。1985 年,全国城乡收入比 1.85:1,城乡收入绝对差额 341.5 元;而到了 2014 年,城乡收入比扩大到 2.92:1,城乡收入绝对差额扩大到 18952.0 元(齐春莹,2016)。如何破解城乡发展差距不断扩大化的困境,如何解决中国城镇化进程中农村凋敝、空心村倍增、农村发展滞后、传统文化丧失、持续发展能力不足等,已成为中国未来发展改革必须直面应对和攻坚克难的重大问题。从德国、荷兰、韩国、日本等国家以及中国台湾地区的经验来看,推进土地整治工程,是助力解决上述重大问题和建设美丽乡村的有效手段,也是助力突破上述瓶颈的长效机制。在理论上,土地整治有利于促进农业、农村和农民现代化,有利于促进土地节约集约利用,有利于全面推进山、水、田、林、路、村综合治理,提高乡村发展的综合效益和整体效果。在中国的文化和国情下,土地整治是否能真正成为促进乡村持续发展的新举措,将土地整治与美丽乡村建设结合是否能促进乡村发展的韧性,或者说通过实施土地整治这一抓手,是否能真正助力城乡统筹发展、助力生态文明建设、助力民生幸福新家园建设,理论和实践都缺乏更有说服力的答案。

参考文献

[1] 张晓燕. 扎实开展土地整治促进美丽乡村建设[J]. 上海土地,2015(4):15-17.

[2] 国土资源部土地整治中心."十三五"全国土地整治规划(2016—2020

年)编制说明[R].北京:国土资源部,2015.

[3] 乐俊兰,沈坚,金莹莹.宜居宜业宜游常州美丽乡村建设应处理好的几个问题[J].文教资料,2016(31):71-73.

[4] 胡立亚,杨毅.曲靖地区美丽乡村建设的问题分析及对策初探[J].2015(8X):57.

[5] 赵永新.国家最高科技奖是怎样炼成的——吴良镛:"让人们诗意般地栖居在大地上"[N].人民日报海外版,2012-2-16(5).

[6] 李立娜,姚尚莲,袁颖.试论吉林西部土地整理[J].西昌农业高等专科学校学报,2003(4):67-90.

[7] 胡华宏.以问题为导向　以创新为动力加快"三农"现代化[J].经济丛刊,2015(5):11-12.

[8] 齐春莹.我国城乡居民收入差距扩大化态势及治理对策[J].商业经济研究,2016(7):110-112.

第二章　理论基础

第一节　概念界定

一、土地整治的概念界定

（一）土地整治的基本内涵

20 世纪 80 年代中期以来，为贯彻落实"合理利用土地，切实保护耕地"的基本国策，全国各地陆续开展了有特色的土地整理活动。当时，与耕地保护、耕地占补平衡、基本农田建设等相关的主要有土地开发、土地复垦和土地整理三项活动。土地开发主要指农用地开发，是将未利用地开发成农用地的过程和活动，是补充耕地的一种有效途径。土地复垦，主要是指对生产建设活动和自然灾害损毁的土地，采取整治措施，使其达到可供农业利用状态的活动。例如，在生产建设过程中，因挖损、塌陷、压占等造成破坏的土地，我们采取整治措施，使其恢复到可供农业耕作利用状态的活动。土地整理的内涵各有不同的理解，更多的将其概念界定如下：按照区域目标和规划用途，以土地利用结构、地块形态和土地权属进行重新调整，对基础设施进行改良建设，以提高土地利用率和产出率，改善生产、生活条件和生态环境的活动。它包括农地整理、市地整理和农村社区土地整理。但在实践中，土地整理主要指农地整理，是围绕增加耕地数量而展开的，附加改善耕地质量的功能。2012 年 5 月 2 日，国土资源部土地整理中心正式更名为国土资源部土地整治中心。由此，土地整治似乎取代了原来的土地整理，还包括土地开发和土地复垦。然而，何谓土地整治并没有得到充分的阐释。在历史和现实的张力下，土地整治、土地整理、土地开发、土地复垦等概念不仅在官方文件中，而且在学术办也经常被混用。

在国际上，现在还很难找到一个单词与土地整治完全对应。在中国，土地整治的官方翻译是：land consolidation and rehabilitation。其中 land consolidation 通常指土地整理，rehabilitation 通常指复原或修复。从涉及的实际工作内容来看,土地整治是土地开发、土地整理、土地复垦、土地修复和土地防护的统称。其核心内涵是:为满足新的功能需求对土地进行改造建设的活动。这一内涵包括以下三层含义。第一,所谓满足新的功能需求,就是满足人类不断增长的生产和生活需要以及满足人类生存舒适的需要,简单地说,这就是要满足生产、生活和生态的"三生"需要。这是人类推进土地整治的出发点和目的所在,也是解决"为什么"要做的问题。第二,土地整治的核心是改造建设。它需要按照自然、社会、经济和生态规律的要求,综合运用土地开发、整理、复垦、修复和防护措施,对土地进行改造建设,以提高土地利用的效率和整体功能。这是解决"如何做",以及达到"何种程度"的问题。第三,改造建设是一项工程活动,其主要目标和内容是改善土地质量、提升土地效能和优化土地生态环境,是人类寻求与地球共生的一种选择。然而无论采取的工程措施和解决的问题有什么不同,其都是一种创造性的行为,需要有创造性的思维,通过创新性的改造建设,获得不同于其他过程的土地产品。这是解决"有什么要求"和要实现的"目标状态"问题(吴次芳,2014)。

需要特别指出的是,当下所指的土地整治与土地利用内涵中的土地整治概念有着根本性区别。有关文献都认为土地利用是一个综合的概念,它包括了土地的开发、利用、整治和保护四个方面。在土地利用过程中,人们首先要通过一定的技术措施将土地资源开垦或改造为可以使用的状态,这一阶段称为土地开发;开发后,利用土地的性能来满足某种生产、生活的需要,就是土地利用(狭义);在利用过程中,根据需要对土地进行改良,以消除土地的某些缺陷或障碍,提高土地生产率或改善环境,即为土地整治;采取措施保存土地的生产、环境或景观功能,防止土地生产力丧失和功能退化,即为土地保护(董祚继,2002)。简言之,目前我国在实践中所指的土地整治是一个综合的概念,包括土地开发、土地整理、土地复垦、土地修复和土地防护五个方面的内涵,类似于广义的土地利用概念,只是更加强调其工程属性,是一项作为提升土地功能和效用的改造建设活动而存在的。

（二）土地整治的功能特征

从 2012 年以来开展的土地整治实践活动看,土地整治开始由单纯地追求数量向产出、质量、效率、环境和安全五个目标转变,对保障国家粮食安全、促进城乡统筹发展和乡村再生、推进新型城镇化、建设资源节约和环境友好型社会、建设美丽中国、治理土地退化、协调和实施优势农产品区域规划及重点区域粮食生产规划等,都发挥了重要的作用。例如,土地整治,改善土地利用结构,增加耕地数量,实现耕地占补平衡,保障我国耕地资源的可持续利用;对田、水、路、林、村进行整合改造建设,提高耕地质量,改善土地生产条件,提高粮食产能,保障我国粮食安全;对闲置地、废弃地的复垦,零散地归并,节水工程建设等,促进资源的节约利用,实现国家建设节约型社会的战略目标;土地整治的生态工程建设,改善环境,维护生态平衡,实现土地利用的环境友好目标;开展土地整治和居民点整治,大力开展农业生产设施建设,调整土地权属关系,促进城乡协调发展和人与自然的和谐,最终实现城乡统筹和经济社会的和谐发展。土地整治可以改善农村地区的生产和生活条件,振兴乡村地区经济,维护乡村地区的景观和文化,促进生态文明和美丽中国建设等等。

根据我国土地整治的主要任务和实践中所起的作用来看,土地整治具有资源保障功能、粮食安全功能、资源节约功能、统筹城乡发展功能、环境友好功能、社会和谐功能以及文化维护功能,是一个多功能叠加在一起的集合体,即由"核心功能"与"衍生功能"共同构成的功能系统(见图2.1)。

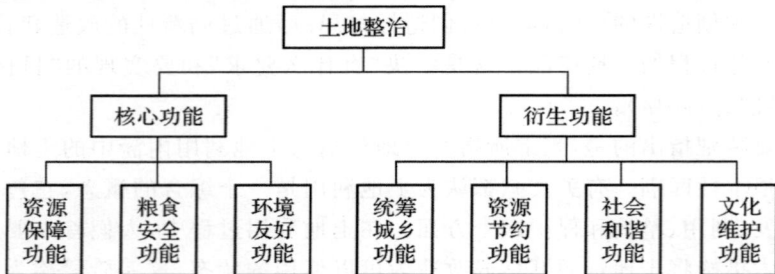

图 2.1　土地整治的功能系统(根据文献 1 改进)

土地整治在实践中作为人类有目的的改造建设活动,主要任务就是对低效利用、不合理利用、未利用、损毁或退化的土地,采取工程或权属调整等综合措施,提高资源利用效率和效益,改善生产、生活和生态条件,创设人地共荣的生态系统。土地整治能够增加耕地数量和提升耕地质量,具有重要的粮食安全保障功能;土地整治能够盘活存量建设用地,而且能提供更多的土地用于农业用途,具有重要的资源保障和资源节约功能;降低生态分析、保护自然环境潜力和建设生命共同体,具有重要的环境友好功能;维护和修复农村的自然文化景观,切实增加农民的收入,促进农村发展,使其具有良好的城乡统筹功能、社会和谐功能和文化维护功能。

二、美丽乡村建设的内涵

(一)美丽乡村建设的基本概念

2008 年,浙江省安吉县首先启动了"中国美丽乡村建设",其内涵主要包括:环境优美、生活富美、社会和美。具体包括环境提升工程、产业提升工程、数字提升工程和服务提升工程。2013 年中央一号文件《关于加快发展现代农业进一步增强农村发展活力的若干意见》首次在国家层面提出了"美丽乡村建设"的奋斗目标,其内涵主要是农村生态建设、环境保护和综合整治。同年,农业部发布《关于开展"美丽乡村"创建活动的意见》,其内涵包括两部分:一是促进农业生产发展、人居环境改善、生态文化传承和文明新风培育;二是推动形成农业结构、农民生产生活方式与农业资源环境相互协调的发展模式。2015年国家标准《美丽乡村建设指南》(GB/T 32000—2015)发布,其内涵主要是美丽乡村的村庄规划和建设、生态环境、经济发展、公共服务、乡风文明、基层组织、长效管理等建设。

在学术界,不同学者从不同的视角对美丽乡村建设的基本内涵进行了探索研究。到2016年年底为止,笔者在维普期刊文献检索到涉及美丽乡村建设基本内涵的论文16篇,虽然各自在具体文字的表达上各有侧重,但总体上并不存在重大分歧。崔理想(2016)认为美丽乡村建设的基本内涵包括了三大基本层面,即生态美、生活美和生产美。魏玉栋(2013)认为,美丽乡村建设应是环境美、生活美、生产美、人文美的建设,其中生产美是其前提、生活美是其目的、环境美是其特征、人文美是其灵魂。柳兰芳(2013)认为美丽乡村应是美在环境、美在生活、美在文化、美在布局和美在建设,其分别体现美丽乡村的五个层面:生态环境美、社会环境美、人文环境美、合理布局规划美和体制机制完善美。匡显桢(2014)等认为美丽乡村的内在品质表现为"四美",即自然美(以山清水秀、鸟语花香为典型品质)、发展美(以产业强劲、特色明显为典型品质)、文化美(以乡风乡韵、回味无穷为典型品质)和生活美(以安居乐业、富足幸福为典型品质)。

从以上分析可以看出,无论政界、学界还是实践部门,基本都认为美丽乡村建设由硬件和软件两部分组成。硬件主要指生产美、生活美和生态美的建设;软件主要指乡村文明、基层组织和长效管理等建设。从美丽乡村建设与土地整治的对接角度看,美丽乡村建设的主要内涵应该是生产美、生活美、生态美和人文美建设四个方面。其中"美丽",指既重视乡村的整体面貌,又强调保护乡村生态环境,充分挖掘并保护村民与自然和谐共处的耕读文化底蕴,同时注入现代生态文明建设新的活力,充分发挥农村生态环境优美、田园风光秀丽、民俗文化丰富新颖、别具特色的优势,形成"由内至外,由外显内"的生态文明和谐之美。美丽乡村建设必须要体现"宜居"的特色,要通过全方位的村庄整治建设,连片推进村庄整治、中心村建设和生态环境建设,将原有村庄建设成为更适宜居住、村民愿意居住且公共服务基础设施完善的新型村庄,整治后村庄成为村民享受现代文明生活的温馨家园;同时考虑村庄和村民的长远发展,进一步改善农村生产条件和创业环境,推进功能区建设和产业建设,为村民搭建就业和致富平台,提供岗位和技术等方面的支持,提高村民的生活质量。特别重要的是,美丽乡村建设必须要将产业建设与村庄发展相结合,包含特色品牌建设、实体功能建设和文化环境建设三个方面,这样才能保障美丽乡村建设的发展韧性。特色品牌建设倾向于挖掘乡村特色,主要包括特色山水景观、特色乡风民俗、特色历史文化、特色农产品、特色旅游及餐饮等,将乡村与众不同之处展现出来,实现"一村一品,一村一特色"的目标。实体功能建设包括道路、用地功能、基础服务设施等一系列场地实体的建设,是乡村规划中用地规模、布局的外在具体表现形式,注重乡村整体规划。文化环境建设主要是保护乡村原有的村民生产生活方式,保护原有民居的空间组织和地域经济及社会结构等,重视整体的可持续发展,乡村的整体风貌能够体现乡村特色和历史文化的传承。

（二）美丽乡村建设的主要任务

基于上述的内涵分析,美丽乡村建设的主要任务应该包括:

1. 以统筹规划为龙头,推进乡村整体布局美

美丽乡村建设是一项长期而复杂的系统工程,规划是开展美丽乡村建设的龙头和总体设计,为了科学有序的推进美丽乡村建设,必须编制统筹乡村空间发展的综合规划,全面考虑乡村的整体格局、道路网络、公共服务设施、生态修复、古迹保护、农业发展、村庄更新等需要,提升美丽乡村建设的品质和功能配置。当下,不少地区的美丽乡村建设,模仿城市建设的模式,重蹈城市建设中的"摊大饼"和外延式扩张,造成千村一面;或者用城市的视角来美化乡村,随意拆村建居,导致乡村景观风貌严重受损、乡村特色丢失。美丽乡村建设要按照城乡统筹发展的要求,做好村镇布局规划;要以优化农村人口和村庄布局为基本导向,将土地利用规划、农村居民点布局规划、土地整治规划、农房改造建设规划、环境综合整治规划、农业发展规划、交通水利规划、古村落保护规划、农村社区服务中心建设规划等全面整合,推进乡村整体布局美,使乡村整体成为桃花源式的美丽艺术品。无论在西方的德国、荷兰、美国,还是东方的日本和韩国,凡是在美丽乡村建设有着成功经验的国家,严格的乡村空间规划都是成功的首要条件。不同层次的乡村空间规划对各类用地布局进行详细的安排,同时对土地利用在经济、社会和生态三方面都有综合的考虑。在强有力的规划执行和保障体系下,各种类型的农房置换、土地改良或者农业开发都只是规划的具体执行过程,任何违背规划的建设行为都是不允许的。

2. 以特色产业为核心,推进乡村发展生产美

在美丽乡村建设过程中,要把促进农业和农村经济发展、打造农村特色产业放在突出位置。国际上很多国家的美丽乡村建设都是以具体的产业项目为依托。产业项目的实施就是规划的执行过程和实现途径。无论是政府执行

的还是私人执行的产业项目,在执行前都需要经过缜密的论断,从经济可行性、社会影响和生态影响等各方面对项目进行筛选,力保该项目是该块土地在规划下的最佳利用。在项目的筛选中,公众参与机制和市场配置机制是主要的手段。比如,在德国和日本的土地置换中,如果得不到大多数农地所有者的同意,任何项目都不可能实施。而在荷兰的项目批准过程中,公众的意见是上级审批的主要参考因素。要推进农村第一、二、三产业的复合发展,按照经济生态化、生产园区化、产品特色化的要求,大力发展高效生态农业,以粮食功能区和现代农业园区建设为抓手,建设"一村一品、一村一业、一村一园、一村一景、一村一韵"。当然,这里的"村",并不就是绝对的行政村或自然村,也可以按照规模生产和规模经济的要求,是几个村的聚合体,以实现产业的规模效益。任何没有产业支撑的美丽乡村建设,最终都很难保持其发展的韧性。

3. 以村庄整治为主线,推进乡村建设生活美

美丽乡村建设要在科学规划的引导下,围绕改善乡村人居环境、促进城乡生活等值化,以村庄整治为主线,从优化乡村空间利用格局、配套建设乡村基础设施和公共设施、加强乡村环境综合整治等方面推动营造整洁、健康、舒适的生活环境,推进乡村建设生活美;按照因地制宜的原则,着力推进村庄连片整治,要加大串点成线、连线成片的综合整治力度,实现"统一规划、联合整治、城乡联动、区域一体";要扎实推进分类整治,按照"重点培育中心村、全面整治保留村、科学保护特色村与合理整治撤并村"的要求,着力打造一批各具特色的美丽村庄(汪彩琼,2012)。

4. 以生态保育为底盘,推进乡村建设生态美

美丽乡村应该是资源节约、环境友好、乡土风貌原汁原味、人与自然和谐的生态村。"美丽乡村建设,是美化还是破坏?"这应当作为持续关注的重点。美丽乡村建设中两个最重要的目标是:为了乡村居民,改善他们的生产生活生态质量;为了全国人民,改善乡村的发展质量。通过美丽乡村建设重建田园牧歌的生活,温饱有余的农民和城市居民可以继续享受青山绿水和蓝天白云,可以继续享受家庭和睦和邻里友爱,可以继续享受陶渊明式的"采菊东篱下,悠然见南山"的休闲与情趣。因此,美丽乡村建设要以生态环境保育为底盘,把一个村域的文脉、历史、文化、工程、利用方式和土地的物质形式当作一个活的生命来对待,当作一种生命的形式、一种生命体系来对待,重构能闻到自然界芳香、听到自然界鸟鸣、看到自然界原风景、感到自然界睿智的乡村"伊甸园"景观。美丽乡村建设工作者是重构生命景观的"生态工程师"。《论语·雍也》指出:"知者乐水,仁者乐山"。作为当代的"生态工程师",必然是仁智之人,必然将人与自然和谐相处作为一种存在境界,将个体的生命情感融入大自然的乡村景观中

去。将美丽乡村建设融入大自然的乡村景观中去，是仁智之人的情怀，也是仁智者的生命依托。

5. 以乡愁复兴为使命，推进乡村建设人文美

乡愁是在现代化进程中，人们产生的一种在文化和精神层面的需求和情感，是一种对乡村生活和乡村生态的依恋和期盼。中国有着 5000 年的历史，在乡村有着很深厚的文化积淀，这与美国的 200 年历史是很不相同的。"乡愁主题"在中国至少已存在上千年，"望得见山、看得见水、记得住乡愁"是民族文化之根、是中华儿女的精神家园。我们从《平凡的世界》出发，再回头审视改革开放 30 多年来的中国，到底经历怎样的变迁。从土地出发，到如今回不去的故乡，乡愁何寄？这将成为中国现在开始，一个最迫切需要解决的心灵与身体、个人与群体、社会与国家的多重困惑。美丽乡村建设是人类为了满足新的功能需要对乡村开放利用的一种干扰，如何使美丽乡村建设的产品能够深深地记住乡愁，并促进已经失去的乡愁得以复兴，将成为美丽乡村建设面临的严峻挑战和重大战略。要实现这一战略目标和完成这一历史使命，美丽乡村建设就必须真正走回乡之路。这是一种生命情怀追寻，也是一种实现人与自然和谐的境界。

第二节 指导原则

一、整体谋划，分步推进

无论是土地整治还是美丽乡村建设，都必须实施全域规划、全域设计、全域实施，远近结合，全面联动，整体谋划全域全类型土地整治与美丽乡村建设行动方案；在整体谋划的基础上，根据有限目标和量力而行的原则，滚动发展，分步推进行动方案实施；要深入研究若干重大问题，做好科学谋划和顶层设计；对于那些躲不开、绕不过而具体思路又不明晰的问题，必须加强科学谋划，做好顶层设计。浙江省安吉县在美丽乡村建设中的成功经验就是整体谋划、分步推进。2008 年，全县在制定了《安吉县建设"中国美丽乡村"行动纲要》的基础上，委托浙江大学编制完成了《安吉县"中国美丽乡村"建设总体规划》和分年度的美丽乡村建设实施方案。安吉县计划通过 10 年左右的时间分步推进，逐步把全县187 个行政村打造成生态环境最优美、村容村貌最整洁、产业特色最鲜明、公共服务最健全、乡土文化最繁荣、农民生活最幸福的美丽乡村。

二、因地制宜，尊重规律

要紧密围绕当地的自然、社会、经济、生态和文化特点，尤其是区位结构、城

乡发展阶段、基础设施布局、现代产业体系和文化背景，因地制宜、因势利导推进土地整治与美丽乡村建设；应在充分调研的基础上，深刻认识和掌握当地城乡发展的内在规律，重视情景分析，在发挥创造性和创新性的同时必须以承认规律的客观性为前提；在充分尊重规律的前提下，推进特色、创新和高效的土地整治与美丽乡村建设。再以安吉县为例，该县之所以能够以土地整治为平台成功建设美丽乡村，很重要的一点就是坚持因地制宜和尊重规律。安吉县位于长三角腹地，区位条件优良，是联合国人居奖唯一获得县、中国首个生态县、全国首批生态文明建设试点地区、国家可持续发展实验区、全国首批休闲农业与乡村旅游示范县、中国金牌旅游城市唯一获得县，全县植被覆盖率75%，森林覆盖率71%，空气质量一级，出境地表水一、二类，生态条件优越。该县在具体的美丽乡村建设进程中，就是根据全县区位条件优良和生态环境优越这一地方情景，以生态工程大项目启动生态环境大建设，以生态环境大建设带动生态经济大发展，以生态经济大发展推动生态文明大跨越的美丽乡村建设"安吉模式"。该县还特别重视各个乡镇和各个村之间的差别和特色，因地制宜打造不同的美丽乡村建设模式。在远离县城的报福镇，安吉县根据地处深山、水系发达、水资源丰富的特点，打造山水统里、十里景溪、石岭人家、美景深溪、竹木彭湖、生态汤口的特色乡村。而开发区所属的剑山村、横山坞村、灵峰村和04省道线城南社区、11省道线万亩村等，旨在打造三类产业复合利用的美丽乡村。

三、问题指向，目标导向

发现问题、分析问题、解决问题是推进土地整治与美丽乡村建设的基本思维方式。土地整治与美丽乡村建设应在系统分析问题的基础上，确定目标任务，并区分近期目标与远期目标，以目标为切入点制定土地整治美丽乡村建设方案。当下和未来相当长一段时间内，很多美丽乡村建设面临的重要问题是融入新型城镇化的路径不清晰、产业融入能级不足、基础设施相对滞后、要素资源供给矛盾日益突出、农民文化素养低、生态环境压力加大，"产业链竞争"新机制、城镇村联动、业态优化和新消费中心组织、美丽镇村幸福家园建设、空间治理能力等都有待进一步全面创新。土地整治与美丽乡村建设必须也应当围绕这些"问题指向"，通过研究土地整治与美丽乡村建设的特征、规律，以目标为导向，给出针对特定问题的土地整治与美丽乡村建设方案。

四、创新协调，利益共享

土地整治与美丽乡村建设，总体上还缺乏充分的理论准备，不少在实践中的成功模式，其可复制性和可推广性都还需要更深入的探索，因此必须以创新作为动力引领,包括理念创新、目标重构、职能转变、流程再造、协调联动等一系列创新过程,也包括"需求—供给"匹配框架和技术方法的创新。土地整治与美丽乡村建设牵涉全体城乡居民、各个部门和各种产业,尤其是涉及利益分配调整,问题的复杂性和难度都是很难完全预计的。在这一过程中,协调原则具有突出的意义,它包括价值理性与工具理性的均衡协调,"过程维度"与"结果维度"均衡协调,多样性与统一性的均衡协调,政府、企业、社会组织和居民多主体之间的均衡协调。毫无疑问,无论是土地整治还是美丽乡村建设或是二者的结合,资金筹措和投入保障始终是最关键的问题。除了政府加大财政投入总体水平以外,如何积极引导集体经济组织参与土地整治和美丽乡村建设,如何鼓励农户投工投劳参与土地整治和美丽乡村建设,如何充分发挥市场机制的作用,引导各类民间资本以不同方式参与土地整治和美丽乡村建设,形成多元投入保障机制,是建设工程得以持续发展和不断向更高层次跃迁面临的最重要挑战。美丽乡村建设必须坚持创新协调和利益共享的指导原则,建构利益共同体模式,才能有持久的发展动力。

在德国和日本的土地整治与美丽乡村建设过程中,农地所有者可以得到大部分的增值收益,农地的产权得到了很好的保护。荷兰土地整治过程中,农地所有者能够获得农地的市场价值加上一定的土地增值收益。荷兰独立的司法体系保障了农地所有者的权益免遭侵害。美国的荒地治理则更体现了产权的作用,当政府以产权权益和责任对等的原则推动荒地治理的私人参与,很快地解决了中、西部地区的沙尘暴问题,那些新的民间产权人则心甘情愿地生活在自然条件最恶劣的地区,并通过长期、稳定的积极劳动和精心经营而不断获益。可以看出,权益的保障,不仅提高了城乡居民的积极性和合作意愿,也减少了政府在推进规划实施的成本和减少自身公共行政的压力。

第三节　理论框架

一、分析框架

土地整治与美丽乡村建设,从人类与自然互动的角度看,这一复杂系统可以被拆解成两个层面:生态层面和社会层面。在生态层面上,土地整治和美丽乡村建设表现在土地和乡村本身的变化;在社会层面上,土地整治与美丽乡村建设的过程和结果往往与诸多社会因素(比如不同的制度安排和管理模式)密切联系在一起。然而,自然科学家往往会将生态层面的因素当作一个"封闭的环境",人只是其中的一个外部因素;而社会科学家则更多地忽视了自然环境背景,或者将生态层面的影响作为给定不变的因素来加以考虑。这说明,缺少一种统一的、完整的视角来解释、解决相应的土地整治与美丽乡村建设中存在的一系列问题,这是影响"社会-生态系统"管理的关键。理解土地整治与美丽乡村建设这一生态与社会复杂互动需要新的研究范式。这一新的研究范式应具有以下几个基本功能:第一,能够在不同空间和时间尺度上识别复杂系统的多元层次之间的联系;第二,能够使用交叉学科(包括人类学、生态学、地理学、环境科学、经济学、社会学、历史学、工程学等等)中的丰富知识,发展出一种能容纳和整合这些多元化的、非线性的、跨时空范围变化因子的"共同语言";第三,能够整合一系列不断演进、符合地方实践、可以回应反馈、朝向可持续发展的策略体系,从而促进动态变化中的制度类型、设计和策略的结合。

美国著名学者奥斯特罗姆及其研究团队在其 IAD(institutional analysis and development)分析框架的基础上进一步开发出 SES(social-ecological system)分析框架,可以有效地贴合土地整治与美丽乡村建设中所需要的"社会-生态系统"分析的需求(见图 2.2)。

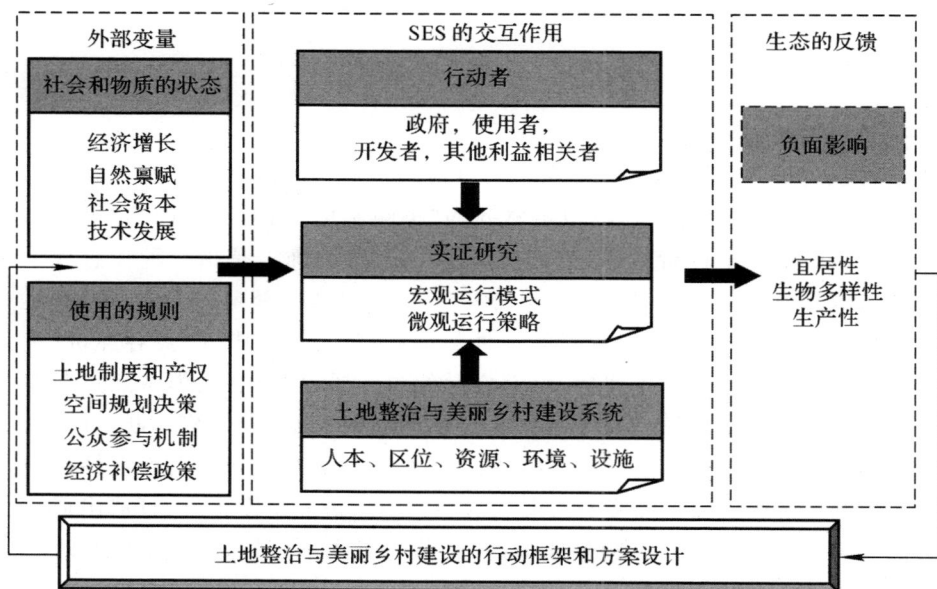

图 2.2 基于 SES 的土地整治与美丽乡村建设影响因素的交互机制
(根据奥斯特罗姆,2007 的 SES 框架改制)

将土地整治与美丽乡村建设纳入统一的 SES 分析框架,更有利于土地整治与美丽乡村建设的互动和融合,也更有利于在统一的理论指导下实现 1+1>2

的效果。该分析框架包括资源系统、资源单位、管理系统和用户四个核心子系统，这四个核心子系统直接影响"社会-生态系统"互动的最终结果，同时，也会受到互动结果的反作用。按照"社会-生态系统"的分析逻辑，土地整治与美丽乡村建设除了充分考虑区域的自然条件和自然属性特征以外，还要充分考虑其社会性特征。第一个社会属性特性就是公共性，这是由土地整治与美丽乡村建设必然的额外影响造成的，除非是一个人的世界，否则任何行为都会造成对他人（社会）的影响，即土地整治与美丽乡村建设是一个公共行为，需要从公共利益的角度进行管理。比如，我们需要遵循各种规划的限制，不能随意借美丽乡村建设，占用或破坏基本农田和生态环境等。事实上，乡村自然状态的变化，可能会因为社会条件的不同而出现社会属性的多样性。这种社会属性的变化，需要基于特定案例的分析才能够得到总结和归纳。因此，正如前文所指出的那样，土地整治与美丽乡村建设必须因地制宜和尊重客观规律。当然，将 SES 的概念性分析框架进展到实证分析，还需要很多实证研究的积累，并不断进行补充和改进框架。在认识到不同制度与"社会-生态系统"之间可能的逻辑联系，以及对"社会-生态系统"的特征有一定把握的基础上，我们还需要建立一套评价标准用于评价土地整治与美丽乡村建设"社会-生态系统"的管理制度。

二、内在机理

（一）整治与美丽的内生性

生活常识告诉人们，新年到了，主妇通过对厨房或房间的各种杂乱无章进行整理和整治，可以打造一个食物卫生整齐的"美丽厨房"和美观时尚的"美丽厅堂"。美容，最早源于古希腊的"kosmetikos"，意为"装饰"，是指一种让容貌变美丽的艺术和技术。无论是生活美容或医学美容，其本质都是对人体的容貌与身体各部位进行维护、修复和再塑的一种整治过程。当下，中国"美容经济"正在成为继房地产、汽车、电子通信、旅游之后的中国居民"第五大消费热点"。衣橱整理师，一种悄然兴起的新兴职业，她是通过对客户色彩和风格诊断，进而针对性地为顾客上门整理衣橱，然后再陪同客户购买适合他们衣物的专业性指导顾问。衣橱整理师会根据顾客的需求从造型、色彩、搭配角度出发，打造出适合环境的着装美。所谓私人衣橱整理师：我经营的美丽不打折，这也说明整理或整治是人类着装美的工程师。

山水画，一种以山川自然景色为主体的绘画，是人类禀爱自然的精华，天地的秀气，所以阴阳、晦暝、晴雨、寒暑、朝昏、昼夜各有无穷的妙趣。自魏晋南北朝逐渐从人物画中分离出来，源远流长，它充分表现了丰富多彩的自然风光，带给人类无限美的享受。毫无疑问，这些山水画大都是以乡村作为背景的，可见乡村原本是很美丽的。然而,随着城市化和工业化的发展,年轻人纷纷离开乡村,乡村成为现代化的牺牲品。不时听到"种田回报太差,还是到城里去吧"之类的劝诱,似乎已成为当代乡村的普遍声音。因为人口稀疏化和老龄化,乡村随之衰退,村民已经无法维持生计而导致对自身认同的丧失。在农家正一户户消失的村庄里,乡村与美丽发生能量交换的通道断裂,乡村意图与实践活动脱节,乡民存在与经验背离,乡村不再有美丽的景观,而是如同城市一般生产货币和一系列新符号。原本的土地增值,必须是黑色的、松软的、潮湿的;现在的土地要增值,则必须是白色的、坚硬的、干燥的,最后铺上水泥使之彻底固化(张柠,2013)。这是一种历史的断裂和文化的消失,也是对"美丽乡村"的毁灭性打击。而在日本的越后妻有,随着城市化进程的发展,人口借着教育和工作渐渐向城市转移,导致大量民宅空置,学校也逐渐被废弃。这些状况导致当地老龄化问题严重,因为壮年人群的离开而丧失了农耕时代的生机。留守居民的生活与生产陷入了衰退境地,山乡的原始风景也将被忘却,乡村从此变得不再美丽。可是,日本当代艺术策展人北川弗兰提出"人类是自然的一部分"的理念,希望用艺术使越后妻有成为"展示人类与自然如何建立关联的示范区"。经整治后的越后妻有,艺术与自然的关系不再是美术馆中或学术象牙塔里高冷或小清新的空乏讲述,而是通过身处自然乡野之中的全方位体验,从而使越后妻有复活了美丽和魅力。

据记载,公元前 5000 年,黑锑粉末被用作描眉和染眉,铅被用来画眼线,绿孔雀石被用来画眼影。可以讲,自从有了人类,几乎就有了通过整治使容貌变得更美丽的历史。整治与美丽,存在着与生俱来的内生性和历史基因。

(二)主客体的相对一致性

所谓人类社会,是社会主体和社会客体有机统一的整体。历史唯物论体系的核心和准则,就是要坚持社会主体和社会客体的相统一(邹永图,1982)。这种主客体相统一的思想,意味着主客体相一致,更有利于促进复杂系统的有序运行。如果系统的主体和客观错位或者不一致,必然会使运动系统崩溃或走向另一极端。在现实的物质生产活动中,形成人与自然之间的主体和客体关系的同时也形成了人与人之间的主体和客体的关系。因为人与人之间必须结成一定的关系,才能与自然界进行物质、信息、能量的交换。物质生产活动中形成的人们之间的主体和客体的关系,是多种多样的。在现实生活中存在的现实矛盾根本上都是主体和客体的矛盾。如果主客体具有相对一致性,矛盾和冲突会显著降低,系统运行的效率将会显著提升,效果也会显著加强。

在一般意义上说,主体是指在一定社会关系中运用一定的手段从事实践和认识活动的人;客体就是指在活动中处于被动和服从地位的对象。在土地整治和美丽乡村建设这一系统中，最重要的主体都是农民，最受益的主体也都是农民，当然还有政府、集体经济组织以及开发商等的参与，二者也是一致的。而就客体而言，无论整治或建设的对象都是乡村：一个主要从事农业、人口分布较城镇分散的区域，在中国特指城镇以外的广大地区。就土地整治的内涵而言，对山水田林路村的综合整治，其对象就是广大乡村，与美丽乡村建设的客体是完全一致的。更何况，美丽乡村建设的空间行为，诸如基础设施和公共设施建设、环境修复、景观再造、空间再生产、古村落保护等等最终都要落到土地上，二者的客体达到高度契合。因此，将土地整治融入美丽乡村建设，具有主客体的相对一致性，可以达到事半功倍和两全其美的境界。

（三）价值存在具有共同性

在工业文明以前，人类并没有对自然秩序和乡村山水林田湖系统造成根本性的破坏，人类的主要活动和行为都是与自然保持共生的关系而延续下来的。18世纪以来的近代社会，随着工业文明的快速崛起，出现了人类行为对人与自然和谐格局，尤其是乡村山水林田湖生态系统造成严重破坏的现象。人类作为山水林田湖生命价值的承担者和实现者，其主体性不仅仅是表现在对山水林田湖的认识和改造，更重要的是表现在如何完成山水林田湖的"生生之德"或"生生之道"。因此，人类有一种"天赋"的责任、义务和使命或"天职"，实现山水林田湖的"生道"，而不是相反。人类生命的意义和价值就在于此，"安身立命"之地也在于此。因此，推进山水林田湖生命共同体建设，重建人与自然的和谐关系，是土地整治更是美丽乡村建设存在的共同内在价值诉求。完成生命共同体的化育和建设，改善乡村生产、生活和生态条件，创设乡村人地共融的生态系统，是土地整治与美丽乡村建设共同的历史选择和神圣天职。这是一种共同的生命情感联系，也是共同的生命存在与理性的统一。建设山水林田湖生命共同体，实现"与天地合德"，始终是土地整治与美丽乡村建设的终极目的和意义所在。通过土地整治和美丽乡村建设去促进和改善有利于所有生命健康生存的生物圈的自我调节，保障生物圈有序和安全所需的各种生态参数的稳定，这应该成为土地整治和美丽乡村建设的价值取向和终极目标。

三、理论逻辑

（一）乡村发展是逻辑向度

改善乡村地区的土地利用布局和结构，转变乡村发展的方式，提升乡村发展的功能和质量，始终都是土地整治和美丽乡村建设不变的追求和目标。葡萄牙将土地整治项目解释为一种乡村发展活动，认为综合的土地整治项目在地域上被界定为乡村土地开发活动。斯科勒瑟通过对开展过土地整治的区域和未开展区域的比较分析,在对乡村发展政策和土地整治项目评估的历史回顾中,找到了土地整治与乡村发展之间的相互关系。土地整治政策最初的目标是发展农业,但现代已逐步变成了乡村发展的手段。在台湾地区,农地整治被定义为实现生产、生活及生态"三生"目标,即打造永续发展的绿色产业,有尊严有活力的农民生活和万物共荣的生态环境,这也是美丽乡村建设的目标所在。无论土地整治或美丽乡村建设,都是为了促进乡村的发展和再生。这其中除了经济增长以外,还指人们生活条件和生产条件的改善,以及保持生态条件和生态平衡的状态。促进乡村发展,不仅仅是土地整治理想性的逻辑向度,更是美丽乡村建设一种具有强烈现实性的逻辑向度。无论土地整治或美丽乡村建设,都要有利于促进多功能农业、多活力社区和多样性生态的建设及发展。

（二）国土保育是逻辑演绎

土地整治与美丽乡村建设的重要政策目标,就是希望在环境保育和永续发展的前提下,促进乡村国土的有序开发和高效利用,一方面提高乡村人们的生活品质,另一方面还能健全永续发展所需要的自然基础环境和资源,包括:安全、健康、舒适的生活环境以及经济发展资源和生态、景观、游憩资源等等。全面推进国土保育,切实保护国土自然资源、维护自然人文景观、防治自然灾害、确保国防安全、确保粮食安全、确保居住安全,是土地整治与美丽乡村建设必须遵循的理论指引。自然保护区中的国家公园、风景特定区、自然保留区、生态保护区、水产动植物繁衍保育区、野生动物保护区、栖息区、湿地区、沿海保护区、森林保护区,文化景观区中的古迹保护及其临近地区、传统聚落建筑保存区、人文景观的特定区域,水资源保护区的水源水质水量保护区、水库集水区、水库蓄水范围、水库保护带、地下水管制区、饮用水水源水质保护区或饮用水取水口一定距离之地区、泄洪区,以及矿产保留区、地质灾害区和洪患地区等等,都应该得到切实的保育。土地整治和美丽乡村建设绝不能为了眼前的短期利益,而忽视了国土保育这一长远大计。在英国,乡村地区被分为不受关注区、环境敏感区、硝酸盐敏感区、国家公园或者科学研究区,这既体现了地理上的区分,也体现了对于乡村国土保育问题的监管机制。在这些新划分的乡村区域中,人们可以对农业与当地环境之间的关系进行良好的监测,这是英国乡村得到持续发展的重要保障（聂宇燕,2015）。在欧洲,很多环境管理方案将会减少与农耕活动关联的温室气体（GHG）排放,推进国土生态环境保育。例如,减少无机化肥的使用和增加土壤中的碳储存。我们可以访问英国国家土地 & 商业协会（CLA）网站,利用网站上的土地管理者碳核算工具（CALM）估算所耕作土地的碳足迹。英格兰自然署和国家土地 & 商业协会一直合作,努力在 CALM 工具中加入环境评估要素,以帮助估算所选择的环境保护方案对所耕作土地碳足迹的影响。

(三)资源效率是逻辑起点

乡村之所以还贫穷,之所以还落后,之所以只留下老爷爷还在山林间来回走动采摘野菜、老奶奶仍在刨开积雪拔出萝卜和白菜,其中重要的原因就是乡村地区的资源利用效率比较低。在欧洲的许多国家,城乡的差距是很小的。在德国,城市居民和乡村农民的收入基本均等。其中重要的原因,就是欧洲乡村的资源利用效率远远高于中国。在德国,如今一个农民可以养活140个人,资源是进行高度集约化利用的。荷兰的乡村农场在国际上很有竞争力,这主要就是因为大多数家庭农场都是专一于某一种产品的生产,专业化农场的比例超过了90%,全日制家庭农场在全部家庭农场中的比例超过80%,其中园艺业的家庭农场中,全日制的比例高达92.8%(厉为民,2003)。所谓全日制家庭农场,农场主是专业的,而不是兼业的,专业化程度很高,资源要素的利用效率更高,这是成功的关键。因此,提高乡村地区的资源利用效率是土地整治与美丽乡村建设的根基和灵魂。资源效率有两重含义。一是配置效率,比如要素资源在不同用途、不同空间之间的配置要实现各种效益最大化,这样就要求在不同用途、不同空间之间的边际效益相等。二是生产效率,比如作为一种要素,土地实现了该要素在生产可能性边界上的最大产量。有两种变化,其中一种是土地的边际收益肯定是递减的,但是因为规模效应的存在,在其他要素投入不变的情况下,增加土地投入,总收益的增量(即边际总收益,请注意不是土地的边际收益)先增加后减少,最大量就是土地边际收益等于零时的数值。

(四)尊重村民是逻辑基础

土地整治和美丽乡村建设根本出发点是以人为本、民生为重,实现乡村地区最广大群众的意愿。从可持续的观点看,土地整治与美丽乡村建设必须寻求提高公众利益和社会福利的最大份额,充分尊重村民意见,提高公众的参与程度,任何不顾公众利益和福利的土地整治与美丽乡村建设行为都是不可持续的。土地整治与美丽乡村建设的功利主义目标必须受到约束。明智和合理的土地整治与美丽乡村建设需要超越狭隘的经济范畴,走向追求公共利益的最大化。不少村庄在进行美丽乡村建设的过程中,违背农民意愿,使他们"被强制上楼"。如今,原来的住宅已被拆除,新建的楼房却没能居住。寒冬来临时,农民不知该如何过冬。有调查表明,个别地方在旧村改造过程中,只有少部分条件比较好的家庭租住或借住在正常的房屋内,部分村民被安排住进了五六平方米、没有窗户的烤烟房内,还有村民只能将邻居的牛棚或者猪圈改造成小屋(于治国,2011)。尊重农民意愿不是一句空话,从选址、规划、设计、施工、后期管护等全过程都需要充分尊重村民的意见。当下,村民的意识是多元化的,需求也有很大差异,如果不能满足这些差异化的需求,矛盾和冲突就不可避免。不少土地整治和美丽乡村建设工程在某种程度上"好心办坏事",并不是说这些工程是"坏事",而是这些工程不能满足村民多样化的需求。尊重村民意见应该成为土地整治与美丽乡村建设最重要的前提、基础和依据。要在尊重和满足村民生产、生活和生态需求和协调好多元利益主体关系的基础上,我们分区分类制定土地整治与美丽乡村建设方案:采取多种方式广泛征询社会各界意见,组织有关部门、专家对方案进行充分论证,扩大公众参与的范围和加深公众参与的深度。综合协调各方面意见,修改、确定建设方案。

尊重村民意见,必须强调包括女性村民的意见。土地整治与美丽乡村建设的本质是预先性和价值判断。一般意义上土地整治与美丽乡村建设规划、设计和工程建设无论是对未来不确定性的分析,还是价值的判断和选择基本上是"父权式"或"男性中心主义"的。男性最重要的特征是"征服感":征服世界、征服自然、征服环境、征服女人。这种征服,忽视人与自然关系的和谐,在实践中的缺陷是造成大量的生态和环境问题。现行领导或分管土地整治与美丽乡村建设的领导可能也多为男性,因此土地整治与美丽乡村建设大多体现男性的价值判断和男人意志。女性因为其创造生命、抚育生命的特殊经历,而对生命具有更深刻的理解,更容易与自然保持亲近、和谐的关系。她们对生态行为空间的观察会更细腻,也更偏好于与自然生态的和谐,与"美丽"有着与生俱来的偏好。因此,土地整治与美丽乡村建设特别需要女性来参与。土地整治与美丽乡村建设产品是人类心灵的景观:唤醒人的心灵,培养人的天赋,开导人的胸怀,女性在这方面具有与生俱来的内在品质和优势。土地整治与美丽乡村建设过程迫切需要不同类型和不同层次女性的广泛参与,以提高土地整治与美丽乡村建设工程的生态品质。

四、策略指引

(一)明晰的发展方向和框架

土地整治与美丽乡村建设,需要对全过程中可能出现的主要矛盾及问题进行系统的调查、评价和梳理分析,以确定在特定时期内土地整治与美丽乡村建设的阶段性特征和矛盾的主要方面;着力明确土地整治与美丽乡村建设的现实基础和将面临的机遇与挑战,提出未来土地整治与美丽乡村建设的目标导向和战略框架;以此为基础,科学确定发展方向、推进路径、支撑工程和行动计划,分期有序推进土地整治与美丽乡村建设活动。要在科学规划的引领下,推进土地整治与美丽乡村建设;不能胡子眉毛一把抓,不能盲目跟风模仿建设,不能将其变成"形象工程",更不能像某田野诗人所言的那样:"你看得见一片片绿油油麦田,却看不见那枝叶上超标的农药。你看得见那墙外粉饰的白灰,却看不见那

墙内杂乱的庭院。你看得见村东头入村的油路,却看不见村西头田间的坑洼。"(崔理想,2016)

(二)突出解决重点问题和难题

尽管我国经济社会发展进入了一个新的阶段,全面小康社会即将建成,但城乡差距还在加大,农村总体上仍然比较落后,所面临的发展问题还很多也很突出。诸如农村治理结构创新问题、基础设施和公共设施供应不足问题、教育科技文化卫生相对滞后问题、村庄环境脏乱差问题、劳动力缺少就业问题、创业增收不知走向何方问题、传统文化断裂问题、生态环境退化问题、农业供给侧结构性改革问题、饮用水安全问题、农村金融体制问题、农民权益保障问题、集体资产处置问题、土地制度改革问题以及如何发展电子商务等等。土地整治与美丽乡村建设不可能在短期内应对上述所有问题,只能按照社会分工和有限目标突出解决重点问题和难题,抓纲举目,带动其他环节发展。就美丽乡村建设而言,改善基础设施、公共设施和生态环境是需要解决的重大基础性问题,以创业增收为导向发展特色产业项目是需要着力解决的重点问题和难题。土地整治与美丽乡村建设应当始终以服务于乡村发展为根本目的,以解决乡村发展在不同区域和不同发展阶段面临的重大问题为出发点和落脚点,着力破解资源环境约束加剧和农民增收的结构性矛盾等突出问题。

(三)以地方特色和创新为主线

《晏子春秋·内篇·杂下》指出:"橘生淮南则为橘,生于淮北则为枳,叶徒相似,其实味不同。所以然者何?水土异也。"土地整治与美丽乡村建设,必须因地制宜,充分重视地方特色资源的挖掘、利用和创新,才能取得预期效果。所谓地方特色,主要是指一定空间尺度地域内特有的文化气息、民族风情以及与之相适应的人居环境和地理景观。如一般乡村旅游都是以当地的人文事象和自然风光为旅游吸引点,体现异质文化,追求淳朴洁净,满足"求新、求异、求乐、求知"的旅游心理,才能形成持续发展的驱动力。浙江安吉、桐庐、长兴、临安等地土地整治与美丽乡村建设的成功经验,有一定的借鉴意义,但照搬到其他地区未必就能见到实效。可以说,几乎所有成功的典范,都是"地方特色+创新"的结果。当然,这里的创新包括技术模式创新和制度模式创新,尤其是在结合地方情景基础上的体制机制创新,更有利于形成发展的长效机制。"天上不会掉馅饼",没有经过创新的努力,简单复制其他地区的模式,这可能会造成致命的损失。根据国际上土地整治与美丽乡村建设的经验和发展趋势,我们从有利于新经济空间生产和新业态空间布局的角度出发,充分发挥当地的地理区位、人力资本、产业结构和特色资源,创新乡村空间再生产的优势度和吸引力,重构和修复乡村空间再生产和乡村消费中心再组织的区域格局,才能形成土地整治与美丽乡村建设的发展韧性。

（四）以缜密论证的项目为依托

国际上很多国家的土地整治与美丽乡村建设都是以具体的项目为依托的。项目的实施就是规划的执行过程和实现途径。无论是政府执行的还是私人执行的项目，在执行前都需要经过缜密的论证，从经济可行性、社会影响和生态影响等各方面对项目进行筛选，力保该项目是该块土地在规划下的最高最佳利用。在项目的筛选中，公众参与机制和市场配置机制是主要的手段。比如，在德国和日本的土地整治过程中，如果得不到大多数农地所有者的同意，任何项目都不可能实施；而在荷兰的项目批准过程中，公众的意见是上级审批的主要参考依据。另外，只要是符合规划的项目都必须经过充分的市场竞争来决定最终的项目内容，比如通过招标或拍卖的形式，这是市场决定项目的原则。土地整治与美丽乡村建设，必须把项目的谋划和落实放在突出位置。浙江省安吉县美丽乡村建设的重要经验之一就是突出项目支撑，突出项目的建设特色和亮点，突出项目建设的区域重点，对土地整治与美丽乡村建设的重点项目实行整体策划、分口包装，加大与上级的项目对接和对外招商引资，吸引全社会力量投入土地整治与美丽乡村建设。县政府积极向省市级申报重点建设项目，相关部委办局向省市级主管部门争取专项建设项目，乡镇村主动规划具体建设项目，形成缜密论证、上下联动、内外合作的项目建设机制，从而使安吉成为美丽乡村建设的"中国品牌"。

第四节　目标定位

一、目标定位的准则

目标是土地整治和美丽乡村建设努力的方向和所要达到的目的地，可分为总体目标和具体目标。总体目标是概括性的，表示理想和期望，比如村村优美、家家创业、处处和谐、人人幸福，再比如建成"环境优美、生活富美、社会和美"的现代化美丽乡村等等。具体目标是通向总体目标道路中的里程碑。它们以可度量和可实现的形式来表示。一个总体目标可以转换和细分成若干个具体目标或指标。例如，将村村优美分解成森林覆盖率指标、空气质量指标、污水处理率指标、垃圾分类处理指标等等。目标的过高或过低，都会直接影响土地整治与美丽乡村建设的成效。因此，目标定位需要遵循以下基本准则。

（一）问题诊断的准则

土地整治与美丽乡村建设不仅要解决已经存在的问题，还要防止进一步出现的问题。在现实工作中，人们最经常处理的是已经意识到的问题，对未来要产生的问题缺少系统地分析。问题和目标通常是互为条件的，因为问题的类型和性质，是决定目标定位的基础和依据；但问题的存在与否，又是通过参考期望高低或目标大小来确定的。问题与目标是同一个硬币的两面：确认一个不合乎理想目标的现实问题并诊断它的成因，分析问题的类型、性质和解决价值并修正完善目标。不要花太多的时间去寻找问题成因的"真相"，因为成因总是多方面的，由于各人的经历和认知水平不同，经常很难达成共识，结果是吃力不讨好。但无论如何，对问题进行系统和准确诊断，详细分析过去存在的问题、当下发生的问题和将来要发生的问题，寻找出需要解决的重点问题和难题，是土地整治与美丽乡村建设需要遵循的一项基本准则。正如爱因斯坦所说过的那样，发现1个问题比解决100个问题还重要，因为发现问题是创造，解决问题是作业。只有问题找准了，才能对症下药。

（二）量力而行的准则

中国的文化通常喜欢"大"，把很小粒的米喜欢叫成"大米"，很小粒的豆喜欢叫成"大豆"，这经常是一种集体无意识。目标制定必须实事求是、量力而行，具有可达性和可实现性。土地整治与美丽乡村建设的重点不在于详细描述预期达到的最终状态，而在于研究所要完成的目标，为实现目标可能采取的政策措施。必须分析这些政策措施可能形成的各种后果，编制不同的比较方案。这种方案不是一幅未来的蓝图，而是一个能为最大多数人所接受的满意性方案。打个比方，据说一群老鼠在讨论如何不被猫吃掉，其目标是不被猫吃掉，讨论的结果是老鼠们认为在猫的脖子上挂一个响铃，铃一响，老鼠就可以逃掉了。但问题是谁去挂这个响铃？因此，目标必须与政策或措施相配套，否则就是一种"空想"。国际土地整治与美丽乡村建设的经验教训表明，目标过大、偏离实际是造成失败的最主要原因。从行为经济学看，高估成功率是普遍存在的现象，在估计种类的频率时，我们通常忽视了基率和种类统计学。例如，新企业家一向高估了他们的成功机会。不管大多数新企业（65％～75％）失败的事实，4/5的新企业家认为他们成功的机会高于70％，1/3的新企业家认为他们100％能成功。作为一般性原则，他们对新项目的成本经常是大大低估了。例如，悉尼歌剧院的预计成本是700万美元，但实际花费了1.02亿美元（阿兰·斯密德，2004）。

（三）供需匹配的准则

从社会学和经济学角度看，土地整治与美丽乡村建设是一个空间再生产的过程，其产品需要满足供求平衡的基本格局。在目前社会发展对乡村系统的需求由原先的以食物为主导的单一功能转向休闲、旅游、文化、生态等多功能并重时,作为推动系统朝向熵减方向发展的土地整治与美丽乡村建设,供求平衡的复杂性会显著提升。任何产品的供给过度与不足,或者说供给与需求的错配,不仅无益于乡村内部各系统间的协调发展,反而会加剧工程建设的低效率和公共资源投入的浪费。以美丽乡村建设中涌现的"民宿"为例,由于城里人生活水平和生活情趣的提高,而且厌倦了快节奏的生活、冰冷的钢筋水泥围城和如织且滚烫的车流,对能感受大自然的花香鸟语的"民宿"产生了巨大的市场需求。市场总是热情的,有需求就会有对应的产业业态出现,民宿这个在中国仍显青涩的产业,它作为乡村旅游的重要载体,近年来在各地农村呈风生水起。据调查,在湖州市的莫干山,民宿数量从 2015 年的 300 多家,一下子增加到 2016 年的 600 家。杭州 2015 年民宿的数量已经是 2010 年的 7 倍,2016 年杭州登记在册的民宿超过 2800 家。可是,往日风光已经不在,民宿开始大洗牌,几家欢喜几家愁。在杭州地区,200 万投资开民宿,年收入还没上班高。土地整治与美丽乡村建设的目标定位,应该谨记供需匹配准则。这也意味着我国目前自上而下、在某种程度上以供给为主导的土地整治与美丽乡村建设模式需要经过自下而上的修正,才能更有利于充分满足城乡居民的多样化需求。

(四)集体决策的准则

土地整治与美丽乡村建设在公共角色层面要求各部门、各产业和各主体间合理分配资源,必须尊重大多数使用者的意愿,强调决策过程中的公众参与性。一个民主公平的社会应当能够保证每个乡村社会成员具有获得基本需求、资源最低消费水平的机会,公共决策要起到保护乡村弱势群体的作用,至少避免处于乡村社会低收入阶层群体的社会经济状况不会恶化。任何只为改善少数人利益和福利,而忽视或不顾及社会整体福利的行为都是不允许的。当下不少地方的土地整治与美丽乡村建设,政府唱"独角戏",采取传统的行政动员方式,群众意见未得到足够重视,工作浮躁急进,仓促开工,已经造成资源投入失衡和浪费。土地整治与美丽乡村建设的历史经验表明,仅仅政府内部的集体决策还是很不够的,经常会偏离实际需求,需要政府、村民、集体经济组织、专家、开发商等多方参与的集体决策,才能保障系统稳定运行、工程稳步推进、群众有实实在在的获得感。

二、目标定位的方法

目标定位是一个复杂的过程,除了遵循上述基本准则以外,还必须重视方法的科学性。这种方法操作的基本套路是:(1)把目标排列起来,当它们与另一个目标矛盾时,我们能对其中哪一个更重要有个主意;(2)最好用表格的形式清楚地列明目标和具体目标之间的关系;(3)要避免"事事都有关联"纠缠不休的毛病，它会使上面的表格在实际应用中过于复杂。对一个目标只列出最突出的几个具体目标须知。这将使我们易于明白目标（表述一般性的）和方法（追求这些结果的手段）之间的关系（梁鹤年，2003）。

三、目标的基本定位

（一）宏观定位

土地整治与美丽乡村建设目标的宏观定位应当以国土空间格局优化为主线，促进城乡统筹发展、生态文明建设、新型城镇化和美丽乡村建设，促进耕地保护和质量提升，促进集约高效创新发展。具体包括以下几点。（1）促进区域发展。作为多目标和多功能的农村发展工具，土地整治与美丽乡村建设的目标是促进区域发展，不断缩小城乡差别，为所有的乡村创造和保持同等的生产、生活和生态条件，使城乡之间和区域之间均衡协调发展。（2）促进绿色发展。土地整治与美丽乡村建设是为保证人类能健康生活所需要的环境，保护土壤、空气、水、动植物免受人类活动的不利影响，消除人类活动带来的损害或对不利影响所采取的必要措施。正确处理人与自然的关系，推动人与自然绿色发展是土地整治与美丽乡村建设的主要目标之一。（3）促进多功能农业发展。促进农业发展，是土地整治与美丽乡村建设的原始动力。农业发展应包含经济目标、社会目标、环境目标和历史文化目标。农业经济目标是基础，诸如农民生活改善、乡村进步、景观保护与开发、农村文化传承等社会环境文化目标中或多或少也包含着经济愿景，需要发展经济来夯实物质基础。（4）促进乡村复兴。土地整治与美丽乡村建设的主要目的是改善当地农业生产条件，创建更大的村庄文化、本地供应和区域合作，增强农村地区的经济、生态、社会和文化综合发展潜力，促进村庄内部发展和减少土地占用，保持农村地区的景观特征和弘扬传统优秀文化，延续历史文脉与绿脉，增强气候变化适应能力。

（二）微观定位

要针对全县和各村城乡发展中存在的突出问题，按照"田、水、路、林、村、城"全域整治、着力打造精致乡村、积极推进节约集约发展、建成民生幸福新家园的要求，实现以下基本目标。（1）基本公共设施的改善。包括交通道路、排水系统、垃圾处理、停车场、体育设施、文化广场、康复医院、学校、儿童游戏场、游憩休闲设施以及农业共同设施（诸如农机棚、农具房与农机具修护保养中心）的兴建等。（2）农村发展活力的创造。围绕农村发展活力创造的重点，开展相关农村发展项目，比如土地整理项目、村庄革新项目、景观规划项目、产业经营项目等，以提高农村发展的活力和吸引力。（3）乡村文化的维护和发扬。包括乡村独特风格的建筑、文物古迹的维护、传承和发扬等。(4)资源生态空间的保护和再生。包括水土资源以及野生动植物栖息空间及场所的维护,土地肥力和潜力的维护、自然和景观的安全性和多样性维护,重要景观断裂点的修复和再生,防治水土污染,以及增强气候变化的适应能力等。在国外的美丽乡村建设中,自然保护措施占有很大的份额。例如在德国,在过去的 15 年里自然保护措施同比增长了 40%。(5)提高农地生产能力,特别是建设高标准基本农田、提高农田灌排能力、适度发展农业规模经营、实行农业产业化经营体系、因地制宜建设休闲、观光、参与及有机农业和发展专业家庭农场等。

参考文献

[1] 吴次芳. 土地整治理论与制度创新[M]. // 国土资源部整治中心,中国土地整治发展研究报告. 北京:社会科学文献出版社,2014.

[2] 董祚继. 土地利用规划管理手册[M]. 北京:中国大地出版社,2002.

[3] 崔理想. 美丽乡村建设的内涵、问题及对策研究[J]. 黄河科技大学学报,2016(3):60-64.

[4] 魏玉栋. 与天相调 让地生美——农业部"美丽乡村"创建活动述评[J]. 农村工作通讯,2013(17):48-50.

[5] 柳兰芳.从"美丽乡村"到"美丽中国"——解析"美丽乡村"的生态意蕴[J].理论月刊,2013(9):165-168.

[6] 匡显桢,兰东.美丽乡村的内在品质表现为"四美"[J].理论导报,2014(1):19-20.

[7] 汪彩琼. 新时期浙江美丽乡村建设的探讨[J]. 浙江农业科学,2012(8):1204-1207.

[8] 张柠. 土地的黄昏[M]. 北京:中国人民大学出版社,2013.

[9] 邹永图. 建立历史唯物论体系要坚持社会主体与社会客体相统一的原则[J].哲学动态,1982(8):11-12.

[10] 聂宇燕. 英国的可持续农业[J]. 农产品市场周刊,2015(50):62-63.

[11] 厉为民. 荷兰的农业奇迹[M]. 北京:中国农业科学技术出版社,2003.

[12] 于治国. 尊重农民意愿不该是句空话[J]. 中国监察,2011(24):37.

[13] 梁鹤年. 简明土地利用规划[M]. 谢俊奇,等,译. 北京:地质出版社,2003.

[14] 阿兰·斯密德.制度与行为经济学[M].北京:中国人民大学出版社,2004.

第三章　经验借鉴

第一节　国外经验借鉴

国外很多国家和地区都很重视农村的建设和发展,并根据本国或本地区的实际情况找到了适合本国的乡村发展之路,他们在乡村建设的研究及实践方面起步较早,他们的经验能为我们的乡村建设提供参考和借鉴。

一、日本:"造村运动"

20 世纪 70 年代末,日本开始了第三次新农村建设,被称为"造村运动",其目标是通过振兴产业来促进农村经济发展,振兴逐渐衰败的农村。在造村运动中,最具知名度及影响力的是 1979 年始于大分县的"一村一品"运动。"一村一品"运动是一种在政府的引导和扶持下,以行政区和地方特色产品为基础形成的区域经济发展模式。它要求一个地方(县、乡、村)根据自身的条件和优势,发展一种或几种有特色的、可以使当地居民引以为豪的产品或项目,并尽快将其培育成为全日本乃至全世界一流的产品或项目。"一村一品"并不限于农特产品,也包括特色旅游项目及文化资产项目,如文化设施或地方庆典活动等。值得着重指出的是,选择和培养什么作为本地区的一村一品,这完全是由当地居民自主决定的,并进行创新和技术研究。一个村子可以推出三品,两个村子也可以推出一品。政府只是从技术和市场开发等方面给予支持。

造村运动的主要做法:以开发农特产品为目标,培育各具优势的产业基地;以突破 1.5 次产业(以农、林、牧、渔产品及其加工品为原料所进行的工业生产活动)为重点,增加产品的附加价值;以开发农产品市场为手段,促进农产品的流通;以培养人才为动力,开展多元化的农民教育;以创设合理的融资制度为途径,提供农业低息贷款;以生活工艺运动为载体,促进农村文化建设。

二、以色列:乡村综合发展方法

以色列在不到 50 年的时间里,在沙漠上建立起了现代化农业和崭新的农村,创造了农业发展的奇迹,这要归功于以色列的"乡村综合发展方法"。"乡村综合发展方法"是以色列发展研究中心总结的以色列的农业发展道路,既是建设农业的过程,也是建设乡村的过程。以色列建国后,在农业发展和农村建设方面面临了两大主要问题:土地稀缺和降水量少且分布不均,使得以色列的农业发展面临着巨大的瓶颈,再加上百万难民的涌入致使国内口粮供应难以为继。于是,以色列决定优先发展农业,开始了农业现代化和新农村建设的道路。"乡村综合发展方法"有三个立论:(1)农业增长是乡村发展的先决条件;(2)农业的发展,需要第二、第三产业的协同发展;(3)人的因素在乡村发展中扮演着至关重要的作用。在这一思想的指导下,以色列政府采取了一系列措施建设发展农业,建设农村:(1)发展多元化的农民组织,为农民建设安居乐业的家园;(2)运用技术和制度手段节约水资源;(3)建立三位一体的农业科研推广体系,以政府投资为主导、社会资金为补充;(4)加强义务教育和强化农业技术培训,提高农民的素质。

以色列通过"乡村综合发展方法",使沙漠变绿洲,解决了国内主要农产品的自足问题,并大力发展农业节水技术。尤其是滴灌技术的发明,为以色列的农业技术革命找到突破口,使其农业产品产量直线上升,可耕地面积增加,农业农村面貌得到根本改善。

三、英国:中心居民点政策

中心居民点政策(Key Settlement Policy)是战后英国乡村按规划建设的基本政策,是英国针对二战后农村人口减少、农村基础设施不足等问题提出的以中心居民点为重点的村庄振兴模式。中心居民点政策的基本逻辑:通过建设乡村中心居民点,改善乡村住宅,建设完善的基础设施和公共服务设施,乡村中心居民点在经济、社会和教育机会上与城镇相同,生活在乡村与住在城镇相差无几;同时,在满足安全卫生的前提下,推行紧凑型居民点规划模式,对选定为中心居民点的原乡村居民点实施填充式开发,而不再允许随意扩大规划边界。这个政策把所有的乡村居民点划分成两类,可以扩张的和不可以扩张的。政府集中投资建设可以扩张的中心居民点,促进住房、就业、服务和基础设施向中心村集中,而让那些不可扩张的小乡村居民点逐步消亡或拆除,从而推动农村人口向中心居民点集聚。此外,英国对村庄进行画线管制的做法也值得借鉴,即对村庄建设用地以画线形式控制,线外为保护区域,不准任何建设,这种方式有效控制了农村居民点的无序发展,也使耕地得到很好的保护。

四、美国乡村生态旅游:遗产廊道

遗产廊道是出现在美国乡村生态旅游中的一种区域化的遗产保护方法,是指"拥有特殊文化资源集合的线性景观"。遗产廊道可以是具有文化意义的运河、道路以及铁路线等。通过挖掘地方历史、确定地方文化特点等措施,组织成一个遗产廊道将这种独特文化提炼出来,它对历史文化遗产是一种保护和恢复,对老建筑或废弃建筑是一种再利用,对乡土文化景观也是一种保护。遗产廊道在强调一系列遗产保护文化意义的同时,还强调其生态价值和经济意义。对于已污染或遭受破坏的区域要进行恢复治理,这些工作能让当地居民逐渐意识到自己的家乡的经济价值及其独特文化,带来经济收益的同时又能很好地激发他们保护文化的热情。遗产廊道内的旅游活动多种多样,以各种乡村特色景观和活动为手段,来鼓励人们保护特殊需要保护的区域,而不是用规章制度来强制。

五、法国:乡村开发

法国的乡村开发是对为实现乡村地区空间优化和利用而进行的所有活动的总称,涉及社会、经济、文化、环境等多个方面。其主要目标:提高乡村地区农业生产力;促进乡村地区的非农产业特别是工业发展,以避免就业岗位减少而引发乡村人口的大量外流;在乡村地区建设达到一定标准的公共设施以提高乡村生活方式的吸引力;在乡村地区发展旅游产业,但要求不能对自然环境造成不利影响。针对乡村发展问题,法国制定了一系列乡村开发政策,对划定为优秀乡村中心、乡村复兴区、大区自然公园的乡村分别制定政策。其中,1995年的乡村复兴区规划将乡村划分为郊区乡村、新乡村和落后村三种类型。郊区乡村:存在大量的居住区,但农业生产仍具有重要地位,土地使用面临极大竞争,所以要保护其中存在的乡村居民点,结束过度的土地开发。新乡村:集居住、旅游和自然景观为一体,人们正在往这些地区迁移,所以要改善基础设施和公共设施以有能力容纳增长的人口。落后乡村:人口密度不高,以农业和夕阳产业为主,收入低于平均水平,人口逐渐减少,所以要为这些乡村创造发展动力,使经济和生活条件得以复苏,并通过土地整理的方式保护城市附近的农业和自然区域。

第二节　国内经验借鉴

在国内,也有不少地区在乡村建设方面开展了积极的探索,取得了明显的成效,形成了颇具鲜明特色的乡村建设模式。

一、临安模式：绿色家园、富丽山村

"绿色家园、富丽山村"是临安美丽乡村建设的模式，就是用十年时间，逐步把临安市农村建设成生态环境优美、村风民风和谐、产业模式多样、社会保障健全、乡土文化深厚、农民生活安康的"村美、家富、社兴、人和"的美好家园。围绕四大建设内容有重点、分步骤地全面展开。实施绿色新环境打造工程，走生态之路，实现"村美"；实施绿色新产业提升工程，走富裕之路，实现"家富"；实施绿色新社区建设工程，走和谐之路，实现"社兴"；实施绿色新文化培育工程，走文明之路，实现"人和"。按照"村点出彩、串点成线、板块打造、面上洁净"的工作思路，临安设计了整治村、特色村、精品村三种类型，逐渐建设成了环境优美、经济富裕、内涵丰富、领先全国的"美丽乡村"品牌。

二、江宁模式：乡村让江宁更美好

江宁是南京的近郊区，其乡村建设走的是"大都市带动新农村"的发展之路，实现城乡功能互补。以"农民生活方式城市化、农业生产方式现代化、农村生态环境田园化和山青水碧生态美、科学规划形态美、乡风文明素质美、村强民富生活美、管理民主和和谐"的"三化五美"为美丽乡村建设的目标。江宁通过以下七大工程来实现美丽乡村建设目标：生态环境改善巩固工程，实现永续发展；土地综合整治利用工程，显化农村土地价值；基础设施优化提升工程，全面建立城乡一体的基础设施系统；公共服务完善并轨工程，推进城乡缩差并轨；核心产业集聚发展工程，为农民增收提供有力支撑；农村综合改革深化工程，激发农村活力；农村社会管理创新工程，夯实农村基层党组织建设。

江宁区美丽乡村建设有两大主要特色：一是特色的规划引领，江宁美丽乡村示范片区确定了"一廊、两线、两区、多主题"的空间结构，通过保护牛首-云台山生态廊道，建设旅游大道西线、东线，打造分类型主题发展组团；二是积极鼓励交建集团等国企参与美丽乡村建设，以市场化机制开发乡村生态资源，吸引社会资本打造乡村生态休闲旅游，形成都市休闲型美丽乡村建设模式。

三、鹤林："新集体经济"模式

鹤林村位于四川省成都市成华区龙潭乡境内，属市郊农村。在新农村建设中，鹤林村依托大城市近郊资源优势，创造发展了一种新的模式——"新集体经济"。这种模式成为城市周边新农村建设的典范。鹤林村首先实施了"三个集中"：把闲散的宅基地与残次林地集中，把分散和价值埋没的城郊农田用地集中起来，把散乱分布的引进企业集中起来。这有效地解决了土地资源闲置，使农民由原始村落向现代文明社区转变带来可能,也为工业的节约化、集群化带来可能,并使失地农民真正转为城市市民成为可能。"三个集中"中,最难解决的是城镇化进程中失地农民的居住和生活来源问题,但鹤林村用传统集体经济组织解决了这个问题。先把农村经济合作社变成市场经济下的公司,公司有市场经济主体地位,利用自身的区位、交通和资源优势,吸引合作的企业、技术、项目和资金,促进农村集体经济的发展。"集体经济组织法人"与市场的资金、技术、管理结合,使农民不花一分钱而有了自己的房屋。

四、长兴模式:锦绣长兴、魅力乡村

打造"中国魅力乡村"是长兴县新农村建设的抓手,紧紧围绕"村民富、村庄美、村风好"三大建设目标,通过三类产业并举、功能与品位并重、精神与物质齐抓,同时注重挖掘历史遗迹、人文风俗,把风情和文化巧妙地融入"山、水、村"中,形成"一村一品、一村一业、一村一景、一村一韵"的新格局。以十年为实施期限,长兴县将其分为三个阶段:前三年推进重点村创精品、重要轴线和重点片区创品牌,力争建成 100 个魅力村庄;中期三年沿核心区向外辐射,再建成 100个魅力村庄;后四年完善提高,全面完成全县所有行政村的魅力乡村建设。

长兴魅力乡村建设有三个突出的特点。第一,在建设过程中长兴县充分利用农村土地综合整治项目,整合各类涉农项目资源,如整合乡村道路联网工程、万里清水河道等项目资源,加大公共基础设施建设向农村倾斜的力度。第二,建设重点突出。按照"点精、线优、示范性强"的要求,长兴着力打造新农村建设实验示范带,因地制宜推动美丽乡村建设"串点、连线、成片、区域化发展"。新农村实验示范带建设是长兴推进美丽乡村建设的重要措施:北线的"江南茶乡"竹林苍翠,泉水叮咚;西线的"芥里人家"漫漫历史,古朴厚重;东线的"太湖风情"面向湖水,心向世界;南线的"希望田野"果实芬芳,花香遍野;中线的"农园新景"生机勃勃,欣欣向荣。特色村、精品村、中心村,是长兴打造美丽乡村品牌的三大着力点,尤其强调中心村的培育建设。第三,特色化打造,长兴摒弃"大拆大建、千篇一律"的新农村建设习惯思维,充分依托和挖掘不同村庄的资源禀赋和个性特色。

五、台湾:富丽新农村建设

20 世纪 90 年代,台湾提出"富丽农村"建设计划,通过土地重划方式办理农村社区更新整体规划,配合办理地籍整理,使各宗土地丘块方整,结合景观生态、产业布局、社区文化、环境建设等,发展农村公共设施、交通系统、商业文化及观光休闲事业,营造农村新面貌。尤其值得借鉴的是,台湾将自然生态工法

融入乡村建设,使乡村数年后仍然呈现井然有序的生态景观,并维持着丰富的生态系统。台湾富丽新农村建设采取的主要策略有:(1)建立农村发展"咨询辅导机制",邀请相关专家学者对农村产业升级进行辅导,帮助农村转型;(2)建立行政人员"让顾客满意"的优质服务指标,如辅导农民赚钱、建立农民的自尊与自信心等;(3)辅导当地农民成立合作社、社区发展公司等"农业经营主体",并由"农业经营主体"负起美化净化农村的责任;(4)组织观摩研习与经验交流,激发农民的想象力与创造力。

第三节 典型案例剖析

一、韩国:新村运动

(一)新村运动的背景

1963—1971 年,韩国政府实施了两个经济发展五年计划,重点扶持产业发展和扩大出口,而传统农业则被忽视,出现了工农业发展和城乡发展的严重失调,不断扩大的城乡差距导致大量的农村劳动力离开土地涌向城市,造成了许多社会问题。同时,由于农村人口持续下降及老龄化,农村劳动力严重不足,不少农村地区的农业濒临崩溃。在这种情况下,韩国政府于 1970 年发起了"新村运动",以实现农村现代化。

(二)新村运动的主要内容和历程

新村运动是一场以改善农村生活环境、促进农业发展、提高农民生活质量为主要内容的自上而下的农村现代化运动。运动以勤勉、自助、合作为基本精神,以振兴国家为动力,通过政府支援、农民自主的方式,设计实施了一系列开发项目,带动农民自发开展家乡建设活动。主要内容包括:改善农村公路、改善住房条件、农村电气化、农民用上自来水、推广高产水稻品种、增加农民收入、农协组织的迅速发展、兴建村民会馆等。

根据运动目标和内容的差异可将"新村运动"分为以下 5 个阶段:

(1)基础设施阶段(1970—1973 年):主要目标是改善农民的居住条件。根据政府评比的优先次序,分别重点实施了改善生活环境、增加收入和变革思想态度等三大工程。运动初始,韩国政府为全国 3.5 万个村,每村免费分配 335 袋水泥,要求必须用于村里的基础建设,以此来激发农民自主建设新村的积极性。根据农村的具体情况和实际需要,政府提出了近 20 种建设项目,主要包括:换房顶(把草房顶换成铁皮或其他比较坚固的房顶),修整村中的小巷,建公共澡堂、公共洗衣处、公共饮水设施,绿化荒山,改善厨房、厕所,修筑围墙、公路、改良作物、蔬果、畜禽品种以及架桥、修路、盖会馆(村活动室)和建设卫生保健等福利项目;同时还提出了各个项目的建设目标、施工要求、工程设计规范等。第二年,政府根据各村项目实施状况和发展水平将其分成三级:自立村(最好)、自助村(次之)、基础村(最差)。政府在这一阶段由中央内务部直接领导下建立了全国性组织"新村运动中央协议会",形成了自上而下的全国性协议会网络,同时建立新村运动中央研修院,培养大批新村指导员。这一阶段的工作让农民感受到了实惠,调动了他们建设家乡的积极性,妇女也开始参与各种社会活动。

(2)扩展阶段(1974—1976年):主要目标是发展生产和增加收入。这一阶段,新村运动迅速向城镇扩大,成为全国性的现代化建设。新村建设的重点从改善农民居住生活条件发展为居住环境和生活质量的改善和提高,修建村民会馆和自来水设施,生产公用设施,新建住房,发展多种经营。政府在这一阶段对新村指导员、国家各级公务员、社会各界负责人分批进行了新村教育;对成就突出的农村提供贷款,并给予各种优惠政策;动员理工科大学和科研院所的教师、科技人员轮流到农村巡回讲授和推广科技文化知识和技术。

(3)充实提高阶段(1977—1980年)。这是新村运动的自立发展阶段。政府把推进新村运动的工作重点放在鼓励发展畜牧业,农产品和水产品的加工业和特产农业,积极推动农村保险业的发展。同时,为推动乡村文化的建设与发展,政府为广大农村提供了各种建材,支援农村的文化设施和农工开发区建设。

(4)国民自发运动阶段(1981—1988年)。在这一阶段,政府大幅度调整新村建设的政策与措施,建立和完善全国性新村运动的民间组织。新村运动的培训和宣传工作改由民间组织承担。政府逐步减少行政干预,政府只是通过制定规划、协调、服务,以及提供必要的财政、物质、技术支持等手段,着重调整农业结构,进一步发展多种经营,大力发展农村金融业、流通业,继续提高农民收入,改善农村生活和文化环境。这一时期,农村居民普遍认为,他们的经济收入和生活水平已接近城市居民的生活水准。

(5)自我发展阶段(1989年至今)。随着韩国经济的快速发展,新村运动也逐渐带有鲜明的社区文明与经济开发的特征。这一阶段,政府主要是加强国民伦理道德建设,提升农村居民的共同体意识,强化农村文明与法制教育等。同时,积极推动城乡流通业的健康发展。新村运动初期为启动农村经济、文化活动而建立的政府机构及其活动内容和活动形式逐步弱化,民间组织的功能得到不断地强化,有助于农村经济、文化发展的机构,如农业科技推广、培训组织、农村教育机构、农协、流通、农村综合开发、农村经济研究等组织机构应运而生,并逐步发挥积极的作用,农民自主管理和发展成为一个特色。

（三）新村运动取得的主要成就

新村运动的成就主要有4个方面。一是城乡一体化,农民收入、生活质量大幅度提高,极大地推动了城乡协调发展,缓和了社会矛盾。二是农村科技水平、产品市场竞争力明显增强。从1970年的增加农作物产量到1990年追求商品质量的优质化;从无菌种子的生产到生物技术导入栽培方法;从自耕自足到使用计算机发展信息化事业以科技提高农作物生产的竞争力。不仅如此,粮食绿色革命和农产品的自由出口,适应了国际需求,使新村运动得到进一步发展。三是对人民道德风貌的影响,它恢复和建立了农民的勤勉、自信和自助精神,提高了农民团结合作的能力和主人翁意识。四是新村运动培养了大量青年农民,这些人成为农村发展中的骨干力量,这是韩国农村迅速发展的基础。

（四）经验借鉴

韩国新村运动取得了很大的成就,其成功的经验值得我们学习借鉴。以下几个方面的经验值得我们重视。

1. 重视精神启蒙,积极调动农民积极性

韩国政府认识到建设开发农村需要改变农民的态度,激发农民自身内在的潜力和奋发向上的精神,动员广大农民积极投身新村运动。为此,政府采取了各种措施向农民反复宣传新村运动的宗旨任务和目的,使广大农民切实感受到新村运动是能让他们生活好起来的运动,将政府行为变成广大农民的意志和行动。

2. 强化分类指导

政府没有平均分配开展新村运动的投入,按照新村运动的进步程度把全国农村分为基础村、自立村和自助村,进行有差别的支援。政府的援助物资只提供给自立村和自助村,促使抱着消极观望态度的村庄和村民态度发生变化,从而奋起直追。对于基础村的发展,政府主要是促进其继续改善生活环境,培养自助精神;对于自助村,主要是促进其改良土壤、疏通河道、改善村庄结构、发展多种经营、增加农业收入;对于自立村,主要是促进其发展乡村工业、畜牧业和农村副业,鼓励和指导农民采用机械化、电气化、良种化等先进技术,组织集体耕作,建立标准住宅,修建生活福利设施。“比学赶帮超”逐步减少了基础村的数量。

3. 设立高效统一的组织管理机构及强化各级公务员的责任

为了更好地开展新村运动,完成中央制定的各项政策措施,韩国政府在全国范围内建立了一套由中央到地方、由政府到民间组织的层层相扣、分工明确的新村运动组织管理体系:在村级设立开发委员会,由村里的10～12名有识之士及农民代表、新村指导员组成,村主任或新村指导员任议长,具体筹划、协调和执行村级新村运动;同时,重视强化各级公务员的责任,使他们与农民同心协力建设新村。

4.制定严格的新村运动建设管理制度

韩国政府经认真研究后,制定出一系列科学管理制度,对各级政府的管理对象、内容、方法、信息分析、组织和反馈体系等都做出明确翔实的规定。一是面(乡镇)级管理职责。面政府公务员每天在村里调查研究,检查督促新村运动执行情况,收集整理有关数据,并向面长报告,面长每天或每周向郡守报告有关统计数据。二是郡级(县级)管理职责。郡级管理监督的目的和任务是及时发现农村基层组织有关情况,检查监督中央分配下达的支援物资是否及时、准确地送到面、村并被合理使用。三是道(省)、中央级管理职责:及时掌握郡、面、村的实际情况,及时制定和调整有关政策措施,加以矫正或推进,各道(省)的副知事负责及时收集和分析各郡守提出的报告和有关厅局经调查研究提出的报告,全面负责新村运动的具体实施和按期完成。各道(省)政府及时收集有关情况后写成报告,每月或定期向内务部部长报告。内务部部长收集分析全国的情况,及时制定或调整有关政策。内务部部长委托大学教授负责全国的检查监督工作,并根据情况派中央有关部委官员到道、郡检查监督。

5.重视对新村运动的教育和指导

政府成立了新村研修院,专门培养和训练新村运动各方面的人才和指导员。从建设新乡村运动开始,政府把很多精力和资金投入在农民教育和培训工作上,并逐渐扩大到全国,培养了一大批献身于新村运动的社会骨干。

二、城乡等值化:德国巴伐利亚试验

二战后,德国城乡差距不断扩大,大量农村人口不断涌入城市,使城市不堪重负,同时农村逐渐凋敝衰落。为了解决这一问题,德国赛德尔基金会提出了"城乡等值化"理念,并在巴伐利亚州首先展开试验。"城乡等值化"的核心思想是"在农村地区生活,并不代表可以降低生活质量"、"与城市生活不同类但等值"。通过土地整理、村庄更新的方式,德国实现了农村经济与城市经济平衡协调发展,明显减弱了德国农村人口向城市涌入的状况。巴伐利亚试验取得了明显成效,从落后的农业区变成了德国经济最具活力的地区。该试验引起德国政府的高度重视。此后,德国农村普遍采用了巴伐利亚发展模式,并从1990年起成为欧盟农村政策的方向。巴伐利亚城乡等值实践的影响到全球许多国家和地区,山东南张楼村就是巴伐利亚的中国样本。

城乡等值化的主要内容:一是制定村镇整体发展规划,实施土地整合,道路和农田等基础设施建设等;二是调整农村产业结构,积极推广机械化作业,组建合作社,发展生态农业;三是保护传统文明,如整修传统民居、建立博物馆等;四是加强教育培训,推广双元制教学,让孩子从小既学文化课,也学实用技术;五是用科学理念引导村庄发展,逐步全面改善农村面貌,用土地管理带动环境保护。

城乡等值化的特点。(1)将土地整理作为乡村建设的重要抓手,提高了土地的利用率和生产效率;将细碎的地块合并以便大型农业机械进行耕作;通过土地置换,将优等的土地用于生产、劣质的土地用于建设基础设施和工厂企业;建设田间道路、排灌设施等使农村用地更加符合经济发展的要求。(2)大力发展农村第二、三产业,着力推进农业现代化。动员大公司到农村开办企业,鼓励各地区根据自身的条件和优势发展多种经营并给予技术和资金上的支持。(3)村庄革新采取"开发"和"保护"相结合的方式。"开发":各地根据未来发展和改善生活的需要,尤其是乡村旅游和光观农业的需要,修建基础设施及文教体育设施。"保护":有效保护传统的社会生活环境和良好的自然生态环境。对自然资源和人文资源进行很好的保护,其又能成为乡村旅游和观光农业的宝贵资源并实现可持续发展。(4)重视对老旧建筑的重新利用,对它们进行保护、修缮、改造和加固。

城乡等值化有以下几点值得借鉴。(1)用法律手段保障乡村建设,除德国村庄更新最重要的法律依据《联邦土地整理法》外,巴伐利亚州土地整理法规、村庄更新条例等也起到了重要的控制作用。(2)用规划手段控制引导乡村建设。德国"巴伐利亚试验"的整个过程首先都是在一系列详细的规划指导下进行的,这些规划不仅包括村庄发展的总体规划和详细设计,还包括村庄发展的功能分区等。(3)乡村建设中重视对自然景观和生态环境的保护与建设。在土地整理中注意与生态环境的协调,这不仅保护和发展了原有的自然景观,而且改善了乡村的生态环境。(4)乡村建设中要注重节约和经济,不要一味地大拆大建,要学习巴伐利亚重视一切有价值的建筑,同时要注意合理继承村庄的原有肌理、风貌和文化特色等。

三、安吉:"中国美丽乡村"

安吉地处浙江西北,"七山一水二分田",是美丽乡村建设的先行者。从2008年开始,全县全面开展"中国美丽乡村"建设行动。以"尊重自然美、侧重现代美、注重个性美、构建整体美"为主要原则,以"环境提升工程、产业提升工程、服务提升工程、素质提升工程"四大工程为基本路径,通过推进村庄环境的综合提升、农村产业的持续发展、社会事业的全面进步,利用10年时间,安吉力求把全县187个行政村都建设成为"村村优美、家家创业、处处和谐、人人幸福"的现代化新农村样板,打造成为全国生态环境最优美、村容村貌最整洁、产业特色最鲜明、公共服务最健全、乡土文化最繁荣、农民生活最幸福的地区之一。

经过5年的努力,安吉美丽乡村建设取得了很大的成绩:全县187个行政村,已完成美丽乡村创建179个,创建覆盖面达到95.7%,全县12个乡镇实现美丽乡村创建全覆盖,其中,已建成的精品村164个、重点村12个、特色村3个;农村特色主导产业、农民专业合作和现代家庭工业、农村休闲旅游等产业得到长足发展和提升;村庄面貌更是显著改善,美丽如画,别具魅力。2010年,安吉"中国美丽乡村"建设模式,正式成为"国家标准"和省级示范。2012年获得"联合国人居奖"。

安吉美丽乡村建设的亮点特色。(1)创建标准体系,差异化发展。根据美丽乡村总体规划和总目标,安吉县制定美丽乡村标准化指标体系,修订《安吉县建设"中国美丽乡村"考核指标与验收办法》,将指标分四个方面,共三十六项,根据考核分值从高到低划分为精品村、重点村和特色村三个档次。并据此发放不同额度的奖金,以奖代补。(2)实施四大工程。一是环境提升工程。抓外在有形环境的提升,巩固扩大成果,综合改善质量,全面提高品位。二是产业提升工程。抓内在经济实力的提升,扶持优势产业,形成品牌效应,增强支撑功能,壮大集体经济。重点推进高效生态农业品牌化经营、现代家庭工业集群化发展、农村服务业最大化激活,积极培育产业大村、经济强村。三是素质提升工程。抓潜在文明素养的提升,培养有技术专长、有创业激情、有文化素养、有宽广胸襟、有文明气息的现代品质农民。四是服务提升工程。抓广度公共服务的提升,健全农村公共服务体系,繁荣农村社会事业,重点推动城镇基础设施向农村延伸,公共服务向农村倾斜,社会保障向农村覆盖。实施这四项工程,实现人居环境和自然生态、产业发展和农民增收、社会保障和社区服务以及农民素质和精神文明的全面提升。(3)突出区域建设重点。为抓点连线成面,扩大示范效应,着力进行2条精品示范带建设工作。重点建设精品示范带建设沿线的景观大道、垃圾收运处理系统、河道整治建设和沿线违章建筑拆除、房屋立面改造等,形成线美、点亮的精品示范带。(4)以村为基础,突出特色,营造一个又一个地域品牌。同时,挖掘和继承本土优良传统,在乡村建设中融入深厚的历史底蕴,使得地域品牌展现了浓浓的人文特色,呈现出"一村一品"、"一村一韵"、"一村一景"的乡村景观。(5)品牌建设体系化发展。依托乡村建设,打造美丽乡村公共品牌;依托特色产业,壮大区域品牌;依托特色产品,打造企业品牌。通过品牌建设,形成了美丽乡村公共品牌带动区域品牌,公共品牌、区域品牌引领企业品牌的良性发展格局。

安吉美丽乡村建设的经验借鉴。(1)美丽乡村建设要从实际出发,总体规划,分类指导,逐村定位。依据各地特色、优势开展多形式的乡村建设,尊重自然美,因势因地而建,彰显一村一品、一村一景。(2)美丽乡村建设要形成一套科学严密的制度体系。安吉在美丽乡村建设中制定了美丽乡村建设行动纲要、发展规划、建设标准、监督检查、考核验收、奖励政策和长效管理机制,使"美丽乡村"建有方向、评有标准、管有办法,把新农村建设从一个方向性的概念具化为可操作的工作。(3)合作共建,形成建设工作的浓厚氛围。对内发动到底,对外宣传到底。职能部门与镇村结对,企业与镇村结对,宣传部门做好相关宣传活动扩大影响力,合力推进美丽乡村建设。

四、宁国:美丽和谐乡村建设

基于毗邻苏浙沪、本地具有丰富的自然和生态资源的认识,安徽省宁国市从 2010 年起在全省率先启动"美丽和谐乡村建设"工作,在"大生态、大循环、大和谐"的科学理念指导下,形成了经济高效、环境优美、文化开放、政治协同、社会和谐"五位一体"的新农村建设"宁国模式"。

宁国素有"八山一水半分田,半分道路和庄园"之称,是一个自然资源丰富,第二产业规模较大的地区。"宁国模式"对于破解"经济发展必然导致生态环境破坏"的怪圈具有重要的启示作用,而且可以探索出在工业先期发展之后,如何实现工业反哺农业、城市带动农村,实现农业的"接二连三",最终实现第一、二、三产业协调发展和可持续发展的道路。

宁国市美丽和谐乡村建设的主要可以概括为五种典型类型。(1)景区带动型,以乡村旅游业的发展带动新农村建设全面进步。宁国市成功探索了"景区＋农户"等新农村建设模式,鼓励农户以土地、房屋等多种形式入股,参与景区发展经营,初步形成了多个乡村旅游圈和多条乡村旅游带,开发了接待服务型、农事参与型、文化体验型、休闲度假型等各类旅游景点,涌现出一批以休闲观光为特色的新农村和一批乡村旅游品牌,乡村旅游呈现以点带面,点面结合的发展格局。(2)旧村改造型,结合城镇郊区农村建设与发展的要求,以村庄整治为切入点,全面改善农村面貌。(3)项目支撑型,以基础设施建设、现代农业开发等重大建设项目为依托,完善新农村建设项目库,增强产业发展的驱动力和牵引力,带动配套产业融合发展,培育壮大农村特色产业,推动布局调整,实现新农村建设的自主发展能力提升。(4)生态依托型,足生态基础,以环境整治为重点,挖掘生态资源,发挥环境优势,大力培育生态农业。(5)城郊结合型,以城乡一体化为目标,以农村城镇化为手段,实施郊区城镇化战略,推进农村土地集约利用,盘活存量资源,促进第二、三产业的发展,提高农民收入水平,缩小城乡差距。

这一模式具有四个重要的实践特色。(1)把握生态文明主线。实施"生态立市"战略,用生态文明理念统筹城乡规划布局,全力打造"青山绿树、碧水蓝天"的生态家园。将宝贵的生态资源经济化,大力发展休闲农业和乡村旅游这一"绿色"产业,成为发展农业,建设农村,增加农民收入的新动力。同时,通过政策扶持、财政补贴等手段积极推广新材料、新能源与新技术,改善农村的生产生活环境。(2)因地制宜,分类指导。根据各地所处的区位、自然条件、经济基础、民俗、历史文化等不同,宁国走"一村一景"、"一村一品"特色化建设之路,着力打造风格各异、功能齐全、独具特色的现代化新农村,充分彰显地方特色。(3)引导社会力量参入。除政府主导投入外,积极探索村企共建、市场运作、民间参与、以奖代补、出资投劳等模式,宁国初步形成"政府主导、农民主体、部门帮扶、社会参与"的新农村建设机制。(4)重视文化传承。通过塑造新时代"翠竹精神"(勇破勇立的拼搏创新精神、自信自强的艰苦创业精神、竞风竞节的争先创优精神),宁国激励农民在新农村建设中不断开拓创新。

宁国美丽和谐乡村建设的主要成效:形成了生态与经济齐抓共管,乡村旅游与新农村建设齐头并进,优美生态与富裕农村相映成趣的富裕文明、美丽和谐的新农村生态美景。至2011年,全市投入新农村建设资金7.5亿元,建成省级新农村建设示范乡镇3个、省级示范村24个、市级示范村20个、美丽和谐乡村30个,发展乡村特色"农家乐"旅游148家,有力地推动了农村经济发展。

宁国美丽和谐乡村建设的经验启示:(1)认清地区实际,紧抓地区特色优势,充分利用良好的生态环境,整合各种优势的自然资源,积极发展休闲农业与乡村旅游,对山区、中西部地区和生态资源、传统文化资源基础较好的地区有借鉴意义;(2)新农村建设以产业为基,依托产业发展,推动主导产业的形成,开发新型产业,拓展绿色产业,通过产业为乡村建设打下经济基础;(3)通过本土型企业来实现乡村生态建设,本土企业家们将从小形成的从困境中突破、服务家乡、改变家乡面貌的感受,变成一种社会责任与共识,并在渗透到他们的经济活动中,成为一种特定的经济伦理,最终形成了良好的企业与社会、企业与农民的关系。

第四节　国内外经验简要小结

通过以上对国内外乡村建设的研究可知,乡村建设并没有统一的模式。由于各个国家或地区的自然环境、资源禀赋、经济水平、制度环境及社会传统人文等不相同,乡村建设的模式也就不尽相同。但是这些国家或地区乡村建设的出发点大体相同,即改善农民的生产生活环境,提高农民的收入,发展农村的经济,缩小农村与城市间的差距,实现农村现代化。

从国内外乡村建设的实践来看,无论是国外还是国内,这些成功的乡村建设模式具有以下类似的经验值得我们参考借鉴:(1)重视农村基础设施和公共服务设施的建设,以改善农民的生产生活环境,使其享受到切切实实的优惠;(2)注重乡村建设的规划设计,做到规划先行、科学论证;(3)依托产业的发展推进乡村建设,为乡村建设打下经济基础,充分开发利用地区丰富的资源,大力发展特色产业,通过产业的发展壮大带动农村发展农民致富;(4)注重生态环境的保护和人文环境的继承,保持农村区别于城市的特色和独有价值;(5)注重宣传与鼓励公众参与,举社会各阶层之力推进乡村建设;(6)因地制宜,充分利用农村自身的优势进行乡村建设。

参考文献

[1] 仓菽. 平松守彦与"一村一品运动"——记"友谊奖"获得者平松守彦 [J]. 国际人才交流,2002(10):4-10.

[2] 蔡靓雅. 广州市"文明示范村"创建研究[D]. 兰州大学,2008.

[3] 龙玲. 日本、韩国与中国新农村建设的比较研究[D]. 西华大学,2013.

[4] 韩秀兰,阚先学. 日本的农村发展运动及其对中国的启示[J]. 经济师, 2011(7):78-79.

[5] 赵玉凤. 山东省农村人居环境现状及评价分析[D]. 山东师范大学,2010.

[6] 李清泽. 日本大分县的一村一品运动发展情况[J]. 世界农业,2006 (3):35-36.

[7] 石海斌. 诸暨市新农村建设存在的问题及对策[D]. 上海交通大学,2009.

[8] 黄磊. 成都平原农村建设模式研究[D]. 西南交通大学,2008.

[9] 蔡准. 长沙地区农村居民点布局规划研究[D]. 湖南大学,2009.

[10] 邰艳丽. 浅议城乡统筹背景下乡村发展格局的调整[J]. 小城镇建设, 2012(5):33-37,41.

[11] 沙迪,金晓玲,胡希军. 基于层次分析法的遗产廊道适宜性评价——以湖南醴陵市为例[J]. 湖北农业科学,2012(7):1399-1403.

[12] 雒海潮,刘荣增. 国外城乡空间统筹规划的经验与启示[J]. 世界地理研究,2014(2):69-75.

[13] 杨敏. 新型城镇化过程中"新三农"发展格局的构建[J]. 学术论坛，2013(9):145-150,158.

[14] 郑杭生,张本效. "绿色家园、富丽山村"的深刻内涵——浙江临安"美丽乡村"农村生态建设实践的社会学研究[J]. 学习与实践,2013(6):79-84.

[15] 渠平. 基于城乡统筹一体化背景下的农村公路规划研究[D]. 重庆交通大学,2015.

[16] 吴理财,吴孔凡. 美丽乡村建设四种模式及比较——基于安吉、永嘉、高淳、江宁四地的调查[J]. 华中农业大学学报(社会科学版),2014(1):15-22.

[17] 蔡颖萍,周克,杨平. 美丽乡村建设的模式与成效探析——基于浙江省长兴县的调查研究[J]. 湖州师范学院学报,2014(1):20-23,29.

[18] 许新月,蒋峻清,刘晋文,等. "美丽乡村"江宁示范区规划中的协同机制探讨[C]//中国城市规划学会. 城市时代,协同规划——2013中国城市规划年会论文集(12-小城镇与城乡统筹).2013:8.

[19] 韩秀兰,阚先学. 韩国农村现代化的路径及启示[J]. 当代世界,2011(2):67-69.

[20] 邹志平. 安吉中国美丽乡村模式研究[D]. 复旦大学,2010.

[21] 李金花. 延边州新农村建设研究[D]. 延边大学,2007.

[22] 丁中文,李伟伟,杨军,等. 台湾富丽农村建设及其对洛江区新农村建设的启示[J]. 台湾农业探索,2006(4):11-14.

[23] 薛永. 社会主义新农村建设中的农民参与问题研究[D]. 扬州大学,2006.

[24] 郑朝灿. 中韩新农村建设经验比较研究[D]. 浙江大学,2011.

[25] 朴龙洙. 韩国新乡村运动述论[J]. 西南民族大学学报(人文社会科学版),2011(4):55-59.

[26] 刘少才. 韩国从改造农民居住环境入手建设新农村[J]. 湖南农机,2010(6):35.

[27] 王纪孔. 韩国新村运动中的农村支援体系和支援方式探析[J]. 江西财经大学学报,2008(5):63-67.

[28] 吴琼. 新农村建设中农村职业教育的中韩比较研究[D]. 东北师范大学,2008.

[29] 涂波. 韩国新村运动对中国建设社会主义新农村的启示[D]. 西南大学,2008.

[30] 张婉. 从韩国"新村运动"看我国的社会主义新农村建设[J]. 甘肃农业,2008(2):27-28.

[31] 韩雪梅. 中韩新农村建设比较研究[D]. 山西大学,2007.

[32] 季顺莉. 韩国"新村运动"对延边州"新农村建设"的启示[D]. 延边大学,2007.

[33] 金春. 延边州金融生态环境与民营经济发展问题研究[D]. 延边大学,2007.

[34] 朱肖蔓. 韩国新村运动的发展与启示[J]. 财贸研究,2007(1):147-148.

[35] 李强,姜爱林,任志儒. 韩国新村运动的主要成效、基本经验及对我国的启示[J]. 农业现代化研究,2006(6):405-408.

[36] 薛永. 社会主义新农村建设中的农民参与问题研究[D]. 扬州大学,2006.

[37] 姜爱林,任志儒,陈海秋. 韩国新村运动基本理论研究综述[J]. 金陵科技学院学报(社会科学版),2006(3):1-7,18.

[38] 朱志猛,车明诚,孙丽欣,等. 韩国"新村运动"的成功经验、启示及借鉴[J]. 东北农业大学学报(社会科学版),2006(3):15-17.

[39] 游战武. 我国农村公共产品供给模式及其价值补偿问题的研究[D]. 湖南大学,2006.

[40] 铁建设. 韩国新村运动对海西新农村建设的启示[J]. 柴达木开发研究,2006(4):30-31.

[41] "小康社会与村镇建设"课题组. 韩国的新村运动与农村发展[J]. 经济研究参考,2005(70):38-44.

[42] 陈静伟. 美丽乡村建设评价研究[D]. 河北师范大学,2016.

[43] 牛禄青. "美丽乡村"安吉:点绿成金[J]. 新经济导刊,2014(5):35-38.

[44] 王秀忠,严端祥,王桂玲,等. 美丽乡村 幸福安吉——浙江安吉县推进美丽乡村建设的新实践、新形势、新对策[J]. 中国乡镇企业,2013(9):31-40.

[45] 喻一峰. 浙江省安吉美丽乡村景观建设研究[D]. 浙江农林大学,2013.

[46] 郭永奇. 国外新型农村社区建设的经验及借鉴——以德国、韩国、日本为例[J]. 世界农业,2013(3):42-45.

[47] 休闲农业课题组. 亲近自然山水　共享生态文明——美丽和谐乡村建设"宁国模式"研究报告[J]. 中国乡镇企业,2011(12):16-26.

[48] 孙丽琴. 宁国市美丽和谐乡村建设的实践特色与启示[J]. 芜湖职业技术学院学报,2011(4):43-45.

第四章 总体设计

第一节 总体思路

一、以调查为基础，以问题为导向

以县为基本单位，对全县范围内的自然、经济、社会、生态、文化等区域条件和重点区域土地利用和美丽乡村建设的立地条件进行全方位的系统调查，弄清土地整治与美丽乡村建设的条件，认清土地整治与美丽乡村建设的基础，查明土地整治与美丽乡村建设面临的问题，看清土地整治与美丽乡村建设的方向及趋势。针对土地整治与美丽乡村建设面临的重点问题和主要矛盾，寻找未来的创新路径和创新方向。着力解决城乡统筹发展进程中的空间再生产问题，包括全县空间政治、空间生态、空间功能、空间效率和空间人文等空间应对问题。

二、顶层设计和基层经验密切结合

土地整治与美丽乡村建设应该是对县域发展的整体谋划，需要有站在更高层面的顶层设计。但是，这种顶层设计必须跟县域的实际、各乡镇的实际和各村的发展实际密切结合，跟已经开展的农村土地综合整治、高标准基本农田建设、城乡建设用地增减挂钩、村镇建设、美丽乡村建设、水域治理等基层经验密切结合。我们既不能把一些普遍原则简单地搬用、照用，又需要普遍性的原则进行指导；要将自上而下和自下而上相结合，采取多种方式广泛征求社会各界意见，组织有关部门专家对建设方案进行充分论证，切实提高公众参与的范围和深度。

三、以土地整治为平台多规融合

土地整治与美丽乡村建设是对山、水、田、林、路、村、城的综合治理和功能提升，是促进区域发展和城乡统筹的重要手段。在德国、荷兰、日本、韩国等国家和中国台湾地区,空间规划的落地最终都是以土地整治为平台进行组织实施的。借鉴国际上的先进经验,首先应当编制一个以土地整治为平台的多规融合实施性规划,有序推进土地整治与美丽乡村建设。因为,以土地整治为平台可以更充分地发挥土地整治有政策、有经费、有平台、有技术、有基础、有数据的优势,将全县土地利用总体规划、土地整治专项规划、城镇体系规划、村庄规划、环境规划、城乡建设用地增减挂钩规划、表土剥离利用规划、高标准基本农田建设规划、水资源治理规划以及其他相关规划进行整合,以提高美丽乡村建设的空间治理现代化水平。

四、全域规划—设计—实施一体化

土地整治与美丽乡村建设应当在县域范围内综合部署,包括全县、全镇、全村和单元。单元是指在更小尺度上,充分考虑到主体功能和复合功能的相对一致性、经济社会文化生态的相对一致性、空间地域的相对独立性和可识别性所划分的一个区域。由于土地整治与美丽乡村建设是一个实施性工程,就需要充分考虑设计和实施的一体化衔接。避免传统土地整治或美丽乡村建设按项目规划,没有充分考虑项目之间的相互联系以及项目在县域发展上的贡献等缺陷。因此,需要将全域规划—设计—实施进行一体化谋划,以提高规划和建设工程的可操作性和增加实施效果。

第二节 关键内容

一、特色调查

调查研究区域经济社会发展基础和阶段性特征,乡村发展现状,村庄类型,村庄空间分布情况,乡村土地利用特点,从自然环境、历史文化、分布现状和发展趋势梳理凝练土地利用和乡村发展的特点和特色所在。梳理总结已有农村土地整治与美丽乡村建设的地方经验。分析预测城乡发展动态,城镇化趋势,农村人口转移的区域分布趋势,行政村调整合并趋势等。通过广泛翔实的县情、乡情和村情的调查,土地整治和美丽乡村建设现场评估,从物态、业态、生态和文态等不同角度对“地方特色”进行挖掘和凝练,为因地制宜、高起点、高标准和高质量推进土地整治与美丽乡村建设奠定扎实基础。

二、发展战略

调查分析评价资源环境的约束背景,通过国际经验的比较借鉴,研究土地整治与美丽乡村建设面临的新形势,制定土地整治与美丽乡村建设总体战略和分阶段策略。阐明土地整治与美丽乡村建设的现实需求、战略重点、战略区位、战略利益、战略路径、主体和客体、实施条件和关键瓶颈等。从纵向和横向产业分工的角度,明确土地整治与美丽乡村建设的优先发展方向。

三、分区分片

对全县美丽乡村建设进行分区,主要依据全县不同区域土地整治与美丽乡村建设存在的主要问题及其成因的相似性和差异性,采用定性分析和定量分析相结合的方法。分区主要结合资源环境承载力的网格化数据,重点依据土地资源、水资源、能源矿产资源、基础设施、农业生产、非农业生产、人口结构、人口动态、经济密度、生态环境、社会发展、风景旅游、文化基因等,并参照已有的土地利用总体规划、国土规划综合进行。根据分区结果,各区域明确需要优先解决的土地整治与美丽乡村建设问题,各区域建设的方向、路径和模式,设定各区域的适宜目标和针对性调整政策,促进不同区域的管理合作和利益共享,实现不同区域的分区引导和差别化管理,提出全县不同区域土地整治与美丽乡村建设的发展指引。在分区的基础上,主要针对城市化地区、矿产资源开发集中区、农产品主产区、重要生态功能区等,对美丽乡村建设进行分片、分带,这样形成美丽乡村建设的区片优势和带状规模效应。具体操作也可按沿路、沿河、沿山、沿古(村落)、沿绿(绿色生态敏感区)、沿城、沿镇等不同类型进行分类;在分类研究的基础上,充分结合区域特色,从自然生态、人文历史、民居风貌、民俗文化、农林渔业生产、基本农田保护、休闲旅游、基层建设和社区管理等综合因素,建立分区标准,并进行分片分带。

四、模式选择

一是创新美丽乡村规划模式:美丽乡村建设必须在上述综合规划的引领和约束下进行。不能在没有充分考虑村与村之间的联系以及不同村庄在整体空间上的定位和功能的情况下,一个村一个村地建设。二是创新美丽乡村建设模式:美丽乡村建设模式必须坚持回乡之路,绝不能把城市建设模式复制到美丽乡村建设中去。过分强调城镇建设带动型模式、工业企业带动型模式、专业市场组织型模式、特色产业发展型模式等。三是倡导农村社区更新模式:农村社区更新是指在现有的基础与条件下,为改善农村居民的生产条件与生活环境,所采取种种有助于农村社区与村落规划性与整体性发展的措施,它不仅是农村公共建设、住宅改善与经济发展的一种过程,并且也是社会文化及传统习俗层面的变迁,以满足变迁中村民及社会对农村的种种要求。四是重构土地整治模式：改变传统以增加耕地为主要目的的土地整治模式，推进全域全类型土地整治工程，其产品必须要有长远的价值，不要因为当下的粗心和眼前的利益给未来世代的人们带来维护管理的负担，体现农村土地复合利用价值，真正实现"田、水、路、林、村"的全域全类型土地综合整治。五是创新美丽乡村建设运作模式：重点研究美丽乡村建设的政府运作模式、市场运作模式、政府与市场合作运作模式，以及机会选择、实施条件、实施方式、运作程序、资源分配、费用负担、监测监管等内容。

五、重大工程

根据发展战略和分区、分片、分带的结果，结合地方条件因地制宜选择不同类型的重大工程项目，明确土地整治与美丽乡村建设重大工程的类型、范围、布局、目标、策略和路径。以城乡统筹发展和"田、水、路、林、村"综合整治建设美丽乡村的要求为主线，突出"农村土地复合利用"和"土地整治＋"，充分发挥重大工程对美丽乡村建设的综合效益。

六、行动计划

在以上各项内容研究的基础上，探索推进土地整治与美丽乡村建设的工程路线图和行动方案。研究推进保护乡村地方化特色行动计划、推进提升乡村"造血"功能计划、推进乡村竞赛活动计划、推进信息化示范村计划、推进健康长寿村计划、推进乡村旅游休闲计划和推进古村落开发保护结合计划等。

七、政策创新

政策创新是成功推进土地整治与美丽乡村建设工程的关键。一是规划动态调整和用途管制制度创新：传统的规划模式和土地用途管制制度，主要着眼于城市建设和单一用途分区，很难推进土地整治与美丽乡村建设，需要探索动态调整和复合用途管制的制度创新。二是探索建立美丽乡村建设工程考核标准：通过规划设计引领、人居环境改善、生态环境改善、建设管理、保障措施、社区管理、发展能力、科技创新等方面的考核政策创新，美丽乡村建设得以真正落地生效。三是探索建立利益分配与共享新机制：要建立以人民为中心的坚实理念，让利于民，藏富于民，理顺政府－开发商－村民的利益分配关系，创新利益共同体模式，充分考虑开发商的利益得失，充分调动地方政府和村民的积极性。四是探索建立各级各部门联动新机制：加强美丽乡村建设、土地整治、农田水利、农业综合开发、交通、环保、旅游等各项资金的整合。例如土地整治有稳定的资金投入渠道，主要有新增建设用地土地有偿使用费、耕地开垦费、土地复垦费、土地出让金用于土地开发资金、高标准基本农田建设资金和其他投入等。按照"渠道不乱、用途不变、专账管理、统筹安排、各计其功"的原则,政府建立美丽乡村建设和部门资金整合投入机制。加强政府各职能部门协作联动,加大项目资金整合,用好相关涉农资金,确保土地整治与美丽乡村建设统一规划、分项实施、整体完成。五是建立市场和社会资本充分发挥作用机制:要推进制度改革和创新,充分发挥市场机制在土地整治与美丽乡村建设中的重要作用,推进农村生产要素流转机制创新。从规划、建设到管理、经营,政府自始至终都要建立农民民主参与机制,从而保障政府规划建设的美丽乡村和农民心目中想要的美丽乡村相统一,美丽乡村不是政府的一厢情愿,更不能沦为凸显政绩的形象工程。

第三节　技术模式

一、技术准则

（一）不损害环境准则

土地整治与美丽乡村建设不是一个对自然环境干扰的工具或技术手段,而是要以生态为基础,以安全为导向的工程方法,以减轻土地整治与美丽乡村建设对自然环境造成的伤害。把一个整治区域的文脉、历史、文化、工程、利用方式和土地的物质形式当作一个活的生命来对待,建构一个返璞归真、和合共生、天人合一的诗意栖居家园,打造自然性与文明性相协调的"乡村家园"。这就要求土地整治与美丽乡村建设的技术创新要更有利于人类基本的生产生活需求,包括基础设施、食物供给、交通运输、人身安全;还要保证自然动植物的生存环境,不随意侵占侵害生物生存空间;不污染任何陆域、水域、空气环境。

（二）高工程寿命准则

工程寿命指工程投产后,因磨损、老化等自然原因至不能有效使用时止的一段期限。土地整治与美丽乡村建设技术不能仅仅考虑直接的建设成本,而忽视耐久性问题及其工程使用寿命,否则将消耗大量资金进行工程设施的维护和重建。因此,土地整治与美丽乡村建设技术必须以高工程寿命为准则进行制定质量标准,从法律制约、科技研发、工程管理等方面着手,注重前期规划、施工建设、竣工验收、后期管护阶段的层层把控,以实现土地整治与美丽乡村建设工程的可持续性利用。

（三）低成本能耗准则

传统土地整治与美丽乡村建设项目修建的道路、沟渠和其他基础设施多以混凝土或钢筋混凝土为主,不利于生物栖息,影响生物多样性。土地整治与美丽乡村建设的工程技术应坚持生态理念和低成本能耗准则,创新规划设计方法和实施工艺,利于植被自然生长,保持沟渠的生态功能和区域生态系统整体功能;同时,建设过程中能够关注物质资源的稀缺性,只采取最少的、所必需的工程措施。

（四）接入地方性准则

传统土地整治与美丽乡村建设项目操作中,呈现出整治模式、建设内容趋同现象,未能充分考虑地方的自然特色和禀赋情况。因此,土地整治与美丽乡村建设需要扎根本土历史风俗、助力文化传承,平衡本土历史风俗与其他社会文化的相互碰撞。因此,土地整治与美丽乡村建设技术创新应针对项目区域内独有乡土元素,根据它的生命和文化历史以及生存状态来进行维护、保持、整治、发展和更新,打造丰饶的自然景象、具有辨识度的地理环境、表现区域特征的人文景观,可联系的历史文化风俗的物质或非物质符号,从而保护地方乡土特色、文化气息和人文特征。

（五）开放关联性准则

土地整治与美丽乡村建设将区域景观建设作为重要内容,技术创新和应用中要更加关注人、动物、植物、环境等生命共同体中各方角色的有机整合,对"山水林田湖"生命共同体统一规划,建设山水田园风光,努力提供人们观光、休闲、娱乐的新空间,并注重自然元素和历史文化的保护与修复。因此,项目应强调各类技术之间开放性和关联性的准则,在广泛吸收其他行业专业技术的基础上,逐步建立属于土地整治与美丽乡村建设领域的核心技术。

二、技术程序

（一）基础调查

基础调查阶段是对整个建设工程的最初认知过程,从"任务—计划—调查—整理"四个阶段进行:首先明确土地整治与美丽乡村建设的任务,其次列出工作计划表,再次收集和调查土地整治与美丽乡村建设的各类有关数据,最后对数据进行整理分析并充分利用。该阶段的所有分析结果都是为了之后的阶段提供基础资料和数据支持。基础调查主要有:自然条件、自然资源、经济社会状况、生态环境状况、土地利用现状、基地勘察,卫星图,场地测量数据,村庄布点情况、各类规划资料以及国家颁布的有关标准。

（二）综合评价

综合评价是土地整治与美丽乡村建设过程中一项重要的工作。一方面,通过分析自然、资源状况和社会、经济、生态、文化环境等条件,综合评价遵循人与自然共生的评价文化,构建土地整治与美丽乡村建设评价的指标体系,对区域土地整治与美丽乡村建设进行条件分析、潜力评价和供需分析,确定土地整治与美丽乡村建设的优先区域。另一方面,为了使法律意义上的土地归并、交换和界线调整能够实现价值平衡,政府还需要进行土地和房产评估。评价主要有:区域资源特色评价、区域土地整治与美丽乡村建设的潜力评价、土地整治与美丽乡村建设的优先地区的适应性评价、优先地区的范围和规模评价、土地整治与美丽乡村建设的投资估算与预期效益评价、资源分配方案制订等。

（三）全域规划

土地整治与美丽乡村建设的规划,是以生命共同体建设为切入点和主线的规划,为其可持续发展提供系统化的路径、战略和规划指引。宏观上,规划工作要注重合理的功能分区,从区域整体入手保护自然生态、合理利用资源,重点关注特殊景观区、生态保育区、史迹保存区、游览服务区和一般控制区等六类分区具有特别重要的意义。中观上,保证区域生态、景观的完整性,在保护资源的同时,规划工作还必须关注美学利用。通过区域性的水保林与风景林结合、局部的农田与田园风光相结合、线状的河道与水岸风光建设相结合,这样建成层次丰富的"大地画廊"。微观上,规划工作要注重工程的景观处理。除了大面积的风景林、田园风光的创造外,一些河床、护坡、驳岸的修复工程也必须充分考虑"景观化"。规划主要有:县级全域土地整治规划、乡镇级全域土地整治规划、单元规划等。规划重点内容需要包括村庄布局规划、村庄生活设施规划、农业生产设施规划、生态环境保护和治理规划、村容整治规划、产业发展规划、公共服务规划、文化复兴规划、交通水利规划、农用地整治规划、景观规划等。

（四）整体设计

在全域规划的基础上,全域土地整治与美丽乡村建设根据对形态、功能、技术、经济、能源、景观、生态等方面的需求和其他相关规划情况,进行整体设计。工程、景观和环境等设计遵循相关行业的技术规范,按照土地整治与美丽乡村建设的本身特征结合有关专业知识进行。设计主要有:设计图纸、设计说明书、预算编制及预算说明书等。

（五）工程施工

工程施工按照美丽乡村建设设计图纸和设计说明,结合现场施工现场场地特征,制定施工方案,拟定施工进度,确定施工机械、施工材料、施工顺序、施工技术措施、物料堆放场地,合理配置和落实人员安排等,并对施工阶段的全过程进行质量控制。项目施工建设结束,通过竣工验收后,将工程设施交付使用。施工主要有:土地整治与美丽乡村建设竣工图、建设项目验收报告资金决算报告、工程保养维修协定等。

（六）后期维护

工程通过竣工验收后，项目承担单位以委托等方式确定管护组织或个人；管护组织或个人按照业主单位的有关规定，对工程项目产品进行管理、养护；相关单位组织有关专家和技术人员，再对工程建设和维护情况进行评价。

三、主要技术

（一）测量技术

在土地整治与美丽乡村建设中，综合测量工作是必要的，也会造成相当大的成本，因此，应在不断提高测量精度和效率的同时，将成本保持在尽可能低的水平。电子速测仪、高精度 GPS（全球定位系统）被广泛用于工程方案的实施，特别是在地籍测量的水准测量和新的界址线的测定。道路和水资源规划等公共设施的几何测量由测量师通过建立数字立体模型实现，所得成果是绘制新地籍图和建设方案中规划设计新地块的基础。在不损伤精度的情况下成本大大降低。

土地整治与美丽乡村建设会涉及大量权属的重新调整，将影响有关的所有权和使用权，从而必须重划地块和界址线，地籍图、地籍册的自动更新技术的开发与使用非常重要。地籍图的自动更新：对计划建设区进行地籍图直接数字化；通过外业实地测量更新后的坐标点，利用图上各点、线及相关点的关系，通过平差计算出其他各点的转换坐标；利用计算机重新绘制标准分幅图。地籍册的自动更新：读取地产数据库中采集的数据信息；依据变更通知单对数据库中的数据进行变更、修正；从不同角度对数据库进行访问，如产业主号、地块号等回答用户的各种咨询，实现人机对话；根据要求对各类数据进行统计，自动输出各类统计表、汇总表等。

地籍数据的采集、处理、建库、管理和使用在土地整治与美丽乡村建设中处于基础地位，集成数据模型把空间和非空间基本要素作为属性关系中的最小单位，形成"图文一体"的地理信息系统，即具有几何拓扑关系的宗地、房屋等被定义为几何要素；而非空间要素（土地所有权等），虽然没有空间拓扑关系，但是可以根据其相关的空间要素连接其关系。首先，有条件的地区，可以发展三维模型数据结构，增强广大决策参与者的体验感；其次，利用 ArcGIS、Oracle 等构建与行业的应用紧密结合的信息系统，将地籍数据、建筑物数据、地形数据、地质数据、矿山数据、生态环境数据等整合到一起，建成统一的信息管理系统，为土地整治与美丽乡村建设提供基础数据。

（二）评价技术

由于地块的调整和归并不是通过出售和购买活动进行，而大多是以交换方式实现的,因此,对于不同类型的地产来说,其价值是根据正常经营条件下可持续的用途进行评估的。这种评估并不是给出绝对的货币价值,而是确定各个地块与其他地块之间的相对价值关系。主要评价技术有以下几种。(1)农地生产力评价技术。以土壤质地、成土母质对土壤进行分类,在分类基础上对有机质、结构、土体构型以及障碍层、耕作层厚度等方面评定耕作土壤的级别,根据土壤或土地条件的组合方式打分,形成地块评价指数;然后考虑自然、社会、市场、经营等影响土地生产力高低的因素对评价指数进行修订,形成产量指数;最后以土地的纯收益系数将土地产量指数这算为货币形式表达的土地价值。(2)农村建设用地价值评估技术。以农村建设用地的位置、交通及利用情形,评判重划前后各宗土地利用价值,相互比较估计重划前后地价,作为计算公共设施用地负担、费用负担、土地交换分配及补偿的标准。(3)建设用地适宜性评价技术。主要采用地理和地质信息为条件,分析自然环境对各种建设用地使用的潜力与限制和空间环境的特性差异性,以确保开发潜力能够与环境保育目标相容的情况下,有效地做资源的空间分配,促进土地使用规划更臻于合理,以减少人为过度使用和资源过度开发对环境造成的负面影响。其成果表达以图件为主,通过图件可显示出每一个土地单元适宜于何种土地使用及可使用的程度,主要为决策者决定土地使用方案,为规划师拟定计划、确定资源限制与潜力及订定管制准则,为工程师订定特殊施工标准、为开发商评估场地开发利用价值、为建筑师明了场地特性而借以提升设计品质等提供依据。(4)环境影响评价技术。对规划与建设项目实施后可能造成的环境影响进行分析、评估和预测,提出预防或者减轻不良影响的对策和措施,主要分环境质量评价、环境影响预测与评价、环境影响后评估。此外,评价还包括要实施拆迁的地上构筑物,拆迁时应注意古迹、民俗文物保存的评价等。

(三)规划设计技术

土地整治与美丽乡村建设的规划设计技术主要包括村庄布局规划设计、村庄生活设施规划设计、农业生产设施规划设计、生态环境保护和治理规划设计、村容整治规划设计、产业发展规划设计、公共服务规划设计、文化复兴规划设计、交通水利规划设计、农用地整治规划设计等。每一项规划设计技术都有很复杂和很高的专业要求,国家和地方也大都有专门的规划设计标准。就农用地整治规划设计而言,其生态化规划设计技术就至少包括以下几种。(1)生态景观塑造技术。土地整治区域的景观类型,是以农田为基质,以林地、坑塘、村庄为斑块,以河流与道路为廊道。目前我国耕地破碎,区域景观连续性不强。因此,土地整治规划设计应以强化景观的连续性布局,保护林地、坑塘、村庄嵌块体,与景观多样性、建立生态化水系和道路廊道网络,体现传统人文景观与自然景观的融合。在土地整治规划设计中,景观分区的关键地段主要包括生态脆弱区的保护,文化遗产、乡村景色保护地段的识别与布局。(2)土壤保护技术。土地整治中的土壤保护主要包括以下措施:第一,建造防止土壤冲蚀的道路网和排水网;第二,保持、保障和安装土壤保护种植与修建梯田;第三,建造小型拦水池以蓄留地表水;第四,划分土地时,注意使耕作方向与斜坡方向垂直以降低土地冲蚀。第五,考虑松弛底土、施钙肥,个别情况下还有排水等特殊措施。(3)水土流失防治技术。土地整治中的水土流失防治主要包括以下措施:第一,规划新道路应使道路沿等高线方向行进,道路、排水沟应当在靠山的一面;第二,方田和地块的划分应是在水土流失地区的耕作与等高线相平行;第三,如果土壤的吸水能力太小或是降水量太大,那么横向耕作、短小的斜坡以及其他的水土保持措施也无法阻止降水快速流走,要把降水引入天然的或人工的挡水池中;第四,在坡度较大的土地上必须建造人工堤或人工梯田;第五,划分不同级别的土壤流失风险区,每个风险区设置固定的禁耕期,减少因风蚀造成的土壤流失;第六,采取种植防护林、将作物的种植方向与风向垂直、减少机械翻土、浅耕等多种措施,以减少土壤的流失。(4)土壤盐碱化防治技术。土地整治中的土壤盐碱化防治主要包括以下措施:第一,通过土地整治优化灌排系统布局,采用节水管道灌溉系统与地下暗管排水系统相结合,全面调控盐碱地土地的水盐条件;第二,盐碱地改良植物引进,栽植高羊茅草、苜蓿、柽柳、白刺、盐地碱蓬、罗布麻、芦苇等原生耐盐植物群落,改良土体质地和构型,提高耕地质量。(5)农路生态保护技术。农路的生态保护技术,通过一定措施进行农路的美化绿化,为重划区昆虫、鸟类提供栖息地。农路美绿化措施主要包括三类:第一,考虑气候条件、土壤条件、位置条件,采取播种和栽植两种方法进行路树栽植;第二,根据施工地区的气候、土壤性质、生长环境,在播植时期采取喷植草种、铺植草皮以及植生带等方法进行农路边坡植草;第三,在农路旁设置绿篱,代替钢筋混凝所筑护栏。(6)给水路生态保护技术。给水路生态保护技术,主要在于维持水生生物多样性,因此其设计多采用以下几种方式:一是采用多孔隙空间,主要包括给水路侧壁设置 PVC 管、给水路侧壁社凹洞以及水路底铺设卵石等几种方式,为水生小生物提供避难及隐藏空间;二是在水路周边设置绿池、河畔林或灌木丛,为水边鸟类及昆虫提供栖息环境,同时降低水温以利于鱼类生存;三是给水路布设,在跌水、斗槽或拦河堰处,采用多阶段小落差的连续水工形态,减少对鱼虾移动的阻碍,以便鱼虾回溯繁衍。(7)排水路生态保护技术。排水路生态保护技术,主要有以下几类:第一,水路不封底,可采用以渠底为土质的完全不封底形式,可涵养水源;还可以采用加装孔洞、回填石砾的混凝土渠底,以形成多孔质空间,这既可涵养水源,又可以提供植物生长及动物栖息环境。

第二,制造复式断面、低水路弯曲等方法,营造弯曲水路,使排水路尽可能顺应地形保持蜿蜒,减缓水流,防止排水对动植物造成伤害。第三,在用地许可的情况下,尽量采用缓坡设计。第四,对排水路及护岸采用多样化及多孔质空间设计。一种是采用箱笼护堤,将铁丝编制成网状长条铁笼,并内置石块,既达到护岸的目的,也可以提供给蔓藤类以及水生植物以生长环境,还可以为水生昆虫可甲壳类提供生存和产卵的空间;另一种是采用木排桩护岸,每隔一定的距离在边坡打入木桩,并在其背面填入石块与土壤,可以加固岸坡,其木桩间隙和填土部分又可以成为鱼虾以及水生昆虫的栖息环境。第五,在排水路周边设置绿池、河畔林和灌木丛,以提供水路多样性生态环境。

四、技术融合

推进土地整治与美丽乡村建设工程技术与现代农业技术、水资源开发技术、旅游观光技术、生态环境修复技术、景观重塑技术、循环利用技术、健康养生技术、乡土重构技术以及与文化、艺术、体育等的融合。主要工作包括:从调查、评价、规划、设计、施工、监测等阶段全面加快研制土地整治与美丽乡村建设的技术标准,全面规范土地整治与美丽乡村建设的土地利用行为,提高行业标准化水平;加强各涉及部门协同和相关部门依据共同但有区别责任的联动,按照责权对等,全面协同开发土地整治与美丽乡村建设的联合技术。

第四节　工程路线

一、工程路线图

（一）提升意识,凝聚共识

全社会要增进对全域土地整治工程的了解,提升参与意识和责任意识,特别是县域权力机构和行政机构（党委、人大、政府、政协以及各部门和单位）要提升观念和意识,表明全域土地整治工程的政治意愿,全县的领导层、决策层和行政执行层对全域土地整治工程建设的目的、意义和必要性达成普遍认同和广泛共识。政策宣传、公共活动等途径,将全域土地整治工程渗透到每一位百姓的心中。

（二）组织保障,资金筹措

首先需要明确组织架构:包括成立领导小组和技术专家组。按照"政府组织、专家领衔、部门合作、农民主导、科学决策、分工负责"的运行框架,政府组织推进土地整治与美丽乡村建设工程实施。从部门组织来说,土地整治与美丽乡村建设工程需要跨越公共部门、私有部门和社区组织的社会分工;从参与力量来说,土地整治与美丽乡村建设工程是动员全社会集体的力量,通过共同参与和协商达成解决问题的方法;从政策角度看,土地整治与美丽乡村建设工程通过一套制度结构的支撑和特定策略的制定来实现改善区域达到整体发展这一目标。同时,这还需要跨越县域、乡域和村域范围的空间限制、跨越传统规划的用途管制、跨越制度资本的边界限制,实现从部门利益向整体利益的转换,从而形成统一的政策话语。它也意味着从传统的小范围的部门规划议题,走向更大的关系到社会、文化、经济和环境的议题。

资金筹措和保障是推进土地整治与美丽乡村建设最基础也是最核心的支撑条件。主要工作包括以下几种。(1)建构利益共同体模式。设计参与主体角色、参与互动方式、利益分配格局、配套保障机制等要素,共同构建土地整治与美丽乡村建设工程实施的"利益共同体模式",解决项目资金的筹措问题。在"利益共同体"模式中,土地整治与美丽乡村建设工程的收益分配参考"权利变换制度"设计。土地整治与美丽乡村建设项目中各相关权利人在工程计划实施完成后,按其重建前权利价值及提供资金比例,分配重建后建筑物及其土地等应有部分或权利利益。(2)创新财政金融制度。借鉴海外用于土地整治与美丽乡村建设资金来源多渠道的经验,政府推进财政金融制度创新,解决资金筹措问题。除政府专项资金外,还可以通过基于税收优惠的方式鼓励土地整治与美丽乡村建设,成立实体机构以支持土地整治与美丽乡村建设;通过探索土地金融如土地银行发行债券或土地抵押信用合作社等方式筹集资金;还可以通过PPP模式推进多元化主体参与土地整治与美丽乡村建设等。

(三)编制规划设计实施工程方案

根据当地发展实际,政府确定土地整治与美丽乡村建设工程的指导思想和基本原则,科学合理地编制土地整治与美丽乡村建设工程的量化目标,并分解到各主要领域;制订各主要领域的土地整治与美丽乡村建设工程实施方案,落实政策及资金匹配的措施,安排重点领域的优先项目;明确组织实施部门和行业专项行动,规划设计重大项目,开展工程技术创新和机制体制创新,提出适合当地土地整治与美丽乡村建设的工程模式和工程方案。实施工程方案以项目为基础,各种项目运作必须充分考虑行政机制、社会机制和市场机制的整合问题,必须充分考虑政治空间、社会空间、文化空间、生态空间和物质空间的矛盾统一问题,不能就项目谈项目。

(四)编制重大项目工程清单

重大项目工程编制前要摸清区域经济社会发展和土地整治与美丽乡村建

设工程的现状,搜集和获取相关的详细数据,开展土地整治与美丽乡村建设工程的未来情景分析,预测社会、消费、人口和市场变化及与之相适应的基础设施变化,提出基准情景、文化情景和强化情景等。通过政治、社会、文化、经济、生态和工程技术的深入分析,政府编制科学的土地整治与美丽乡村建设重大项目工程清单,包括项目名称、主要建设内容和规模、项目所在地、预计开工时间、预计建成时间、总用地规模、总投资规模、责任单位等。重大项目编制要重视对区域活力催化和激发的贡献度,并通过定量化的表征,纳入考核和监管体系;要重视区域整体空间的再生产和空间文化创新,将项目空间生产融入城乡社会文化生态建设进程。每一个重大项目的开发,除了进行经济投入产出分析外,都应当测度其在更高层面上对建成对美丽乡村社会的定量化成效。

(五)工程实施和产品建设

按照土地整治与美丽乡村建设工程实施方案和重大项目工程清单,推进工程实施和工程产品建设,具体内容包括全面落实工程实施组织机构与人员、工程现场勘察、设备集成、工程建设、工程联合调试、工程验收等,确保土地整治与美丽乡村建设工程成为具有长远价值和带动效益的精品工程。

(六)监督工程实施和跟踪评价

科学评估土地整治与美丽乡村建设工程目标的实施进展和成效,这有效激励监督土地整治与美丽乡村建设工程的实施。

二、技术路线图

按照土地整治与美丽乡村建设的工程路线图,其技术路线如图 4.1 所示。(1)首先,工程要求对区域的现状、潜力、限制、优势、特色等进行全面的分析评价,对国内外的成功经验和失败教训进行梳理总结。(2)在此基础上,工程要求明确土地整治与美丽乡村建设的发展战略,进行土地整治与美丽乡村建设的分区分片研究和重点区域研究,编制重大工程项目清单和行动计划。绝不能就项目论项目,这需要进行宏观上的分析研究和准确把握。比如迁村并点,合并不是目的,而是实现乡村良性发展的手段,其核心是在更大范围内建立乡村共同体,整体资源、改善乡村面貌、实现资源高效利用,同时改变乡村治理结构、有利于乡村善治。对于村庄是属于消亡归并型,或是转化整合型,或是保留拓展型,要将村庄建设城乡融合社区型村庄,或是公共服务中心型村庄,或是内生增长型村庄,或是就地社区型村庄,或是现代农业型村庄,或是特色服务型村庄等,这些都需要在公众的全程参与下,充分考虑当地的经济社会发展阶段和资源禀赋,进行详细的分析、评价、论证,不能仓促上马。(3)最后,开展土地整治与美丽乡村建设工程的规划设计、现场施工和跟踪评价。这里也需要特别强调,绝不能把城市建设的工程技术模式复制到土地整治与美丽乡村建设中来,使乡村失去应有的本真和特色。

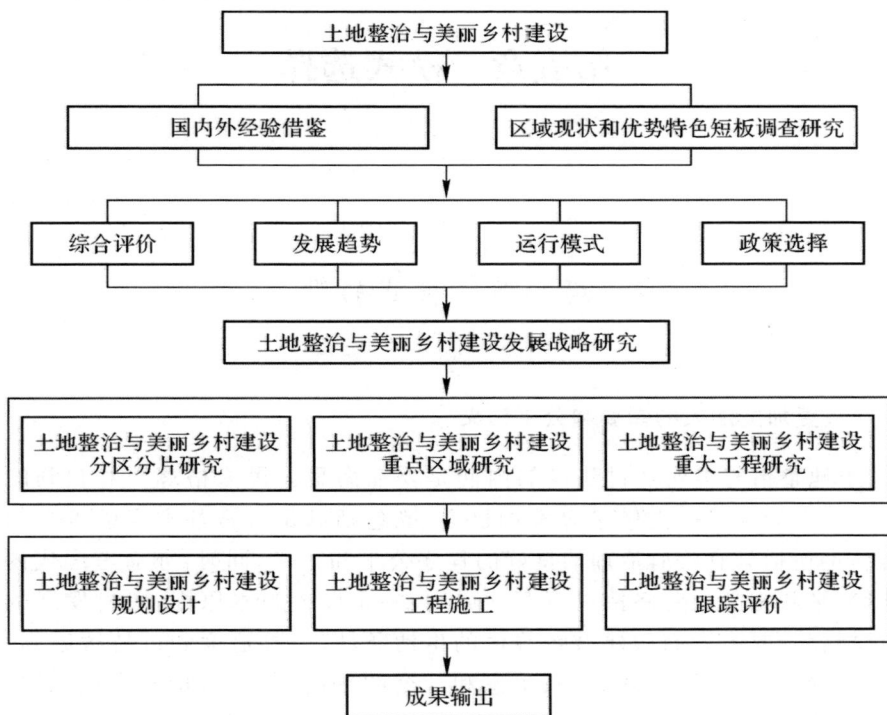

```
        ┌─────────────────────────┐
        │   土地整治与美丽乡村建设    │
        └─────────────┬───────────┘
                      ↓
  ┌───────────────────┐   ┌───────────────────────┐
  │   国内外经验借鉴    │   │ 区域现状和优势特色短板调查研究 │
  └───────────────────┘   └───────────────────────┘
                      ↓
┌──────────┐ ┌──────────┐ ┌──────────┐ ┌──────────┐
│ 综合评价  │ │ 发展趋势  │ │ 运行模式  │ │ 政策选择  │
└──────────┘ └──────────┘ └──────────┘ └──────────┘
                      ↓
        ┌─────────────────────────────┐
        │ 土地整治与美丽乡村建设发展战略研究 │
        └─────────────┬───────────────┘
                      ↓
┌──────────────┐ ┌──────────────┐ ┌──────────────┐
│ 土地整治与美丽乡村建设 │ │ 土地整治与美丽乡村建设 │ │ 土地整治与美丽乡村建设 │
│    分区分片研究    │ │    重点区域研究    │ │    重大工程研究    │
└──────────────┘ └──────────────┘ └──────────────┘
                      ↓
┌──────────────┐ ┌──────────────┐ ┌──────────────┐
│ 土地整治与美丽乡村建设 │ │ 土地整治与美丽乡村建设 │ │ 土地整治与美丽乡村建设 │
│     规划设计     │ │     工程施工     │ │     跟踪评价     │
└──────────────┘ └──────────────┘ └──────────────┘
                      ↓
        ┌──────────────┐
        │   成果输出    │
        └──────────────┘
```

图 4.1　土地整治与美丽乡村建设技术路线

第五章　模式选择

第一节　模式转型

一、更加关注人的需要和公平正义

土地整治与美丽乡村建设的内涵是要在满足公民人格尊严和权利的基础上,尽可能为人们提供平等发展机会,既包括满足日常基本生活需求的公平性,也包括具有政府治理的良好的程序公平和正义,同时,亦需考虑代内与代际公平和正义。要坚持以下两项原则:一是以人为本原则,农村发展的基本目标就是要为人们构建城乡等值的生活条件;二是适度和可持续原则,强调农村的综合发展,实现经济、生态和社会的平衡与和谐、持续发展。因此,土地整治与美丽乡村建设工作首先要强调公众参与性,村民的参与是基本原则和首要程序。

二、更加重视促进城乡均衡发展

土地整治与美丽乡村建设工作所涉及的方法多种多样,必须根据不同的任务要求和乡村发展实际情况采取适合的实施措施和步骤。通常,乡村发展的步骤:首先,制定框架规划(如村庄总体规划),确定村庄发展的基本目标,建议优先发展目标、基本方案和措施,创建组织结构;其次,整体考虑多方面需求,尽可能涵盖农村发展的所有重要领域,如需综合考虑土地规划、农业产业规划、水利规划、道路规划、居民点规划、景观规划以及村民参与等内容;再次,要积极争取多机构、多部门、多范围的公众参与途径,通过各种研讨形式及相关专业培训共同制定主要发展目标和基本蓝图;最后,开展相关农村发展项目,比如相关的土地整理项目、村庄革新项目、景观规划项目等,并按规划实施农村发展项目需要制订措施,提倡村民自身参与此过程。土地整治和美丽乡村建设的目标与区域发展的目标相一致,但更侧重为所有的乡村创造和保持同等的生产、生活和生态条件。示范村建设带动,不断缩小城乡差别,使城乡之间和区域之间均衡协调发展。

三、更加突出景观生态重建和保护

随着社会生活水平的逐步提高,人们对娱乐休闲场所的需求急剧增加。市场的扩大,农产品的日渐丰富,人们对农用地的需求相对下降。与此相适应,景观生态重建的目的也发生了改变。这使得进行建设时,政府要考虑建立娱乐休闲场所,以满足人们的要求。景观生态重建更多地放在对地面景观的重塑和休闲场所的建立上。景观学和景观建筑学的思想被引入景观生态重建中。在对林地、水域及休闲用地建设时,景观生态重建既使其满足休闲用地的功能,如作为公园、运动场地、露宿营地、研究和观察自然生态用地等,也顾及美学方面的要求。其重点为:景观规划;休闲场所的林地和水域的构建;人为景观的质量和其对娱乐休闲产业的意义;娱乐休闲用地和土地生态保护;娱乐休闲场地和自然保护区的协调统一;人为景观与周边环境的融合和协调等。各类规划都非常强调发展的安全性,保证自然景观的多样性,维护土地的肥力和潜力,维护乡村的功能和其更新能力,节约使用资源,维护与再布局生态用地,防治水土污染等。同时,政府应把保存农村地区的个性特征和文化景观,以及增强气候变化的适应能力列为示范村建设项目的主要目标。

四、更加倡导综合化的建设模式

综合化的建设模式,主要集中在以下方面:
(1)提高农村地区的吸引力,促进综合发展(农村发展);
(2)挖掘种植业的发展潜力,如农村地区的经济因素(提高竞争力);
(3)通过农业和社会侧面的结构调整,提高对环境的保护;
(4)提升农村道路质量和通行能力;
(5)提升可持续水土资源管理能力。

要以"农村综合发展观"(简称 IRDC)推进模式转型,IRDC 将明确区域发展目标、规定活动范围、描述实施战略以及优先发展项目。所有涉及的相关人员都要参与 IRDC 的详细说明。这种扩大的方法将区域结构发展的责任转移到地区。有关人员不仅仅参与发展措施的实施,还能决定措施制定的条件,涵盖内容和实施方式(见图 5.1)。

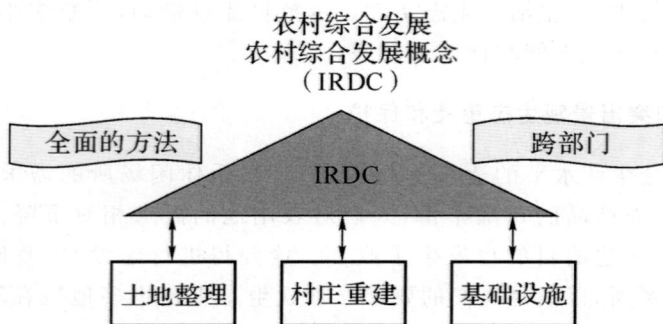

图 5.1 土地整治与农村综合发展

第二节 战略模式

一、指导原则

(一)持续最佳原则

土地整治与美丽乡村建设要更注重自然、经济、社会和文化等各种构成要素的有机统一和协调,它包含有生态保护、经济发展、社会公平等多方面协调发展的追求,只有多种价值都得以有机协调、持续发展,才能够实现美丽宜居的目标。

(二)多样性原则

多样性包括生物多样性和景观多样性。因为乡村系统的物种、群落、生境、人类文明等的多样性影响着乡村的结构和功能及它的可持续发展。在进行土地整治与美丽乡村建设时,我们应避免一切可以避免的对自然系统和景观的破坏。景观是反映过去乡村建设实践的人类历史和遗迹的证据,蕴藏着人类活动的重要信息和文化传统。对景观中的各种典型要素都应加以保护,以保存历史文脉的延续性。

(三)整体优化原则

乡村生态系统是一系列子系统组成的具有一定结构与功能的整体,土地整治与美丽乡村建设要坚持整体优化原则,强调整体性和综合性,建设的目标是要追求整个生态环境、社会、经济的整体最佳效益,各种单项工程建设都要考虑它的全面影响和综合效益,顾及对整个生态环境可能造成的干扰与破坏。

（四）符合土地伦理原则

景观的背后蕴藏着知识、价值和信仰，这些因素共同塑造了人们的生活方式。价值包括了源于社会趣味的美学观念，以及伦理和经济的价值。尊重和珍惜土地这一生命共同体的权利，还是只攫取人类自己的短期利益，是土地整治与美丽乡村建设的基本点。土地利用过程中只有符合土地伦理原则，实现对土地"善"的利用，才能更好地实现土地美学，也即"美"的利用。

（五）体现文化要素原则

文化泛指社会的任何总体生活方式，包括知识、信仰、艺术、道德、法律、习惯以及作为社会成员的人所获得的任何其他才能和习性。一般来说，文化可以分为三个层次：一是社会意识、宗教信仰、管理制度等文化底蕴；二是风俗民情、社会生活、耕作方式等文化现象；三是土地类型、景观格局等物化形式。这些文化要素相互关联相互作用，形成了一个有序的乡村文化体系。因此，土地整治与美丽乡村建设强调在建设过程中体现文化要素原则，并对各要素进行有机的协调与修正，使得文化系统整体呈现良性发展的趋势。

（六）体现地方特色原则

地理位置、自然条件、生活方式等的差异，使得各地区的乡村具有各自的地域性与民族性，表现为各地区的乡土特色。它们均是土地整治与美丽乡村建设中必须继承并予以充分表达的客观事实。地域性与民族性是人们对乡村产生认同感、归宿感的基础，也是乡土特色得以形成的根本原因。对地方特色文化的继承是美丽宜居示范村可持续发展的重要基础，土地整治与美丽乡村建设要深入研究和挖掘景观的乡土特色，运用景观传达更多的文化信息，适应当地居民的文化和情感需要。

二、战略目标

《中共中央关于全面深化改革若干重大问题的决定说明》指出：山水林田湖是一个生命共同体，人的命脉在田，田的命脉在水，水的命脉在山，山的命脉在土，土的命脉在树。土地整治与美丽乡村建设必须以建构生命共同体为总目标，在总目标下充分体现地方特色，优化整合乡村资源，实现生命共同体的生态服务功能最大化，促进乡村再生和可持续发展。土地整治与美丽乡村建设，可以重建田园牧歌的生活，希望温饱有余的农民可以继续享受家庭和睦和邻里友爱，可以继续享受青山绿水和蓝天白云，可以继续享受陶渊明式的"采菊东篱下，悠然见南山"的休闲与情趣。劳作是有的，却不需要透支体力；消费是有的，却不一定奢华；闲暇是有的，却不空虚无聊。总体上应能实现以下五个方面的具体目标（章俊华，2009；吴家骅，1999）：

（1）P：physical（生产性、安全性、便利性）。这是运用人文尺度的、具有亲和感的建设，建设模式能够对应各种场面的、多机能性的要求，只采用最少的、所必需的工程措施。

（2）V：visual（风景性、美观性）。具有广阔大地无限延伸的风景性，具有深度、远景感的风景，具有实在感、安定感的风景，顺应于自然的、具有层次感的土地利用风景，具有成熟感的风景，具有柔软性的风景，具有多彩四季变化的风景。

（3）E：ecological（自然性、生态系统的维护、循环性）。以鸟类的生息环境举例来说，原则上地形以及地相的组合、各个树种的数量以及配置、食饵的多少等诸多因素处在一个复杂的组合状态之下是其最理想的环境构造。

（4）R：rural（乡村性、时代性、地方性、参与性）。扎根于区域乡土的建设，走回乡之路，传承乡村历史、文化的建设，运用当地的材料和技术的建设。

（5）M：mental（精神性、感动、共生）。丰饶的自然景象，易辨别的地理环境，依据山、树林周边的村落风景，存在有表现区域特性的场所的风景，令人能够联想到与食文化有关的风景，历史遗产（生活、文化的沉淀）风景。

土地整治与美丽乡村建设中两个最重要的目标是：为了乡村居民，改善他们的生活质量；为了全国人民，改善乡村的质量。

三、回到乡村

我们从《平凡的世界》出发，再回头审视这30多年来的中国，到底经历了怎样的变迁。从土地出发，到如今回不去的故乡，乡愁何寄？这将成为中国现在开始，一个最迫切需要解决的心灵与身体、个人与群体、社会与国家的多重困惑。土地整治与美丽乡村建设是人类为了满足新的功能需要对自然的一种干扰，如何使土地整治与美丽乡村建设的产品能够让人深深地记住乡愁，并促进已经衰落的乡愁得以复兴，这将成为未来土地整治与美丽乡村建设面临的严峻挑战和重大战略。要实现这一战略目标和完成这一历史使命，土地整治与美丽乡村建设就必须走回乡之路。这是一种土地整治与美丽乡村建设的生命情怀追寻，也是一种实现人与自然和谐境界的方式。

回乡，象征自然、健康、共生、绿色和归真，包含美丽、协调、理性、复兴、低碳、伦理和平等。自然性与文明性相协调的"乡村家园"是最具人性的、理想的生存方式，土地整治与美丽乡村建设就是要建构一个返璞归真、和合共生、天人合一的诗意栖居家园。土地整治与美丽乡村建设中回乡之路的现代语义不是单一的，而应该包括以下多项功能：（1）改善乡村交通运输；（2）改善乡村水资源管理；（3）促进城乡共同发展；（4）提升环境保护/供给以及废物处理；（5）提高自然保护和景观保护能力；(6)促进旅游休闲业的发展；(7)预防洪涝灾害；(8)保存文化遗产；(9)创建现代基础设施以减弱人口迁移。

家园是一个乡土的概念，是屋子和园子(庭院、菜园、果园等)的合称。它以家为起点，并延伸到周边的"一片天地"。从整体性和统一性来看，家园是天、地、神、人"四方"归于一体。中国人只称人生天地间，不称人生社会中，此犹为人生大自然中，事实上是自然与人文之会合(钱穆,1986)。支持这种家园生活的是谷子、大白菜、果子，而不是城市人那种抽象的物质——货币。但在农业和农村现代化、新农村建设、资源效率最大化等现代文明的影响下，土地整治与美丽乡村建设按照城市人的生产和生活方式进行。由此，家园与土地发生能量交换的通道断裂，乡村意图与实践活动脱节，农民存在与经验背离，"去家园化"成为一种时尚。进而，家园不再生产粮食等农作物，而是生产货币和一系列新符号。原本的土地增值，必须是黑色的、松软的、潮湿的；现在的土地要增值，则必须是白色的、坚硬的、干燥的，最后铺上水泥使之彻底固化(张柠,2013)。然而，家园丧失带来的损失无法折算成经济学意义上的"等值"以及法律意义上的"对价"来彻底补偿，这是一种历史的断裂和文化的消失，也是对农民"家园经验"的毁灭性打击。土地整治与美丽乡村建设的回乡之路，其重要任务就是要沿着人类发展的历史脉络，自然而然地保护和修复"家园"。当然，重建家园不是复古，但至少要具备家园的一些最基本功能，尤其要能够延续原有家园的历史和文化，并能保护家园受损者社会地位和尊严不因家园的变化而降低或丧失。

田头是乡村最典型的一种空间形态，是农耕生产者作短暂休息的场所，也是乡村文化表达的场地，在传统上意义还是一个"少儿不宜"的成人世界，极具丰富的融生产和生活于一体的传奇色彩。可是在联产承包责任制以后，按照现代农业发展"旱能灌、涝能排、田成方、路成行、渠相连、路相通"的要求，田头空间开始逐渐消失，辛勤劳作后"叙述语言"和"身体语言"的表达失去了场所。其结果是，乡村空间的整体意义碎片化。在这里，身体能量不重要，增加耕地变得重要；历史实践不重要，增加耕地比例变得重要；农耕的传统根基和文化价值不重要，耕地占补平衡变得重要。由此展开去，乡村"地点"和"景物"这些细小的有机空间形态，通过艺术抽象变成一种赋有货币价值的美学空间，或是一个"旅游景点"，或是一首"田园牧歌"，实际上它们已经不是原本乡村意义上的象征和符号，而仅仅是一种货币、消费和占有关系。这种传统乡村空间被"整体淘汰"的结局，将直接导致人类对自身的"整体淘汰"(张柠,2013)。总之一句话，当下乡村发展的状态似乎是古今已断、中外不接。看来乡村土地整治与美丽乡村建设确实任重而道远。

第三节　规划模式

一、创新规划模式

　　土地整治与美丽乡村建设必须在乡村综合规划的引领和约束下进行。乡村综合规划是确定一个区域综合发展需要的各类功能及其空间,改善乡村地区的资源利用布局和结构。乡村综合规划决定了区域土地整治与美丽乡村建设的功能和选用建设方式。土地整治与美丽乡村建设是一种乡村发展活动,应被定义为实现生产、生活及生态的"三生"目标,即达到永续发展的绿色产业,尊严活力的农民生活和万物共荣的生态环境。土地整治与美丽乡村建设以居住空间与农业用地的共生为目标,编制保持农业发展和村落特色的综合规划,以促进乡村地区的发展(见图5.2)。它要有利于促进多功能农业、多活力社区和多样性生态的建设及发展。

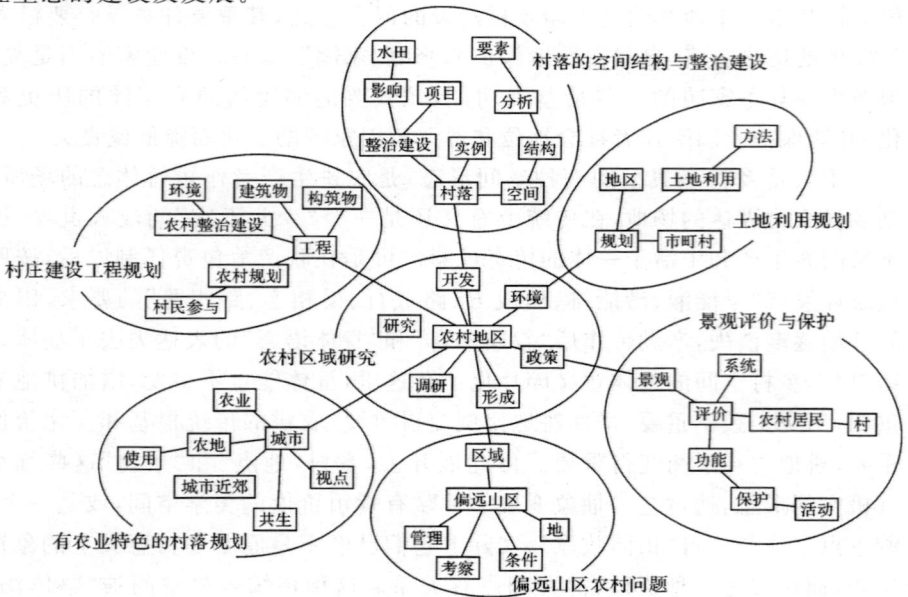

图 5.2　乡村综合规划的基本模式①

二、优化空间布局

(一)优化美丽村镇类型和空间布局

结合地方特有的自然山水格局和网络型城镇格局,形成美丽乡村空间立体发展格局。即遵循市域空间管制,全域村庄可分为自然再生型、更新改造型、特色保护型、功能优化型、城乡复合型等类型;线性载体要素,在不同空间尺度上打造美丽乡村精品线,形成"经络交织"的美丽乡村空间立体发展格局。

(二)强化城乡统筹和区域统筹

城乡统筹和区域统筹首先需要对规划范围内城乡空间现状发展进行统筹分析,辨析城乡发展重点问题,确定规划范围内总体发展战略,才能在土地整治与美丽乡村建设中实现城乡统筹发展。以作者对宁波市的研究为例,具体表现为进一步强化慈城、泗门、西店、石浦、集士港、溪口、观海卫等卫星城、中心镇在城乡连接中的节点载体和区域统筹中的集聚辐射作用,使城市经济有了延伸平台,农村经济有了转型升级的平台;处于生态敏感区的一般乡镇,如四明山镇、三七市镇、大堰镇、一市镇、泗洲头镇、定塘镇等维持优越的整体生态环境,提高对乡村地域的服务水平,为相应的乡村地域提供基本的教育、医疗、生产与生活等社会性服务,成为乡村地域综合社区中心。规划中我们必须充分结合周边自然环境和生态景观条件,营造独有的景观,丰富城乡空间景观形象和功能。

(三)打造"三村一线"特色精品

以深层治理农村生活污水、垃圾、卫生改厕、清水河道、农业面源污染和实施生态绿化为重点,开展沿路、沿河、沿线、沿景区的环境综合整治,加大串点成线、连线成片整治力度,提高整乡整镇整村的整治比例,健全农村环境治理长效管理。对相对集中连片的若干村实施组团式建设、社区化整合,推进特色精品建设。

(1)高标准创建全面小康村。以"洁、齐、清、绿"和"村美、户富、班子强"为目标,全面开展土地整治与美丽乡村建设,积极实施农村道路建设、村庄绿化、河道整治、垃圾处理、污水处理五大项目建设。

(2)大力培育建设中心村。根据区域村庄人口规模、地理分布等实际情况,整治、扩建、迁并等措施着力提高中新村辐射带动能力,促进城乡融合发展。

(3)保护开发特色村。土地整治与美丽乡村建设过程要以古村落、古民居、旧遗址保护和精品农业、特色经济、主题项目开发为重点,结合村庄整治建设包装修缮及乡村休闲旅游开发,选择打造一批历史文化型特色村、产业集聚型特色村、主题开发型特色村。

(4)打造美丽乡村精品线(区块)。连片建设精品线(区块)是扩大提升土地整治与美丽乡村建设成果的重要内容,也是土地整治与美丽乡村建设的主攻方向。在明确区域功能定位和充分论证的基础上,土地整治与美丽乡村建设精品线(区块)要围绕"宜居、宜业、宜游",整合整治建设项目,把村域作为一个景区来建设,把村庄作为景点来打造,把庭院作为景致小品来雕琢,着力打造一批各具特色、档次较高、影响较大的品牌。

第四节　建设模式

一、建设基本模式

土地整治与美丽乡村建设模式必须坚持回乡之路,绝不能把城市建设模式复制到土地整治与美丽乡村建设中去。过分强调城镇建设带动型模式、工业企业带动型模式、专业市场组织型模式、特色产业发展型模式等,从长远来看必然会影响土地整治与美丽乡村建设的终极旨归。根据土地整治与美丽乡村建设的指导原则和建设目标,本研究认为建设模式可以分为以下五种类型:

(一)自然再生型

自然再生型建设模式,主要以积极恢复过去失去的自然环境,恢复乡村生态系统的健全性为目的,以身边的绿色、自然和生物适宜居住环境的再生为目的而进行乡村道路、河流、景观斑块、廊道等的复原性建设,创造基于现在潜能的最好自然环境。当然,自然再生不是要排除一切人为的因素,而是以在适当的人的基础上形成二次自然为目标,对乡村环境进行改善和补偿。自然再生型主要适合分布在山区、海岛、景区等自然环境优良的一些村庄。

(二)更新改造型

更新改造型的目的是对农村中某些衰落的区域进行拆迁、改造、投资和建设,以全新的乡村功能替换功能性衰败的物质空间,使之重新发展和繁荣。它包括两方面的内容:一方面是对客观存在实体(建筑物等硬件)的改造;另一方面是对各种生态环境、空间环境、文化环境、视觉环境、游憩环境等的改造与延续,包括农村社区的社会网络结构、心理定式、情感依恋等软件的延续与更新,其重点是在农村中土地使用功能需要转换的地区。

(三)特色保护型

所谓特色保护型,主要是指对那些具有特色文化、特色景观和特色资源分布的村庄,进行保护型改造建设。七千年的沧桑变迁,中国形成了特有的傍山、滨海、亲水的传统村落文化特征。传统村落作为一个个完整的生命体,它们遗存的不仅仅是建筑,更多的是先人遗留的伦理态度、时令风俗、地域文化和人文精神,就像是一部部保存完整的地域建筑史、民俗史和传统文化史。政府要争取处理好这些传统村落环境容量与人口增长、功能承载与现代生活方式的矛盾,让传统村落成为展示区域形象的"靓丽名片"。

（四）功能优化型

功能优化是农村社会经济发展到一定程度后对乡村发展方向的调整。经济只是乡村功能结构的一个要素,对乡村功能发展提出新的要求,但它的作用不是决定性的,还应该包括文化维度、生态维度、空间维度等方面的功能优化。功能优化的瓶颈表面上看可能是资源配置不合理,空间发展受限,但深层次的原因还包括制度的滞后性满足不了现代乡村发展的要求。村庄行政区划调整应该是一种农村功能优化的重要制度手段。以乡村旅游功能优化为例,这就是要把农业生产过程、农村风景风貌、农民劳动生活紧密结合,优化和拓展生产、生活、生态功能,走规模化和产业化的道路,实现乡村旅游业的快速发展;应以主题鲜明、各具特色的重点乡村旅游为重点发展节点,优化空间结构和功能,逐步形成明确主题和将旅游线贯穿于乡村各大组团间的乡村旅游发展新格局。

（五）城乡复合型

城乡复合型主要指分布在城市区或城镇周边的村庄,通过土地整治与美丽乡村建设,打造成具有城乡复合特征的都市型村庄。例如在宁波市,据调查,位于宁波市周边的农村,现在大概有 120 个,占到研究区域村庄总数的 5.4%,如江东周边的梅墟村、前殷村等,海曙周边的祝家桥村、联丰村等。城镇边缘的村庄是指宁波市区外,位于县市区及乡镇街道周边的农村,现状总数约 524 个,占到研究区域村庄总数的 23.7%,如慈溪市周边的蒋家桥村、福山村等,象山县南边的章家弄村、汤家店村等,石浦镇周边的井水村、晓湾村等。综上分析,都市及城镇周边总计约 644 个村庄,占到研究区域村庄总数的 29.1%。政府对这些村庄的建设,必须十分重视保持"乡村特色"。除了村庄格局和建筑形态要保持乡村特色以外,政府还要以保护耕地、保障粮食安全、提高农业综合生产能力为核心,促进种植业的基地化和规模化生产;围绕都市圈城乡居民的生活需要和市场需求,促进畜牧业的发展;以构筑绿色屏障和发展生态农业为核心,促进生态林果业的可持续发展;以经济效益为核心,促进水产业的产业化发展;凭借都市郊区区位优势,大力发展都市休闲观光农业。

二、建设重点内容

土地整治与美丽乡村建设的内容十分广泛,但需要把握重点、量力而行、突出成效,就建设的重点而言,至少应包含下列几项:

（一）基本公共设施的改善

包括交通道路、排水系统、垃圾处理、停车场、体育设施、文化广场、康复医院、学校、儿童游戏场、游憩休闲设施以及农业共同设施（诸如农机棚、农具房与农机具修护保养中心）的兴建等。

（二）农村发展活力的创造

围绕农村发展活力创造的重点，开展相关农村发展项目，比如土地整理项目、村庄革新项目、景观规划项目、产业发展项目等，以提高乡村发展的活力和吸引力。

（三）乡村文化的维护和发扬

包括乡村独特风格的建筑、文物古迹的维护、传承和发扬等。

（四）资源生态空间的保护和再生

包括水土资源以及野生动植物栖息空间及场所的维护，土地肥力和潜力的维护、自然和景观的安全性和多样性维护，重要景观断裂点的修复和再生，防治水土污染，以及增强气候变化的适应能力等。在国外的新农村建设中，自然保护措施占有很大的份额。例如在德国，在过去的 15 年里同比增长了 40%。

（五）农用地多功能保护建设

土地整治与美丽乡村建设的重点必须把农用地的多功能保护和建设放在很突出的地位，这是最重要的基础和根本。农用地多功能是指除粮食生产等商品性生产功能外，农用地还具有包括调节大气组分与气候、调节水文、建设发展隔离等生态功能，提供耕作风景、保持传统农耕文化、为农民提供社会保障等景观文化功能，以及建设空间储备等空间承载储备功能的非商品性生产功能等等。应当切实加强以耕地质量为核心的地力建设，在此基础上推进农村土地的复合利用，构建农用地-建设用地-未利用地的复合利用、农用地与建设用地的复合利用、农用地内部的复合利用等模式，提升具有耦合关系的多种产出或效应。

第五节　运作模式

一、运作模式的选择准则

土地整治与美丽乡村建设的运作模式并没有一个统一的概念。在一般意义上，它主要指项目运作的方式和方法。项目通常指在一定的约束条件下具有明确目标的一次性任务，而模式是指解决某类问题的方法论和基本样式。就土地整治与美丽乡村建设而言，主要模式有政府运作模式、市场运作模式、政府与市场合作模式等几种类型。核心问题主要包括项目投资模式、项目融资模式和项目经营模式，具体包括机会选择、实施条件、实施方式、运作程序、资源分配、费用负担、监测监管等内容。土地整治与美丽乡村建设的发展过程开始主要以政府主导，资金也来源于政府公共财政。现在该建设越来越强调政府、开发商、社区和居民的共同参与，资金来源也更加多元化。从 20 世纪 90 年代开始，国际上有关"社会资本"一词在土地整治与美丽乡村建设中被广泛应用，而且认为它是维护社会稳定和构建乡村社区自助能力的基石，其缺失被认为是导致乡村社区衰败的关键因素。对资本的研究已经从单一的金融资本转向更为广泛的社会资本。关于社会资本的研究可以追溯到 1916 年。哈尼芬把"社会资本"定义为：人们生活中，使有形物质在人类的日常生活中产生最大价值的事物，即那些构成社会单位的群体之间和家庭之间的善意、友谊、互相同情和社会交往。最著名的"社会资本"的界定是由普特南提出的。他将"社会资本"定义为：社会组织的特征，如网络、规范和社会信任，促进协调合作，实现互利共赢。一般来说，有三个工具测量社会的资本网络：提名生成法，位置生产法和资源生产法。前两种方法倾向于通过网络和互相交流评估社会资本，第三种方法试图在网络中，通过评估嵌入式资源测量社会资本（翟斌庆，2014）。土地整治与美丽乡村建设的运作模式选择，需要坚持以下基本准则（刘华伟，杨娟，2013；吴次芳等，2015）：

（一）利益共同体准则

应通过设计参与主体角色、参与互动方式、利益分配格局、配套保障机制等要素，构建"利益共同体"准则。在"利益共同体"中，原产权人（包括原土地使用者、社区居民、集体经济组织等）和开发商、政府，各参与者形成利益共享，风险共担的利益共同体。政府在划定土地整治与美丽乡村建设范围，确定基础配套设施，容积率等开发条件上占主导地位，原产权人真正参与到项目的决策过程，制定项目规划方案。原产权人通过土地或房产作价入股，和开发商通过签订合同的方式组建股份公司。开发商则负责向政府支付土地价款，承担重建项目的开发、经营费用。股份公司将开发范围内分散的土地统一起来，负责项目的开发运作。拆迁安置则由政府、开发商与原产权人协商进行。开发范围内的基础设施建设，严格按照项目设计方案，按比例由政府和股份公司各负担一部分的基础设施建设。政府通过容积率奖励、赋税减免等政策，引导股份公司进行部分基础设施开发建设。在"利益共同体"中，收益分配参考"权利变换制度"设计。项目中各相关权利人在计划实施完成后，按其重建前权利价值及提供资金比例，分配重建后建筑物及其土地的应有部分或权利利益（严若谷等，2012）。在这样的收益分配方式下，原产权人以重建前所拥有的房产及地价作为"股份"，参与到土地整治与美丽乡村建设中，并在重建完成后按投资比例分享所增值的利益。开发商则通过支付土地转用等价款，承担重建费用等作为"股份"，按比例获得土地整治与美丽乡村建设后的增值收益作为投资回报；开发商承建基础设施，还可获得政府的容积率奖励、赋税减免等额外收益。政府则获得土地整治与美丽乡村建设股份公司支付土地转让费用，以及缴纳的管理费用和赋税，为基础设施建设提供资金。在这样的模式下，政府既达到了再开发的目的，提高了效率，也绕开了拆迁安置等问题，减少社会矛盾。

（二）区分职能界限准则

在大多数领域，市场能够有效地配置资源。当存在公共品、外部性、信息不对称和自然垄断时，市场便不能有效地配置资源。因此，正如上一准则所指出的那样，这里需要建构土地整治与美丽乡村建设的利益共同体模式，但需要明确政府、村民、集体经济组织、开发商等不同主体的职能界限。在现代汉语词典中，"职能"的含义是指人、事物、机构应有的作用。职能中"职"是职务、责任，它重在强调自身所负有的责任。职能所强调的是应做什么、要做什么、需要做什么；职能重在表示本身内在的规定，逻辑重心是在"要做"上。职能是能然、应然、实然的有机统一。简单地说，能然是能够怎样做，应然是应该怎样做，实然就是实际上是怎样做的（赵岐山，2011）。详细界定各参与主体在土地整治与美丽乡村建设中责、权、利的边界，是运作模式选择的基本出发点。

（三）风险收益匹配准则

要在满足项目定位的基础上，对项目实施过程中所涉及的各相关产业进行系统分析归纳出项目内部相关的产业关系和各自产业对项目收益的贡献。一定的收益总是伴随一定的风险，运作模式就是选择一个平衡点让收益与风险相匹配。从本质看，任何合作都可能来自于利益需要，加强风险管控是保障各方利益的基础条件：要加强信息收集和管理，把握潜在风险；要认真开展项目评估，对项目进行充分的可行性研究；对于整个项目前期谈判、工程投标、合同履约等合作过程可能存在的各项风险进行全面评估，并严格按照合同执行，一旦出现合同纠纷，应尽快使用仲裁、诉讼等争端解决机制；要合理安排融资与投资，使融资与投资相匹配，降低项目运作的资金财务风险。

（四）战略目标导向准则

土地整治与美丽乡村建设的目标导向直接影响了建设项目是采取政府主导、村民主导、企业主导还是平等合作等不同运作模式的选择。土地整治与美丽乡村建设经常集中于以下几个领域：基础设施建设、公共设施建设、基本农田建设、人居与生态环境改造和建设等。这些项目具有投资量大、社会公益性强、无经济回报或者经济回报周期长等特点。在实践中需要区分是公益性项目、经营性项目还是准经营性项目。所谓准经营性项目,是指兼具社会效益与经济效益的项目,比如风景区的保护与开发、新社区的开发与建设等等。要把乡村复兴和推进乡村生产、生活和生态的综合发展作为根本的战略目标导向,按有利于目标导向的准则选择土地整治与美丽乡村建设的运作模式。

二、项目投融资运作模式

目前,土地整治与美丽乡村建设资金主要来源于政府,部分来源于私人,包括业主、开发商等。资金缺口大,是土地整治与美丽乡村建设面临的最大难题之一。在此背景下,借鉴国际及我国台湾地区土地整治与美丽乡村建设资金筹措经验,当前亟须推进项目投融资运作模式创新。未来整体发展导向应由"政府主导式土地整治与美丽乡村建设"向"多元共同推进土地整治与美丽乡村建设"转变。成立官方实体机构,承担土地整治与美丽乡村建设项目,同时协调政府与公众的关系;成立土地银行发行债券等,与社会共同分担资金压力;借鉴西方国家经验,税收减免、税收增值等方式鼓励社会参与土地整治与美丽乡村建设;PPP模式推进多元化主体参与的土地整治与美丽乡村建设等。实践中的运作模式通常有三类。一是由政府或行业主管部门自行融资、自行组织建设和运营的传统方式。这种模式的优点是政府完全掌握建设和运营的控制权,缺点是权责利不清,容易产生投资超预算,政府财政负担重,未能发挥市场化运作方式作用。二是采取类似BOT(即建设-运营-移交)的"项目法人"招标方式,由村集体经济组织采取向社会公开招标的方式,选择负责项目建设和运营的项目公司,项目公司在经营期限满后再将项目资产无偿移交给集体经济组织,由村集体经济组织免费向村民开放和使用。这种模式有利于提高项目的运作效率,村民也可以得到较高质量的服务,缺点是村集体经济组织将失去对项目所有权和经营权及设计过程的控制。第三种模式是介于第一种和第二种之间的模式,即政府或村集体经济组织在不放弃建设和运营控制权的情况下,引入市场竞争机制,采取融资、建设、运营、监管相对分离、相互制衡的运作模式,组织项目的建设和运营。

第六节　社区更新模式

一、农村社区更新的定义

农村社区更新是指在现有的基础与条件下,根据可持续发展的需要和农村现代化进程的特点,为改善农村居民的生产条件与生活环境,所采取种种有助于农村社区与村落规划性与整体性发展的措施。它不仅是农村公共建设、住宅改善与经济发展的一种过程,并且也是社会文化及传统习俗层面的变迁,以满足变迁中村民及社会对农村的种种要求。农村社区更新大致上有下述三种任务:一是保存任务,对于成长型的乡村或其结构,尤其是对于颇富建筑特色的资产应予以保存;二是更新任务,对于建物或基础设施,应采取适当的措施,进行整修或使其现代化;三是发展任务,基于乡村变动过程的观察,应对其未来的发展,提出有计划性的发展替选方案。农村社区更新应该成为未来土地整治与美丽乡村建设的主要内容,大规模的大拆大建、迁村并点和简单功利性的城乡建设用地增减挂钩,应尽量予以避免和摒弃。

二、农村社区更新的目标

农村社区更新需要村民充分参与,并深入了解社区居民的需要,充分利用当地人文资源,整合生态、景观、生活、产业发展和当地文化的模式,充分考虑当地村民的意愿和尊重专家学者的意见,建构农村社区更新的目标,建设兼具产业、自然生态、人文和地方特色的乡村社区(谢静琪,2014)。其主要目标包括以下五个方面:

(一)建构优质乡村生活环境

要切实改善农村社区的交通条件,包含村庄对外交通与联络系统、村庄巷道等,加强基础设施和公共设施建设。配置优良环卫设施,推进垃圾转化利用,治理农村面源污染和饮用水卫生,使用清洁能源,完善服务网络等,提升乡村生活环境的水平和品质。

(二)发展当地优势农特产业

由于农民的生产与生活,具有不可分离的关系,田野与村庄同为农村社区更新的范围。为提升农业的竞争力,除了促进村民经营规模的扩大,配合农业发展的需要,农水路及产业道路系统的整修与改善,农业共同设施的增设与更新,农田经营现代化所需农村建筑物与农宅的整建等,均为农村社区更新所必需。此外,考虑农村社区更新以及村庄扩展的需求,配合农地整理,提供住宅及公共设施所需用地,以同时改善村庄的交通道路,并且兴建必要的农业设施,达成农业生产成本降低与农业生产力提升的要求,大力发展当地优势的农特产业,使乡村社区的农业更具竞争力,是乡村社区更新的重要目标。要给予农业持续发展所须活力的支持,促进农地工作减量化,减轻农业劳动支出,配合现代化农业生产方式、经营形态以及生活作息状况,改善农民的生产条件,确保村庄内农民的将来性与发展性。

（三）发展乡村景观和生态保育

美化及维护农村景观及自然环境，维护水土资源以及动植物的栖息空间，维护村庄的自然生态与景观，增进农村在居住品质及休憩价值方面的吸引力。

（四）保持乡村多元文化和纹理

切实保护农村古村落，维护农村古村落的历史文化价值；维护农村文物及古迹，确保农村传统及具历史价值之建筑物；维护农村的固有特质与独特风貌，强化村民对农村的认同感与归属感；创造农村美好的文化复兴环境。

（五）营造可持续社区发展环境

农村社区更新是一项长期且具整体性的工作，必须适应社会结构变迁及农村多元化的需求进行，不仅是农业结构与农村发展政策的重点，更是社会政策与区域发展政策的重要环节。要重新建立新的地籍资料以及土地的权属关系，促进农村土地持续利用；促进公共投资以及农村居民点发展的规则性及整体性，使农村居民点发展适应未来发展要求。切实改善农村生产条件与生活环境，谋求城乡均衡发展，减少人口外流。绿地、运动场、儿童游戏场以及游憩休闲设施的增设对农村社区的可持续发展也是很重要的。为配合农村现代化发展的需求，农村土地利用应兼顾：（1）产业现代化发展的要求，包含农业生产设施以及农村小型工商业发展的需要；（2）农村建设用地扩展的要求，包含农宅更新改善以及农民子女留村住宅用地的需求；（3）农村公共设施用地的需求，包含农村绿地、广场、公园及运动场所等；（4）农村景观及自然保育的需求，包含野生动植物栖息场所，水体溪流自然化等。

三、农村社区的更新规划

农村社区更新首先要对社区的地形、水文、地质、人文景观、土地适宜性等进行分析研究。

（一）实质性的更新规划

实质性的更新规划主要包括以下各项内容：

1. 农地整治规划

农地整治是农村社区更新的首要工作，通过农地整治的手段预留农村社区所需发展的用地，以改善村民的生活。包括：（1）改善农业结构，以促进农业发展；（2）从事社区更新，以改善村民的生活条件；（3）预留村庄所需的建筑用地，以减缓农村人口外流；（4）农地整治配合政府重要大型公共建设；（5）景观规划，以维护和谐的景观及农村之风貌；（6）植物栖息场所网状系统的建立，以维护大自然的平衡。

2.村庄整治规划

村庄规划是一种最具体而确定性地对建设类别、限制及其他土地利用的特别规定,进而形成一种具法律地位的各种规定,且对村民有约束性。除依照建蔽率、容积率等一般性建筑技术的规定外,它更要从社区外观、环境与景观维护、水文、人口及公共设施等方面,限制建筑物的楼层与高度,色彩与外观及屋顶的斜度。古老建筑物的修复与更新要先行审议,使老旧古迹与地方建筑的格调与风格,得以保存。

3.景观生态规划

景观生态规划须与土地利用相互配合,依据生态环境维护的要求与游憩休闲的需要来进行景观规划,且必须依据景观架构方案及景观架构规划所确定的上位目标和原则来拟定。景观生态规划与全社区的建设地区和建筑范围外有关景观的维护,以及农村外观及美化的维护的重要规划密切结合,达到生态平衡、维护自然景观与提供游憩休闲场所的目标。

4.道路交通规划

社区内道路、停车空间、对外交通问题等规划。

5.公共设施规划

自来水供应系统、电力供应系统、电信供应系统、天然气供应系统、垃圾清运系统等规划。

6.防灾减灾规划

包括避难据点、避难道路、消防据点、警察据点、医疗据点、火灾防治、地质灾害防治等内容规划。

7.排水系统规划

包括排水系统设想、排水设施及其配置规划、水路规划,以及水土保持措施,如护坡设施、沉砂池设施、施工中水土保持措施、施工中安全排水等规划。

8.业态发展规划

要把社区更新的产业发展和业态谋划放在更加突出的地位。要特别注重人居环境建设与新型业态培育同时推进,重点培育发展农家乐旅游、农村现代民宿、农村运动休闲、农村来料加工、农村电子商务、农事节庆等农村新型业态,这些不仅可丰富农村现代产业体系,而且将日渐成为农民增收致富的新门路。以现代农业为载体,乡村涌现了大量的第一、二、三产业融合现象,许多新业态如采摘体验、农产品定制化、乡村休闲观光等现代消费服务业,以及与此相关的互联网配送、物联网管理、农景园艺、品尝品鉴、休闲观光等,其相关设施均建造在农田或农区,应正确处理好保护耕地、基本农田和发展乡村业态的关系。业态发展不能为了眼前的经济利益,而破坏农村发展的根基——耕地资源。

9. 文化复兴规划

乡村的复兴和再生发展，首先是文化的复兴。如果乡村失去历史性、乡土性、地域性、文化性，那么乡村的生态原生性将难以持续，乡村的特色就不复存在。古村落活化保护与乡土文化薪火传承需要特别尊重古村落主人的权利，提高村民自觉性，弱化政府的主导作用，使得传统与现代相融合，让乡村留得住人。

要编制分期、分区发展规划，对规划进行可行性分析论证，对村民的意愿进行调查和分析，对工程建设成本和费用进行详细预算，拟定可行的资金筹措方案和赔付计划。参照德国和中国台湾地区的经验（罗明，吴次芳，2016；谢静琪，2014）。

（二）更新规划的实施

农村社区更新规划的实施，可分为下述四个阶段：

1. 申请阶段——更新意愿的酝酿

农村社区更新工作成功的前提应是每个农村须自己有更新意愿，来改善村庄的现状，并积极参与进行繁杂的更新工作，才能完成合乎理想的更新规划。这点非常重要，如果只是地方政府或村委会个别领导的一厢情愿，农村社区更新就应该搁置或延缓，直至多数村民具有更新的意愿，政府才决定推进社区更新。

2. 提出更新申请、审核更新地区、纳入更新名单

由村民委员会首先向地方主管部门申请，由地方主管单位与当地政府共同审核该农村是否有更新的必要性与可行性，如均获肯定，则该村即被列入农村社区更新规划名单中。必要性和可行性的论证是不可或缺的步骤，不能凭拍脑袋或者个人偏好就决定进行社区更新。

3. 推进阶段——组成专门团队，讨论更新内容及目标，聘请规划建筑师

农村社区更新规划的执行需仰赖所有村民对规划内容的认同，才能推动执行这项工作。由该村全体土地所有人，组成一个专门团体，可称之为"参与者团体"。由该团体与地方政府主管部门共同讨论该社区更新内容与目标。当然该团体需聘请一位合格的农村规划建筑师来进行所有必要项目的规划设计工作，而规划报告书经过地方主管部门及村民委员会审议通过后，各项更新工作即可逐步展开。在我国现实国情下，仅仅村民委员会少数人的审议通过还是不够的，至少需要 2/3 的村民审议通过。

4. 经费筹措和村民参与

经费筹措是重要的工作，许多村落若没有政府财政支持是不可能推动更新

工作的。但是,农村社区更新工作,村民热心积极的配合和参与也非常重要。村民在农村社区更新中扮演着重要的角色,村民必须仔细观察他们的农村,然后思考什么必须保存以及什么该重新建造,跟邻居和朋友及顾问成员进行讨论。在农村社区更新规划进行时,通过居民集会参与规划工作,村民共同提出家乡建设构想,对自己家乡的愿景及推动方式,通过规划建设的手段,达成规划的目标,实现村民的家园梦想。

参考文献

[1] 章俊华. Landscape 思考[M]. 北京:中国建筑工业出版社,2009.

[2] 吴家骅. 景观形态学[M]. 叶南,译,北京:中国建筑工业出版社,1999.

[3] 钱穆. 现代中国学术论衡[M]. 长沙:岳麓书社,1986.

[4] 张柠. 土地的黄昏[M]. 北京:中国人民大学出版社,2013.

[5] 翟斌庆.中国历史城市的更新与社会资本[M].北京:中国建筑工业出版社,2014.

[6] 刘华伟,杨娟. 城建项目投融资运作模式选择探讨[J]. 商业时代,2013(24):79-80.

[7] 吴次芳,等. 上海城市更新与土地整治研究报告[R]. 浙江大学,2015.

[8] 严若谷,闫小培,周素红. 台湾城市更新单元规划和启示[J]. 国际城市规划,2012(1):99-105.

[9] 赵岐山. "五个不搞":人民政协职能的根本界限[J]. 河北学刊,2011(5):103-105.

[10] 谢静琪. 土地重划[M]. 台中:五南图书出版股份有限公司,2014.

[11] 罗明,吴次芳. 德国土地整理研究[M]. 北京:地质出版社,2016.

第六章　村庄布局优化

第一节　村庄布局优化的重要性

一、村庄用地方式亟须转型

我国人口众多,人均土地面积、人均耕地面积均远小于世界平均水平,尤其是随着社会经济的快速发展,城市化、工业化的加速推进,建设用地需求急剧增长,土地供需矛盾不断增大,加上我国土地后备资源有限,这使得土地资源节约集约利用显得尤为重要。同时,我国是一个农业人口大国,农村地域辽阔,长期以来,受历史以及自然条件的制约,加之农村的空间发展缺乏整体的规划指导,村庄的建设发展长期处于自发状态,用地普遍缺乏有效的约束、管理与监督,导致村庄数量繁多、散乱分布、无序扩张、粗放利用,村庄用地总量大,人均占地面积大都超过国家规定的标准,且建新不拆旧,村中空置闲置地多导致管理和交易成本高、社会公共投资分散、基础设施缺乏或建设不配套,村庄用地方式已亟待转型。

据《全国土地整治规划(2016—2020年)》资料,2014年年末,全国共有建制镇20401个,乡12282个,行政村58万个,自然村270万个,村镇户籍总人口9.52亿人,村庄7.63亿人,村庄现状用地面积1393万公顷,平均每个村庄现状用地面积5.13公顷。按照村庄人口计算,人均用地183平方米,远超国家人均用地150平方米的上限。如果按照国家统计局2014年城市化率54.77%计算,农村人口为6.19亿,则人均用地225平方米,更是远超国家用地最高限制规定。由于村庄规模小、布局分散,建设用地粗放利用,基础设施和公共设施普遍无力配套建设,美丽乡村建设缺乏必要的物质基础。例如,农村医疗条件差,是当下农村的重要短板;在教育方面,中小学教育水平普遍低下;通信、电网和自来水等维持基本生活的基础设施建设也十分缺乏,2014年全国只有9.98%的行政村对生活污水进行了处理。所有这些都极大地影响了农民的生产与生活。

二、美丽乡村建设的关键点

村庄是美丽乡村建设的核心和关键点,是农村生产生活等功能的承载体。美丽乡村建设的首要任务是改善农村的生产生活环境,其重要基础是要推进村庄布局的优化,这是美丽乡村建设过程中是一项最基础性的工作,只有把此基础夯实,美丽乡村建设才能顺利进行。随着社会经济的发展,城市化的不断推进,村庄布局的分散性和随意性已不能适应生产生活的需要,且耕地资源不能得到充分的利用,也阻碍了农业的发展。因此,美丽乡村建设必须以农民居住集约化为突破口,以优化布局为基础,通过迁村并点实现集约化的美丽乡村建设。农村集中居住、村庄合并等形式起源于 20 世纪 90 年代的苏南部分经济发达地区,在新农村建设不断向前推进的过程中逐渐向全国蔓延开来,如山东、河北等地都制订了迁村并点的计划。对迁村并点中的村庄布局进行科学优化,这对美丽乡村建设具有重要的实践意义:(1)改变现有自然村过多过小的状况,促进乡村土地的集约化、规模化经营,为农业专业化和产业化生产打下基础;(2)改变乡村用地浪费严重、粗放利用的现状,通过村庄合并整合闲散的土地资源,优化资源配置,为美丽乡村建设提供更大的发展空间;(3)改变基础设施建设投入成本高配置效益低的现状,促进农村基础设施的统一建设和共享,从而改善农村居民的生产生活环境。如果在没有优化村庄用地分布格局的前提下,推进美丽乡村建设,可能会造成该建设的村庄没有建设、而不该建设村庄又投入了大量资本,这方面的教训在一定程度上也是很深刻的。记得十几年前作者参与浙江某地的扶贫工作,将偏远山区中一个只有 20 多户的自然村按照现代化农村的标准进行了通路、通电、通水、环境美化等建设,投入了几百万元资金。后来实行了下山脱贫战略,该村的 20 多户村民全部搬离该自然村,原来投资的几百万资金便成为沉没资本。

第二节　村庄布局优化研究现状

一、村庄空间布局研究

对于村庄空间布局的研究,国内外学者主要从村庄布局影响因素、村庄布局特征及演变等角度进行研究。早期对村庄空间分布的研究主要采用定性分析的方法,随着 GIS 的发展,尤其是空间分析和空间统计理论研究与应用的不断深入,对于村庄空间格局特征的研究逐渐从定性分析转向定量分析。

德国地理学家科尔（Kohl）（1841）对不同类型的乡村聚落进行了比较研究，提出地形、海拔、阳光等自然环境对村庄布局的影响。帕西昂（Pacione）（1984）阐述了村庄形态、村庄类型分布。希尔（Hill）（2003）将欧洲的村庄空间分布归纳为 6 种类型：规则型、随机型、聚集型、线型、低密度型和高密度型。弗米尔（Vermeer）（1988）研究了家庭收入变化对村庄布局特征的影响。纳普（Knapp）（1992）研究了经济生产方式的变迁对村庄布局变化的影响。索尔森（Thorsen）（2002）通过建立模型得出农村居住的聚集和中心性倾向与政府的公共基础设施的变革具有非常紧密的关系。希尔（Hill）（2003）通过研究认为气候变化、自然灾害、人口增长、战争以及新技术的出现等会对村庄布局产生影响。卡门（Carmen）和埃琳娜（Elena）（2004）将村庄用地变化放在城镇化的大背景下，分析了农村人口的非农化、农业产业结构的调整、居民生活方式的改变、农村功能的变化等对村庄用地产生的影响。瓦西莱夫斯基（Wasilewski）和克鲁科夫斯基（Krukowski）（2004）分析了波兰城郊村庄空间格局变化，认为产权制度、政府管理等因素对相关利益主体的利益产生影响，各个主体的利益博弈过程就是城郊村庄空间格局变化的过程。此外，国外学者还从空间分布效应方面进行了研究。塔布科（Tabukeli）（2000）对 Transke 农村地区的居民点分布进行了分析，认为过于分散的居民点会使农村地区的零售贸易业发展受到限制。鲁滨逊（Robinson）（2003）认为村庄分布形态是农村地区基础设施可达性和发展机遇的主要影响因素。汉森（Hansen）和布朗（Brown）（2005）分析了美国农村居民点用地的扩张对生态系统所产生的负面影响。

20 世纪 30 年代，随着法国学者白吕纳所著的《人生地理学》和《人地学理论》传入中国，我国的地理学发展受到了较大的影响，乡村聚落布局问题得到了深入的研究。党安荣等（2000）应用 GIS 技术研究了云南省丽江地区村庄分布的特征，并对海拔、坡度、坡向等影响因素与村庄分布之间的关系进行了定量分析。周心琴和张小林（2005）认为地形是限制村镇发展、制约村庄布局和形态的主要因素，如细窄河谷阶地、山麓地带多呈带状聚落，山区多成散状聚落，平原地区多呈块状聚落。王春菊等（2005）指出居民点是人口统计数据空间化的指示因子，并逐一分析了福建居民点分布与海拔高度、土地利用、道路网、河网与海岸线距离的关系。刘志玲和张丽琴（2006）从自然、经济和社会三方面定性地分析了安徽省农村居民点用地发展的驱动力，并应用简单线性回归模型分析了经济因素中几个因素与农村居民点变化的关系。姜广辉等（2007）使用 Logistic 逐步回归模型从空间角度深入分析了农村居民点变化的内部和外部驱动力，并提出农村居民点的变化是一个由其自然资源条件、区位可达性及社会经济基础条件综合影响下的区位择优过程。陈振杰等（2008）利用

GIS 的空间分析方法，以 DEM 和 1996、2004 年桐庐县土地利用现状图为数据源，研究了桐庐县 1996—2004 年村庄空间格局及变化特征。研究表明：桐庐县村庄主要有团状、带状、分散分布三种模式。刘仙桃等（2009）运用 GIS 查询统计与 Voronoi 图相结合的分析方法，从地形、公路和河流等因素研究了北京市昌平区村庄空间分布特征。王婷等（2008）运用 GIS 空间分析与景观指数分析等方法，分析了社会经济、自然地理和生产环境三方面的主要因素对衡阳南岳区的村庄布局影响。

二、村庄布局优化研究

国外与村庄布局研究较为密切的是区位选择理论。德国学者麦森（Meizen）通过对村庄布局与其周围农业环境的研究，提出了村庄区位选择研究理论。英国学者奇肖姆（Chisholm）在总结麦森（Meizen）关于村庄区位选择理论基础研究上，建立了一个可量化的村庄布局模型，该模型引入耕地、牧草地、燃料、建筑材料、水资源等与村庄布局密切相关的因素，以居民对每种资源的利用率和利用强度衡量每种资源的权重，通过将居民点与资源点间的距离与权重相乘得出村庄的分值，以分数低的点作为村庄的优选区位。罗伯兹（Roberts，1996）对村庄区位选择进行了系统的划分，指出村庄布局应从点和位置两个角度进行综合分析和考虑，并且指出影响村庄布局的因素并不是一成不变的，村庄的区位会向有着更高生产效率和适应性的区位演化。国内学者主要是运用 GIS 或将 GIS 与适宜性评价（孙华生等，2007；韩荣青，2008；朱雪欣等，2010；曲衍波等，2010；何建等，2014）、景观格局分析（盛鸿辉，2010；周洁，2012）、Vonoroi 图（邹亚锋等，2012；冯电军，2013）等方法相结合的手段对村庄布局优化进行了研究。刘英（2008）基于 GIS 技术对湖南省临澧县村庄用地时空特征进行了分析，在此基础上提出了不同地貌地区的村庄布局优化方法。王恒山等（1999）系统集成 GIS 与 DSS（决策支持系统），开发了实现村庄拆迁合并布局优化的专用决策支持系统，该系统通过地理信息库与数据库和模型的链接实现地图上村庄的信息的显示和查询，及村庄拆迁合并后在地图上的动态变化。该研究将数学模型与地理信息技术相结合，实现了较好的人机互动，但其数学模型在本质上仍是适宜性评价，并没有涉及村庄之间的空间关系。颜文涛等（2007）根据村庄建设条件适宜度评价指标体系，构建了改进的生态敏感性模糊综合评价模型和建设条件适宜度模糊综合评价模型，对宝鸡市台源区的村庄建设条件进行了综合评价，根据评价结果对村庄空间布局进行优化。聂小清等（2012）利用 GIS 的空间分析功能，选择影响湾里区村庄布局的地面坡度、高程等 8 个因子作为影响因素，并利用层次分析法确定各评价指标的权重，利用加权平均法得出评价区各栅格的综合分值,确定了最优布局区域。陈伟等(2013)应用 GIS 空间统计和 Vonoroi 图变异系数(CV)分析等方法,研究了大厂县村庄的空间分布特征,分析了村庄布局影响因素,并利用两步移动搜索(2SFCA)算法通过计算各保留村的需求比,来确定农村居民点的迁并方向,该定量模型只是解决迁移村的迁移方向,而没有研究保留村是怎么确定及其相互之间的空间关系。陈上升(2013)构建了中心村选择评价指标,基于中心地理论,以邓州市构林镇为例,对中心村进行了区位选择及优化。孔雪松等(2014)基于点轴理论对大冶市大箕铺镇的村庄布局进行优化,针对道路与地形对村庄的综合作用,构建了面向点-轴空间作用的农村居民点布局优化体系。

耕作半径是影响农村居民点布局的重要因素之一,合理耕作半径的确定是农村居民点布局合理的关键(角媛梅等,2006;杨庆华等,2006;赵恺和惠珍江,2008;武鹏和宗跃光,2008;叶琴丽等,2013)。有些学者基于耕作半径分析进行村庄布局研究。陶冶等(2006)以耕作半径刻画农村居民点撤并中的耕作出行阻力,构建了基于 GIS 的定量分析模型,实证分析农居点撤并的可行性。乔伟峰等(2013)分析了安徽省埇桥区农村居民点与耕地的空间邻接特征和数量结构关系,并运用“均等”和耕聚比的方法分别计算了耕作半径,并得出了两种耕作压力系数的分布,对其进行比较并提出了村庄布局优化策略。唐丽静等(2014)分析了耕作半径的影响因素并确定了耕作半径的决定性因素,以此建立耕作半径计算模型,并测算出了研究区的合理耕作半径,认为与建新村距离为该半径内耕地所涉及的村庄可以作为拆旧村庄向新建村合并。该研究将耕作半径运用到了村庄布局优化中,但其应用范围仅限于在集聚点确定的情况下,以耕作半径作为确定拆迁范围的依据。纵观将耕作半径运用到村庄布局中的相关研究,大多数是将耕作半径作为布局后判断布局是否合理的判距,而并非将其融合进村庄布局的过程中;其他一些研究虽然将其运用到了布局优化中,但具有很大的限制性,处理方法也很简单,比如上述唐丽静等(2014)的相关研究。

三、研究现状简要评述

国外对村庄布局优化的研究起步较早,随着国外相关理论传入中国,国内对村庄分布及选址的研究逐渐发展起来,研究从零散逐渐变得系统化。早期主要侧重于自然方面的研究,研究方法也主要以定性描述为主。后来,受社会学和经济学的影响以及计量地理学的迅速发展,对乡村聚落的研究范围大大增加,从自然方面的研究逐渐转向社会经济方式及自然环境、经济社会和历史发展综合研究;研究方法也从定性描述向定量分析发展,使得相关研究更为科学客观。定量分析的方法主要有空间统计分析、分形理论、景观生态学方法、空间引力模型、Logistic 逐步回归等数学模型以及 3S 尤其是 GIS 技术等。近几年来,运用 Voronoi 图的研究逐渐增多,也出现了运用两步移动搜索算法研究村庄布局的文献但仍缺乏对村庄间空间关系的研究,将适宜性评价和服务半径及耕作半径相结合,进行村庄布局优化的研究,则尚未见相关报道。如何建立模型科学地指导村庄优化布局,确定村庄间合理的空间距离是目前该研究领域的重点和难点。本研究试图将适宜性评价和服务半径及耕作半径相结合,建立村庄布局优化模型,以指导村庄科学合理布局。

第三节　村庄布局优化的理论基础

一、概念界定

(一)村庄的基本定义

村庄,也即农村居民点,又称乡村聚落,是乡村人口生产和生活的场所,是乡村地域空间的人口聚居点(周国华等,2010)。《村庄和集镇规划建设管理条例》对村庄的定义是:"村庄是指农村村民居住和从事各种生产的聚居点。"

在我国,与村庄相关的概念有集镇、行政村、自然村、中心村、基层村等(沈延生,1998)。集镇是指乡、民族乡人民政府所在地和经县级人民政府确认由集市发展而成的作为农村一定区域经济、文化和生活服务中心的非建制镇,是介于乡村与城市之间的过渡型居民点。行政村是一个行政概念,是乡(镇)以下的一级组织,是最基层的一级行政组织,设有村委会。自然村是农村历史中自然形成的村落。在一些地方,自然村和行政村是重叠的;在另外一些地方,一个行政村包括多个自然村,几个到十几个不等;而在少数的地方,一个自然村划分为几个行政村(沈延生,1998)。中心村是农村地区从事农业、家庭副业和工业生产活动的较大居民点,具有为本村庄和附近自然村服务的一些公共福利设施,如学校、医疗点等。基层村,一般是一个或几个村民小组的村民集聚而成,设有简单的生活服务设施,一般人口规模较小,居住区的范围较小。本文中研究的村庄是特指自然村,因为自然村是乡村社会长期以来形成的历史结果,是一种与自然地理条件相适应的社会客观存在,不像行政村带有更多的人为因素干扰。

(二)村庄布局的含义

不同类型的物质在其空间上都存在反映,把具有一定条理性和规律性的反映称为空间布局(石坚,2001)。村庄也存在着特定的空间布局,显示出显著的规律性。村庄空间布局是村庄在其存在空间上的位置及其相互关系的反映,是多种影响因素共同作用的结果。本研究中的村庄布局是指村庄位置及其与周边村庄在空间位置上的结构关系,反映一定区域内村庄的整体分布特点。

二、主要理论依据

村庄布局优化主要的理论依据是农村聚落地理理论、规模聚集经济理论、区位理论和人居环境科学理论以及景观生态理论等,其中比较重要的是农村聚落地理理论和规模集聚经济理论。农村聚落地理理论认为一定地域范围内的村镇不是孤立的,它们以某种内在联系(如服务功能)结合为一个有机的整体,基层村庄从高一级的聚落获得生产生活用品和各项服务(金其铭,1989)。村镇的形成和发展,是以一定地域的自然、经济、社会条件为基础的,在村庄整治规划和村庄建设中选择新建聚落的位置或未来重点建设的村庄应以相应的地域为依据。农村聚落地理的相关理论,对因时因地制宜、科学合理安排一个地域内的村庄布局,充分利用各项有利条件及改造不适宜的部分,促进美丽乡村建设具有一定的指导意义。规模经济是由新古典学派马歇尔最早提出来的(赵瑞茂,2010)。该理论认为,在规模扩张的开始阶段,生产规模的扩大使长期平均成本下降,从而获得较高的经济效益,叫作规模经济;但生产规模扩张到一定程度后,如果继续扩大生产规模就会使长期平均成本上升而使经济效益下降,叫作规模不经济(朱善利,2003)。通常可以用 U 形曲线图来表示规模经济,曲线的最低点为"最小最佳规模"。根据这一理论,传统的乡村区域被认为是位于这一曲线向下的斜坡上,所以随着村庄规模的扩大,村庄的服务设施的使用效率得到提高,服务设施的成本费用将朝最低点的方向移动(朱槐文,2010)。所以,村庄适度集聚有助于提高服务设施的投资效益,从而使村民的生活有所提高;同时,通过村庄集聚也能够促进农地的集聚,从而促进农地规模经营,提高农业生产效率,这是美丽乡村建设过程中调整村庄布局的重要依据之一。

三、村庄布局影响因素

影响村庄布局的因素主要有自然因素和社会经济因素。自然因素主要包括地形地貌、气候、水文、地质、特殊资源等。自然因素是村庄形成和发展的基础,规定了村庄的初始格局,在村庄的空间布局演化中充当更多的是限制性的角色。村庄的选址一般要求具有良好的气候、水源、有利的地形和规避自然灾害等。因此,在一些自然条件较差的地区的村庄规模和密度都比较小,而在自然条件较优越的地区,村庄的规模与密度都比较大。社会经济因素为村庄空间布局演变提供了现实基础,相对于自然因素,社会经济因素是村庄分布的主动因素(龙花楼等,2009)。社会经济因素主要包括人口规模、经济发展、区位条件、政策制度因素等。社会文化因素通常通过影响人的行为而对村庄布局起作用。传统的乡村文化有助于形成统一的精神核心而增强村庄的向心力(胡最等,2013)。地缘和血缘关系深刻作用于村庄成员的集聚意向和心理认同感,成为传统村庄布局演变发展的重要影响因素。随着城乡文化的交融,农村居民的观念也被潜移默化地影响,进而影响着其空间行为,导致村庄布局的演化(李立,2007)。

村庄的选址与布局是与人类社会的发展水平密切相关的,在不同的历史发展阶段,人们对于村庄选址和布局的环境取向是不同的,因此村庄选址布局的影响因素以及各因素的影响程度并不是一成不变的。在生产力水平低下的原始社会时期,人类主要是通过采摘狩猎等方式生存发展,这种生存发展方式对自然环境的依赖性很大,因此聚居点主要分布在自然条件优越的地方:有丰富的食物资源,以便维持生存发展;靠近水源,以便取水并利于农业生产;位于河流交汇处,便于交通;位于河流阶地上,这里有肥沃的土壤且能防洪。随着社会的发展,社会科技水平不断提高,人类开始摆脱自然界的束缚,与人类社会发展阶段对应,人类在村庄选址和布局上表现出了明显的阶段性演变。在近代社会,经济的发展表现出了明显的地域差异,村庄的选址和布局也随之出现了不同的风格,基本呈现出如下格局:区域间经济发展的差异,使得区域之间的沟通成了区域经济发展和居民生活质量提高的影响因素,所以村庄选址和布局的重要条件之一是交通便利;由于现代科技产品的生产过程在一定程度上已逐渐不依赖于资源分布区,提高效益的重要经营方式变成了规模生产,相对应地,聚落也已由点状分布过渡到面状分布;由于市场取向的需求,在发达地区,村庄要求全方位开放,以使人流物流能够顺利地进入社会系统,所以沿交通线分布的线状布局成了较理想的村庄格局,而在欠发达地区,村庄的分布对于资源仍有较大的依赖,依然呈现出随机分布的聚落格局。在当前城乡一体化发展的趋势下,村庄格局趋于面状分布,受到来自交通条件、市场需求、工业布局、人口分布等经济发展因素的深刻影响,产生了多种取向:现代交通取向、现代市场取向、资源与能源取向以及现代景观风水取向等。

第四节　村庄布局优化模型构建

一、模型建构总体思路

村庄作为乡村人地关系的集中表现,是农村人口生产、生活和日常交流等各种功能的综合载体(廖荣华,1997),是一个涉及经济社会和技术的系统工程,也是一个包含着经济社会资源和空间等多种配置变化的复合过程。另一方面,随着社会经济的发展,村庄的同质同构性减弱,不同条件的村庄的发展出现了分化。资源禀赋、区位、经济等条件不同的村庄的发展出现了分化。一些条件好的村庄逐渐从单一的农业经济发展成为工农商混合型经济,村庄不断发展;而一些条件差的村庄,集体经济缺乏活力,农业收益低,很多村民外出打工,农业人口向城镇转移,村庄逐渐衰退消亡。村庄集聚客观上要使部分自然条件好、区位条件好、经济实力较强、配套设施建设较完善的村庄成为较大范围内人口和经济活动的集聚地。

因此,村庄的优化配置过程必然要进行村庄用地适宜性评价,评价的结果为村庄布局调整工作提供重要的依据,引导村庄的合理演化。正如土地适宜性评价是土地合理利用的基础、土地利用结构调整与布局优化的基础,村庄用地适宜性评价是村庄布局调整优化的基础。村庄布局的首要工作就是确定哪些村应该要搬迁,哪些村应该要保留,哪些村是未来重点建设的村庄,这就要根据美丽乡村建设规划的要求,将某一具体村庄的用地现状和社会经济条件与村庄拆迁合并的要求进行匹配并确认其适宜值。评价的结果是确定迁村并点中搬迁村和保留村的依据,为村庄的空间布局调整打下了基础。

但是,一方面,如果仅仅考虑村庄用地适宜性评价的结果,保留适宜值高的村庄,搬迁适宜值低的村庄,村庄布局就可能出现适宜性值高的保留村集中布置的现象,这也可能会出现一系列问题,保留村庄间过远,给村民的耕作出行带来不便,也不利于周边搬迁村享受保留村的服务设施,使其难以接受保留村的辐射,影响村民的生产生活,影响村庄的发展。另一方面,如果仅仅进行适宜性评价,当很多村庄的适宜性评价得分都比较接近、差距不显著时,如何选择保留村和搬迁村就会有一定的困难,容易产生争议。所以,村庄布局优化不仅要考虑村庄的自身条件,还要考虑村庄之间的空间关系,限定保留村庄之间的距离,使得保留村庄间具有合理的间距,而达到适度集聚的目的。可见,村庄布局优化工作对村庄用地适宜性和村庄距离两者都有要求,为了更加科学地指导村庄布局优化,需要构造能同时满足上述两者要求的模型。村庄布局中保留村和搬迁村的选择是一类选址问题,目标规划能较好地解决这一问题。根据上述思路,本研究将村庄用地适宜性评价和整数规划相结合建立村庄布局优化的目标规划模型,将适宜性评价得到的评价结果作为目标规划的目标函数参数,将保留村庄间的距离作为目标规划的约束条件。这一模型既充分利用了适宜性评价综合考虑多因素的优点,又利用了目标规划处理条件约束的能力。

二、村庄布局优化过程

首先参照城乡规划中的村庄布局模式,本研究将村庄的发展类型初步分为4类:政策保留型、集聚发展型、搬迁撤并型和控制发展型,具体分类见表 6.1。具体优化过程和步骤如下:

表 6.1　村庄发展类型

类型	解　　释
政策保留型	有地方特色和历史文化遗存的村庄
集聚发展型	在村庄用地适宜性评价排名比较靠前的村庄,且满足模型限定的条件。这类村庄一般自然条件较好,村庄经济具有活力,农民人均纯收入较高,具有较好公共设施布置且规模较大的村庄,同时该类型的村庄在空间分布上具有合理的间距,对于农民具有较强的吸引力,对周边村庄起一定的辐射带动作用
搬迁撤并型	在村庄用地适宜性评价排名比较靠后的村庄,它们绝大多数位于地质灾害频发区,地理区位较差,交通条件不便,村庄经济活力不强,农民人均纯收入低,人口规模较小,基础设施和公共服务设施落后等
控制发展型	除去上述三类村庄后余下的村庄,该类村庄发展潜能一般,生活条件和居住环境能基本满足农民的需求。从长远角度看,这类村庄属于过渡类型,未来一段时间仍有存在的必要性,但最终趋势是向集聚发展型村庄聚集

(1)划出根据城镇规划将纳入城镇建设区范围的村庄,布局优化调整时不考虑这类村庄。

(2)划出必须要保留和必须要搬迁的村庄。确定要保留的村庄主要有地方特色和历史文化遗存的村庄,将这类村庄划为政策保留型村庄;确定要搬迁的村庄主要是不适宜人类居住的村庄,如地质灾害频发的村庄、机场净空区、铁路线路安全保护区外的村庄等。

(3)运用模型选出需要集聚发展的村庄。

(4)对于余下的村庄,根据村庄用地适宜性评价结果,对适宜值进行聚类分析,将其分为两类:控制发展型和搬迁撤并型。

(5)针对所划分的不同类型的村庄提出不同的优化方案。

三、集聚发展型村庄布局优化模型构建

(一)目标规划模型的构建

根据上一节的优化模型思路,集聚发展型村庄选择的目标是具有较大的村庄用地适宜值的村庄,并且适宜值越大越好,但同时,对集聚发展型村庄之间的空间距离又有要求,所以要对其间距进行约束(见图 6.1)。据此建立如下的布局优化目标规划模型:

目标函数　$F(X_i) = \mathrm{Max}\left(\sum Q_i X_i\right)$

约束条件　$d_i = \{\mathrm{Min}(d_{ij} X_i X_j)\,, d_i \neq 0\}$

$\qquad\qquad 2D_1 \leqslant d_i \leqslant 2D_2$

$\qquad\qquad i, j \in N, i \neq j$

式中:Q_i 为村庄 i 的用地适宜值;

$X_i = \{1,$ 当 i 村庄被选为集聚发展型村庄;否则 $i = 0\}$;

d_i 是集聚发展型村庄 i 与其邻近的其他集聚发展型的距离,d_i 的含义见图 6.1;

d_{ij} 是各村庄之间的距离;

D_1、D_2 是根据服务半径和耕作半径确定的约束半径。

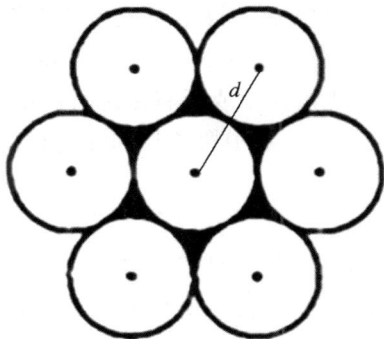

图 6.1　集聚发展型村庄空间关系

(二)规划模型的求解

上述模型是 $0-1$ 整数规划模型,当一个规划模型有 n 个变量时,它的解为由 n 个值为 1 或 0 的元素构成的向量。可以用搜索算法来求解目标规划问题。

搜索算法是利用计算机的高性能来有目的地列举一个问题的部分或所有可能的情况,从而求出问题最佳解的一种方法。搜索算法实际上是根据条件构造问题解空间,并寻找符合目标状态的节点的过程(许少华,2011)。本研究中的

模型的计算思路如下：

（1）按 ID 顺序选取村庄，用以该村庄为圆心，$2D_1$、$2D_2$ 为半径的同心圆（分别记为 C_1、C_2）进行搜索，落在圆环（记为 H_1，由同心圆 C_1、C_2 构成）内的村庄为满足约束条件的元素，同时落在 C_1 内的村庄不进入下一步的搜索；

（2）再按 ID 顺序选取圆环 H_1 内的村庄，以该村庄为圆心，用同样的方法进行搜索，落在圆环（记为 H_2）内的村庄为满足约束条件的元素，同时落在 C_2 内的村庄不进入下一步的搜索；

（3）以此类推，直至约束范围内搜索不到村庄，一遍完整的搜索完成；

（4）重新选择一个村庄为起点，重复前面的步骤，直到所有村庄都作为过起点，算法结束；

（5）在所有满足约束条件的解向量中，适宜值最大的那一组解即为模型的解。

（三）目标函数参数的取得——村庄用地适宜性评价

1. 村庄用地适宜性评价的含义

土地适宜性评价是针对具体的土地利用方式和土地利用类型对土地条件的要求，将其逐个与土地资源类型的性质进行相互匹配并确认其适宜性的过程（刘黎明等，1994）。土地适宜性评价是土地合理利用的基础，是进行土地利用结构调整与布局优化的主要依据之一，在指导合理利用土地资源方面起到了重要的作用，其应用领域也不断拓展。根据对土地适宜性评价的理解，村庄用地适宜性评价就是根据美丽乡村建设规划的要求，将某一具体村庄的用地现状和社会经济条件与农民生产、生活要求或便利性进行匹配并确认其适宜性高低的过程。评价的结果是确定迁村并点中搬迁村和保留村的依据之一，为村庄的空间布局优化奠定基础。

2. 评价单元

选择评价单元有多种方法，包括自然边界法、行政边界法和格网法等。其中，自然边界法能够保证评价单元自然属性的一致性，但是划分的单元过于细碎，导致评价结果比较离散，而且也不易获得社会经济属性。行政边界法按照行政单元划分评价单元，虽然分区概括比较容易，但是，就农村而言，由于农业生产的特性，农村居民会选择居住在自己耕地附近（林毅夫，2006），于是形成了不同的自然村，大多数情况下，一个行政村由多个自然村组成；而且自然村之间也存在着巨大差异，因此很难确定同一个行政单元内的适宜性程度。网格法虽然具有获取资料便利、单元大小控制方便等的优点，但是容易割裂村庄内人与人交往过程中形成的社会关系，不利于拆迁工作的进行。综上分析，村庄空间布局调整的对象应该是自然村，所以本研究选择以自然村作为评价单元。

3.评价思路

村庄用地适宜性评价采用多因素综合评价法。首先将村庄各指标的现实值按一定方法进行量化,再用结构熵权法确定各指标的权重,将各指标的分值乘以相应的权重后进行求和,得出村庄用地的适宜值,适宜值越大说明村庄用地适宜性越大;反之,就越小。多因素综合评价的计算公式如下:

$$P = \sum_{i=1}^{n} L_i w_i \tag{1}$$

式中:P为综合得分值,即适宜值,L_i为第i个评价因子的标准化值,w_i为第i个评价因子的权重。

4.适宜性评价指标选取原则

为了科学地建立村庄用地适宜性评价指标体系,在指标选取时,应当遵循以下几项原则。

(1)综合性原则。村庄布局受自然生态环境、社会经济等多方面因素的影响,因此,保留村庄和搬迁村庄的选择需要建立一套综合性的、多层次的、具有足够覆盖面的指标体系。

(2)可比性原则。指标内涵在各区域之间具有普适性。也就是虽然各地的指标数据分值不同,但是指标的含义相同,以便于进行横向比较。

(3)代表性原则。村庄用地适宜性涉及的每一个因素可以用不同的指标直接或者间接表示。代表性原则就是从大量的指标中选取最合适的指标表示这一因素,避免指标内涵的重叠、交叉。

(4)可操作性原则。构建指标体系的目的在于应用,纳入指标体系的各项指标必须从现实状况出发,概念明确、内容清晰,能够有效地运用于实际分析,尽可能选取概念完整、内涵明确、易于为社会各界接受、数据采集方便、来源可靠的指标,充分考虑数据资料的可得性或可测性,使所选择的指标在实际应用统计过程中具有可操作。

5.适宜性评价指标体系建立

根据上述的指标构建原则,遵循村庄建设安全性、保护性、方便性、经济性和永续性等原则(张强,2007),并结合研究对象的实际情况,选择自然条件、村庄规模、经济发展水平、区位条件、生活设施状况、发展态势等六个方面建立村庄用地适宜性评价指标体系(见表6.2)。其中自然条件包括坡度、高程和地质灾害等三个指标,村庄规模包括村庄人口规模和村庄用地面积等两个指标,经济发展水平包括农民人均纯收入和村集体经济收入等两个指标,区位条件包括距主干道距离和距县城距离等两个指标,生活设施状况包括基础设施健全度和公共服务设施占地面积等两个指标,发展态势包括房屋空置率和长期外出务工人员比重等两个指标。现将有关指标的含义分析如下。

表 6.2　村庄用地适宜性评价指标体系

准则层	自然条件	村庄规模	经济发展水平	区位条件	生活设施状况	发展态势
指标层	坡度	村庄人口规模	农民人均纯收入	距主干道距离	基础设施健全度	房屋空置率
	高程	村庄用地面积	村集体经济收入	距县城距离	公共服务设施占地面积	长期外出务工人员比重
	地质灾害	/	/	/	/	/

（1）自然条件

自然条件构成了农村的基本生产生活环境,自然条件反映了自然因素对村庄建设的限制性及其对人类居住的适宜性。自然条件的好坏对村庄用地的适宜性具有重要的影响,良好的自然条件有助于村庄的发展,而恶劣的自然条件则会遏制村庄的发展,具体因素主要包括以下几方面:

①坡度。一般情况下,随着坡度的增加,村庄的分布面积逐渐减小,村庄的空间分布也相对分散。在相对平缓的区域,适宜农业耕作以及人类居住,容易实现规模经营和机械化生产,也有助于生活设施的修建;随着坡度的增加,土地变得细碎化,可供居民居住和进行农业生产的大片成块土地变少,水土流失程度也随之增加。适宜或者较适宜人类居住的是坡度不大于 15°的区域,同时这也是农业生产的理想坡度带,坡度超过 25°的区域就基本不适宜人类居住了(张霞等,2012)。

②高程。一般情况下,随着高程的增加,村庄的分布面积也呈现减小的趋势。因为地势的高低格局深切地影响着土地资源开发的难易程度,通过对水热条件再分配的方式对土地利用方式产生影响,制约农业发展和村庄的拓展。在海拔相对较高的山地进行建设会加大建设成本。

③地质灾害。地质灾害是影响村庄用地安全的最大的限制因素,给居民的生产和生活造成严重的威胁。

（2）村庄规模

村庄规模包括村庄人口规模和村庄用地面积。一般情况下,村庄人口规模越小,其搬迁成本越小,就越适宜搬迁。村庄用地面积越大越有利于规模效益和集聚效应的形成。

（3）经济发展水平

经济发展水平反映了农村发展的活力和农民生存的基本保障,影响着村庄可持续发展的能力,经济发展水平越高,对资源的利用程度越高,对外来资源和外来人口的吸引能力越强。在经济因素中,农民人均纯收入是反映村庄经济发展水平的一项重要指标。农民人均纯收入和村集体经济收入越高,其对于村庄建设的资金支持能力就越大,这将有利于改善村民的生活质量。另一方面,富村合并穷村可以在一定程度上带动穷村的发展,缩小贫富差距。

(4)区位条件

区位条件反映区域活动中心对村庄的辐射作用的大小以及交通对村庄发展的影响程度。区位条件在很大程度上决定了各个村庄的发展潜力。村庄择址的出发点是基于其主导功能的发挥,随着村庄功能作用的变化,村庄对于位置的要求也发生变化。在当前,农村的社会经济和文化生活趋于多元化,从而要求村庄的位置要有利于其多元化的发展,而布置在趋于城镇和运输便利的地点。

①距主干道距离。交通条件是村庄最初形成的重要条件之一,村庄周边的交通运输线尤其是县级以上等级公路是村庄与外界进行物质、能量和信息交流的媒介,影响着人们的经济活动,是影响村庄经济发展水平的重要条件之一(姜广辉等,2007)。距离道路越远的村庄,其接受辐射的能力也较低。同时,接近道路有助于居民的通勤便利,方便生活生产,也使村庄能够更好地接受物资和信息。在当前快速城镇化的背景下,多数从事非农业的农村居民在村外工作,便利的交通能够提高非农生产活动的效率。在快速城镇化过程中,道路对村庄的空间布局演变产生了重要影响,相关研究表明(董春等,2005),现代民宅趋向于交通路线和集镇中心等辐射性强的地段集聚的态势。

②距县城距离。县城作为整个县域的政治、经济和文化中心,其辐射力影响着整个县域,运用村庄距县城的距离远近来刻画其接受区域活动中心辐射能力的大小。

(5)生活设施状况

生活设施状况和居民的生活息息相关,一定程度上反映了村庄发展的完备程度,反映了农民生活水平。随着农村社会经济的发展,农民的温饱问题得以解决,开始追求更高质量的生活,基础设施和公共服务设施水平成为农民选择居住区所考虑的因素之一。同时选取这个指标时考虑了村庄建设经济性,保留村庄的基础设施和公共服务设施越完善,在进行新农村建设时所需的基础设施和公共服务设施资金投入需求就越小,有助于资金的节约。选取基础设施健全度和公共服务设施占地面积来反映村庄的生活设施状况。此外,公共服务设施水平高的村庄具有较强的集聚能力。

(6)发展态势

一切事物都是处在运动发展之中的,村庄也是如此。有的村庄会逐渐衰落乃至消亡,而有的村庄则不断兴旺。通过发展态势这一指标来反映村庄逐渐衰落的趋势,并选取房屋空置率和长期外出务工人员比重来具体反映村庄的发展态势。在农村社会中,居民人口及劳动力结构的变化是农村聚落系统发展和变化的主要动力。村庄是人地关系的核心表现,人是村庄发展最活跃的因素,村庄的发展需要生活在其中的人来维系,随着人的不断减少以及离开村庄趋势的加强,村庄逐渐缺乏发展活力,而容易逐渐衰落或消亡。在当前城镇化、工业化快速推进的背景下,非农就业机会增加,在农业比较效益降低的刺激下,大量的农村劳动人口向非农产业转移、向城镇转移,村庄空置废弃现象突出,不利于村庄的集约节约利用。房屋空置率反映人口离开村庄的趋势,数值越大说明村庄对人口的吸引力越弱,村庄越容易出现衰落现象;长期外出务工人员比重反映了村庄自下而上的城市化能力,该比例越大则村庄城市化能力越强,其人口减少的趋势就越强,那么该村庄就越不宜保留(陈有川等,2009)。

6.评价指标的量化

(1)指标量化

指标量化是根据评价对象的用地条件要求,对村庄用地适宜性评价指标体系中的各个评价指标进行赋分,使这些指标能够正确地反映其在该村庄用地中适宜程度。根据各评价指标的性质差异采用不同的量化方法,这些量化方法主要包括等级划定法、统计分析法和空间分析法等。

①等级划定法。等级划定法主要用于对离散型指标进行量化,综合根据各指标对评价目标作用程度分异区间、专家知识等对指标划定不同的等级,然后根据划定的等级进行赋分。

②统计分析法。统计分析法是利用数理统计的方法对指标进行量化,找出评价指标的作用规律,分析其对研究对象的影响,重在处理指标的数量关系。

③空间分析法。空间分析法是借助于 ArcGIS 的空间分析功能,对某些空间扩散性指标进行量化的方法。

(2)指标标准化

由于不同指标值间的单位或量纲不同,不能进行直接比较,需要对指标值进行标准化,将数据转化为无量纲的纯数据,去除单位或量纲的限制。指标标准化是将数据按照一个统一的比例进行缩放,将所有的数据都归入一个特定的区间。本文的指标标准化运用广泛应用的极值标准化法,采用百分制,使指标得分数据在 0~100 变化,0 分表示最不适宜,100 分表示最适宜。

对于正向指标,采用的标准化模型为:

$$L = 100 \times \frac{x - x_{min}}{x_{max} - x_{min}} \tag{2}$$

对于反向指标,采用的标准化模型为:

$$L = 100 \times \frac{x_{\max} - x}{x_{\max} - x_{\min}} \tag{3}$$

式(2)(3)中：L是指标标准化后的得分，x是某个评价指标的属性值，$x_{\max}$是某个指标的最大属性值，$x_{\min}$是某个指标的最小属性值。

（3）指标权重的确定

在村庄用地适宜性评价指标体系中，各个指标所发挥的影响程度是不完全相同，需要给各个指标赋予适当的权重。本研究采用结构熵权法来确定各指标的权重。

结构熵权法（程启月，2010）是一种主观赋权法与客观赋权法相结合的方法。该方法结合了德尔菲专家调查法和模糊分析法，形成"典型排序"，对"典型排序"进行"盲度"分析，以减少"典型排序"的不确定性。其基本思路如下：分析系统指标及其相互关系，并将其分解为若干个独立的层次结构，通过采集专家意见的德尔菲专家调查法和模糊分析法相结合，对指标的重要性形成"典型排序"，用熵理论对"典型排序"结构的不确定性进行定量的"盲度"分析，对可能产生潜在的偏差数据统计处理，得出同一层次各指标的相对重要性排序，从而确定每一个层次同类指标的重要性数值，即指标的权重。具体的计算步骤将在下章实例运用中展开阐述。

四、约束条件的确定

村庄是农村居民居住和从事各种生产活动的聚居点，村庄的空间布局是由人的两种最基本和最重要的活动——生活和生产决定的，对村庄的首位要求应该是要满足居住在其中的村民的生活居住和生产需求，所以村庄空间布局应该适应农村居民的生产生活方式并随其变化而转型（张强，2007），村庄布局要体现"以人为本"，以"利于生产，方便生活"为原则。就生产而言，分散状布局的村庄导致农地规模过小、效益低，使农民对耕种土地失去积极性，出现粗放经营乃至撂荒的现象。同时，农地规模过小限制了农业机械化的发展，不利于农业产业化和现代化。所以要通过村庄集聚，适当扩大耕作半径，以此促进农地利用率的提高和农业生产效率的提高。就生活而言，村庄分散布局，规模过小，不易集中配置农村基础设施、公共配套设施，使得设施配置的效益过低，增加了农村基础设施、公共设施配套建设的难度。因此，村庄适度集聚，扩大服务设施的服务规模，降低设施的运营成本，提高设施配置效益，从而提高村庄的服务水平，促进农村居民生活质量的改善。集聚村的规模取决于耕作半径和服务半径的长短，半径越长，聚集村的规模越大；反之，则越小。因此，村庄的布局充分考虑农村居民的生产生活便利性，要以耕作半径和设施服务半径为标准进行合理布置，使得村庄布局更加符合农村的实际发展状况。

（一）耕作半径

耕作半径通常指从村庄到耕作区的空间距离（空间半径），有时也用农民到达耕作区所消耗的时间长短来表示（时间半径）（角媛梅等，2006）。耕作半径是经过长久的历史发展而形成的，在农业发展的不同阶段，其包含的意义也有所不同，并且与村庄的分布密切相关。在传统的农耕社会，农业生产是农民生活的唯一保障。此时的农业生产水平也很低，主要依靠人力和畜力作业，劳动力投入的多少是影响农业产量的关键因素，所以，农民主要以方便农业生产和利于田间操作管理为原则选择住区，从而形成了村落在农地周围小规模分布的格局。这一时期，耕作半径多以空间半径表示，而时间半径的含义不明显，因为村落离农地的空间距离相对较短。随着社会经济的发展，农业生产趋于机械化，大大提高了农业生产水平，农业生产不再是农民的唯一生活保障；随着生活水平的提高，农民有了改善居住条件的需求，村庄的规模有所扩大，也存在村庄从分散到合并的趋势，居住环境和建设条件成为选址时的主要考虑因素，同时农民的出行方式也发生了变化，于是空间半径的意义减小，而时间半径的含义日益突出。本文所指的耕作半径也是以时间半径来考虑。

确定耕作半径标准，有必要对影响耕作半径的因素进行分析。耕作半径的影响因素有很多，国内很多学者也对此做了研究。针对村庄拆迁合并中的时间半径，本文认为影响因素主要是影响出行时间的因素，包括地形条件、交通状况、出行方式等三类。

1. 地形条件

地形主要对出行距离产生影响。地形对于耕作半径的影响在于不同的坡度下，地势起伏不同，使得在相同的出行距离下，两点间的水平距离存在差异。对于地势平坦的地区来说，两点间的水平距离近似实际的出行距离；而对于地势起伏较大的地区来说，由于坡度的存在，两点间的水平距离小于实际的出行距离。不同的地势条件也会影响交通设施的状况。地势平坦的地区交通设施多为直线，而地势起伏较大的地区交通设施多为曲线的道路，增加了出行的距离。此外，地形条件还会对出行方式产生影响，不同地形条件限制了交通工具的选择。

2. 交通状况

交通状况主要对出行速度产生影响。比如道路的宽窄不同导致不同的疏堵情况，从而影响行进的速度；不同等级的道路能承载的出行交通方式不同也使得出行速度产生差异。此外，农村道路覆盖越广出行距离越短。

3. 出行方式

出行方式也影响出行速度，交通方式不同速度不同。随着社会经济的发展,农村居民的出行方式已由原来的步行、畜力发展为步行、自行车(人力三轮车)、摩托车等,不同的交通工具速度不同而使通行的时间不同。参考相关研究成果(唐丽静等,2014),不同出行方式的出行速度如表6.3所示。

表 6.3　不同出行方式的出行速度

出行方式	步行	自行车	摩托车
速度(m/min)	80	200	600

总之,无论耕作半径的影响因素如何,最终都以农村居民可接受的最大出行时间来确定耕作半径,以耕作出行时间乘以耕作出行速度而得。

（二）服务半径

服务半径是从农村居民的生活方面来评价村庄布局合理的重要标志,即在镇域范围内各保留村对居民生活方便产生服务影响的地区范围。保留村要承担一定范围内的农村生活服务功能,使周围村庄能便利地享受生活服务设施,实现服务设施共享,提高农村居民的生活质量,同时带动周围村庄的发展。所以,搬迁村和保留村之间的距离不能过远而超出保留村的辐射范围,根据设施的服务半径来确定保留村之间的合理距离。随着农村居民生活水平的提高,其对生活质量的要求提高,除农活外,他们要求有更多的文化娱乐活动,能够方便地购物以及就医等,服务设施的建设得到了更多的关注,保留村的吸引力主要体现在新村的生活服务设施水平,以完善的服务和可达的距离来增强村庄之间的认同感。搬迁村共享集聚点(保留村)的公共服务设施促进搬迁村和保留村之间的交流,有助于两者的融合,从而促使拆迁并点工作更加顺利地开展。

村庄级别的服务设施包括幼儿园、小学等科教类,诊所卫生室等医疗卫生类,文化站、老年活动中心等文化娱乐类等。对于村庄级别的服务设施,从缩短行程、节约资源的角度考虑,其服务半径为1000米,即步行适宜距离(walkable distance)(Cutts et al.,2009)。

第五节　实证研究

一、研究区概况

（一）地理位置

研究区流泗镇地处江西省九江市湖口县的东北部,距湖口县城16千米,距九江市36千米,位于东经116°8′,北纬29°30′,东与彭泽县交界,南与大垅乡接壤,西面与凰村乡毗邻,北濒长江,与安徽省宿松县隔江相望。

(二)自然条件

1.水文与气象

流泗镇属北亚热带湿润气候,四季分明,年平均气温为17.4℃,极端最高气温40.3℃,极端最低气温-10℃,常年无霜期258.8天。流泗有明显的季风,风投多为夏南冬北。全年平均风速为每秒3.2米(二级)。风向、风力极不稳定,盛夏季节常有雷雨大风。

本镇年平均降雨量为1398.7毫米,降雨量集中于4—6月,占全年降雨量的45%。四季雨量分布不均、差异悬殊,春夏潮湿,秋冬干燥。年降雨量最大为1883.2毫米,年降雨量最少为776.4毫米(1978年),年日照时数最多为2302.3小时,最少为1444.3小时。

2.地形与地势条件

流泗为丘陵垄地和河港相间地形,地形相对高差不大,但受洪水威胁较大。镇区内地下水较为贫乏,其土质以第四纪亚黏土为主。地质结构较为复杂,为7度地震设防区,是江西省重点地震设防区之一。

3.自然资源状况

土地资源:流泗镇镇域土地面积约为65公顷。其中:耕地面积占29.3%,山地面积占18.8%,水域面积占3.2%,草地、坡地、砂石地共占10.3%,荒坡地占28.1%,其余为道路及村民住宅用地。土层厚一般为35～40厘米,肥力中等,偏酸性。荒坡绝大部分为三级土壤,宜发展种植业,分布在全镇15个行政村,以棠山、扬山、江山为最多。

淡水资源:流泗镇水域面积209.33公顷。黄茅潭水面及支港贯穿全镇7个行政村,面积为208公顷。地下水由于受基岩断裂构造发育程度控制,年可利用水量不大,属地下水贫水地区。

动、植物资源:流泗镇属半丘陵地区,人多地少,部分荒山用于种植农作物,森林覆盖率低。除仅有的扬山、棠山、包公山等部分山脉有少量的非珍稀动物外,没有其他发现。树种资源300余种,目前推广栽培的20余种,珍稀、珍贵树种如樟木、银杏等少量见于村民的房前屋后,动植物资源十分贫乏。

矿藏资源:矿产资源以矽砂(分布在砂州)、粗砂(长江沿岸和永和、长棉、砂洲)为主,尤其以矽砂蕴藏量丰富。除此之外,其他还有石灰石、瓷土等,长棉村发现有天然气,储量不明。

(三)经济社会条件

1.行政区划与人口

2013年底,全镇总人口为33150人,总户数为7445户。其中农业人口为29646人,占总人口数的89.4%。全镇镇域辖流泗镇镇区和流泗、长江、江山、棠山、杨山、基坞、红枫、长垄、金山、菱塘、红星、西塘、莲花、竹涧、东风 15 个行政村，包括 193 个自然村。

2.经济发展

2013 年年底，流泗镇 GDP 为 45489 万元，人均 GDP 为 13722 元，第一、二、三产业三类产业结构比重为 51∶34∶15。

农业：以棉花、油料、粮食为主，兼种花生、黄豆、红薯，盛产螃蟹、青鱼，果木有梨、桃、桔、柿、板栗等以及农副产品。耕地面积 1889.67 公顷，近几年来，农村耕地不断减少。

工业：流泗工业企业起步早，基础扎实。原九江曲轴厂、湖口建筑陶瓷厂、湖口合金厂，曾享誉省内外，均属省级先进企业和省乡镇一级企业。省、部优产品 10 个，畅销全国各地。个体私营企业也正在蓬勃发展，工业小区正逐步形成。集镇基础设施配套齐全：建有 35kV 输变电站、日产 1000 吨地下水自来水厂；拥有程控、移动、传真、寻呼等现代通信设备；有线电视、调频广播覆盖全镇；文体、餐饮、娱乐等服务设施应有尽有。街道的亮化、净化、绿化工程正在完美之中。

二、数据源与数据处理

（一）数据源

本研究以 2013 年流泗镇的土地利用现状图（1∶10000）作为数据基础，还收集了流泗镇总体规划、地质灾害易发程度分区图、高程等级图、坡度等级图等，以及各自然村的社会经济统计数据（人口规模、村庄用地面积、农民人均纯收入等），以分析流泗镇村庄布局现状和进行布局优化研究。具体的数据来源及用途如表 6.4 所示。其中，自然村的相关数据通过向各个行政村的会计调查而得。

表 6.4　研究数据来源及用途说明

数据类型	时间	来源	用途
土地利用现状图	2013 年	湖口县国土局	提取村庄用地信息
地质灾害分布图	2011 年	湖口县国土局	村庄用地适宜性评价
城市总体规划	2011 年	湖口县国土局	
高程等级图	2013 年	湖口县国土局	
坡度等级图	2013 年	湖口县国土局	
社会经济统计数据	流泗镇政府及各行政村会计		

（二）数据预处理

在进行分析前，对所获取的数据进行预处理，包括从土地利用现状图中提取出村庄用地信息、道路信息等，将各类 CAD 文件分层分类进行空间数据转换，对社会经济数据与土地利用现状数据进行属性连接，使表格数据空间化，以便以后处理。

村庄用地图斑进行以下数据预处理：

①图斑合并：在土地利用现状图上存在一个自然村由多个图斑构成的现象，因为要分析自然村整体的情况，所以需要对这些图斑进行合并。

②村庄用地提取：从上步经过图斑合并的图中提取村庄用地图斑。

③村庄中心点提取：为了研究方便，本文在村庄布局优化模型运行时，提取村庄图斑的几何中心代表该村庄。

三、村庄布局现状特征分析

分析村庄现状布局是对村庄布局进行优化的前提，运用景观格局指数分析法定量分析村庄现状布局特征，再定性描述村庄现状布局中存在的问题。

（一）景观格局指数分析

村庄是由大小不同、形状各异的图斑组成的景观，利用景观格局指数分析方法能很好地描述村庄斑块的大小、形状及分布特征，从而为村庄布局优化提供决策依据。

进行景观格局指数分析的步骤如下：①使用 ArcGIS 从土地利用现状图中提取农村居民点信息；②利用 ArcGIS 中的矢量转栅格工具，将提取的农村居民点矢量数据转换为 Grid 格式；③使用景观格局分析软件 Fragstat 进行景观格局指数分析。

本研究选取如下景观格局指数（邬建国，2000）来分析村庄图斑特征：CA 斑块总面积，景观村庄斑块面积的总和；MAXP 最大斑块面积；MINP 最小斑块面积；NP 斑块个数，景观中所有斑块的数量总和，揭示景观被分割的程度；MPS 平均斑块面积，PSSD 斑块面积标准差，MSI 平均斑块形状指数，其值越接近于 1 说明其形状越接近于正方形；FRAC 平均斑块分维数，度量边界的复杂程度，取值范围 1～2，值越大说明斑块边界越复杂；MNN 平均邻近距离，斑块到同类型斑块的最近距离之和除以具有最近距离的斑块总数，值越大表明同类型斑块间的距离远，反之则距离近（见表 6.5）。

表 6.5 2013 年流泗镇村庄景观格局指数

CA（公顷）	MAXP（公顷）	MINP（公顷）	NP（个）	MPS（公顷）	PSSD（公顷）	MSI	FRAC	MNN（米）
416.97	17.89	0.06	228	2.10	2.60	1.46	1.08	64.96

根据表 6.5，从以下两个方面来进行景观特征分析：

1. 斑块数量及规模分析

流泗镇村庄斑块数量为 228 个，斑块总面积为 416.97 公顷，最大斑块面积为 17.89 公顷，最小斑块面积为 0.06 公顷，最大斑块面积与最小斑块面积差距大；斑块面积标准差为 2.60，斑块面积变化程度较大，平均斑块面积是 2.10 公顷，小于这一平均水平的斑块总面积是 107.90 公顷，占村庄斑块总面积的 25.88%，处于这一范围的斑块数量是 139，占总斑块数量的 60.96%，表明村庄斑块呈现规模小、数量多的分布状态。

2. 景观特征分析

流泗镇村庄用地平均斑块形状指数为 1.46，与 1 相差较大，斑块形状与正方形相差较大；平均斑块分维数是 1.08，与 1 接近，说明村庄斑块形状较为规则，空间结构稳定。平均邻近距离为 64.96 米，说明村庄斑块间距较小。

（二）村庄现状布局存在的问题

1. 村庄规模大小不一，数量多，布局分散

由景观格局指数分析可知，村庄斑块的面积差距非常大，同样，各自然村的面积相差也非常大。最大的村庄的面积是 18.15 公顷，最小的村庄的面积是 0.097 公顷，最大面积是最小面积的近 200 倍。运用 ArcGIS，对村庄属性表中的"村庄面积"作"Statistics"，可以得到村庄面积的频数分布直方图（见图 6.2），横坐标是村庄用地面积，纵坐标是面积对应的村庄的数量，频数分布直方图能

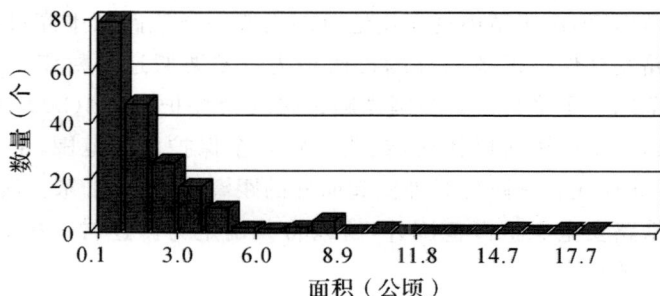

图 6.2 村庄面积频数分布直方图

直观地反映不同面积范围内的村庄分布数量。全镇共有 228 个村庄用地图斑，193 个自然村，从图 6.2 中可以看出，规模小的村庄占大多数。从上小节的景观指数分析中可知，村庄斑块平均面积是 1.83 公顷，平均面积偏小，而同时规模小于平均面积的村庄斑块数量多达 139 个，可见整体破碎化程度较高，村庄布局呈现出不规则的满天星式的分散布局形态。布局分散的村庄分割农用地尤其是耕地，而使农业耕作细碎化，阻碍了农业规模经营。

2. 村庄用地粗放，空心村现象严重

随着城市化和工业化的加速推进，村庄内长期外出劳动力不断增加，而有些农户则迁出农村，定居城市，但他们在农村仍然保留着宅基地，于是出现大量闲置的房屋，造成了土地资源的极大浪费。据调查，镇内房屋空置率大于 15% 的村庄个数有 85 个，占村庄总数的 44%；而空置率大于 20% 这一预警线的村庄个数有 60 个，占村庄总数的 31%。

3. 村庄的功能不全

村庄中文化、教育、卫生、娱乐等服务设施缺乏的现象普遍，村庄的功能不全、自我服务的能力较低。农村公共服务设施只包含有村委会办公室、卫生室、小学和健身器材场地。其中，每个行政村都设有村委会办公室；全部村庄中只设置了一个农村卫生室；原来每个行政村都设有一个小学，但是随着学生数量的减少，一些村庄的小学被关闭，目前，仍在教学使用的小学只有 5 所；健身器材场地也不是每个村庄都有，193 个自然村中只有 19 个村具有健身器材场地。公共服务设施的匮乏尤其是现代文体活动设施的匮乏，难以满足农村居民日益增长的文化需求，影响了农村居民的生活水平，可待改善。

四、目标函数参数——村庄用地适宜值的确定

在进行村庄用地适宜性评价前，首先确定一定要搬迁和一定要保留的村庄。对流泗镇而言，由于镇内村庄用地范围内有一条铁路从中穿过，安全起见，要将位于铁路安全保护区范围外的村庄划为一定要搬迁的村庄。关于铁路安全保护区的范围，《中华人民共和国铁路运输安全保护条例》（2005 年 4 月 1 日起施行）指出，对于村镇居民住区，铁路线路安全保护区的范围，从铁路线路路堤坡脚、路堑坡顶或者铁路桥梁外侧起向外的距离不少于 12 米。流泗镇共有 9 个村庄位于铁路安全保护区范围外，所以将其确定为搬迁村。接下来，进行村庄用地适宜性评价。

（一）评价指标值的获取及量化

通过相关的统计资料、实地调查资料和 ArcGIS 空间分析获取各指标的真实值，并通过数据分析、专家咨询、参考已有研究等方式对各指标的真实值进行

量化处理及标准化处理,其中标准化的方法采用本章第四节中的标准化公式
(2)(3)进行处理,具体如下:

1. 坡度

将坡度等级图与村庄现状图进行叠加分析,获得每个村庄的坡度等级。坡度等级采用坡度等级图中的分级,等级按顺序用数字 1—5 表示(坡度分级见表6.6),然后对各村庄的坡度等级值做极值标准化,由于坡度是负向指标,所以利用公式(3)进行标准化处理,标准化后的坡度等级图见图 6.3,实际村庄的坡度等级只包含 1,2,3 等,所以图中只有三个标准值。

表 6.6　坡度分级

坡度范围(°)	≤5	5～10	10～15	20～25	>25
等级	1	2	3	4	5

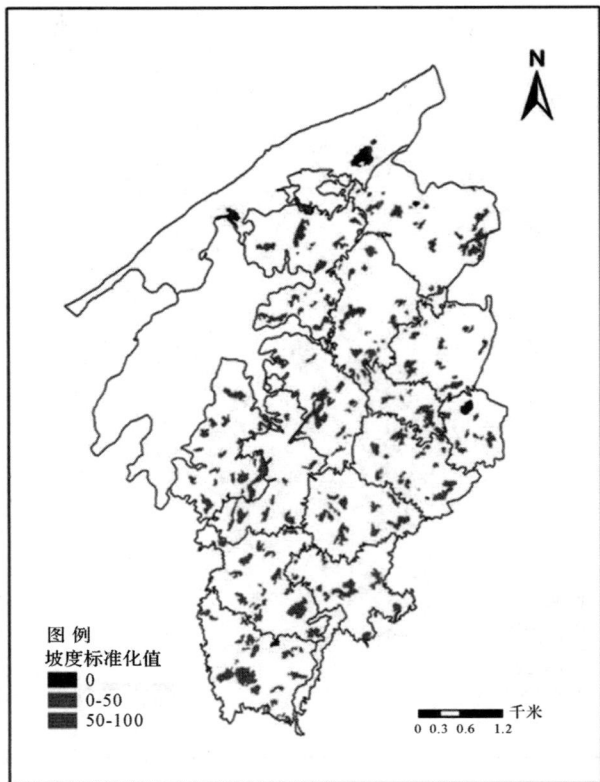

图 6.3　流泗镇村庄坡度等级

2.高程

　　将高程等级图与村庄现状图进行叠加分析,获得每个村庄的高程等级,高程等级采用高程等级图中的分级,等级按顺序用数字 1—5 表示(高程分级见表 6.7),然后对各村庄的高程等级值做极值标准化,由于高程是负向指标,所以利用公式(3)进行标准化处理,标准化后的高程等级图见图 6.4,实际村庄的高程等级只包含 1,2,3 等,所以图中只有三个标准值。

表 6.7　高程分级

高程范围(m)	≤20	20～40	40～60	60～80	>80
等级	1	2	3	4	5

图 6.4　流泗镇村庄高程等级

3.地质灾害

将地质灾害易发程度分区图与村庄现状图叠加,获得每个村庄的地质灾害
易发程度等级,地质灾害易发程度等级采用地质灾害易发程度分区图中的分
级,等级按顺序用数字 1—3 表示(地质灾害易发程度分级见表 6.8),然后对各
村庄的地质灾害易发程度等级值做极值标准化,由于地质灾害易发程度是负向
指标,所以利用公式(3)进行标准化处理,标准化后的地质灾害易发程度分布图
见图 6.5。

表 6.8　地质灾害易发程度分级

易发程度	少发	较易发	易发
等级	1	2	3

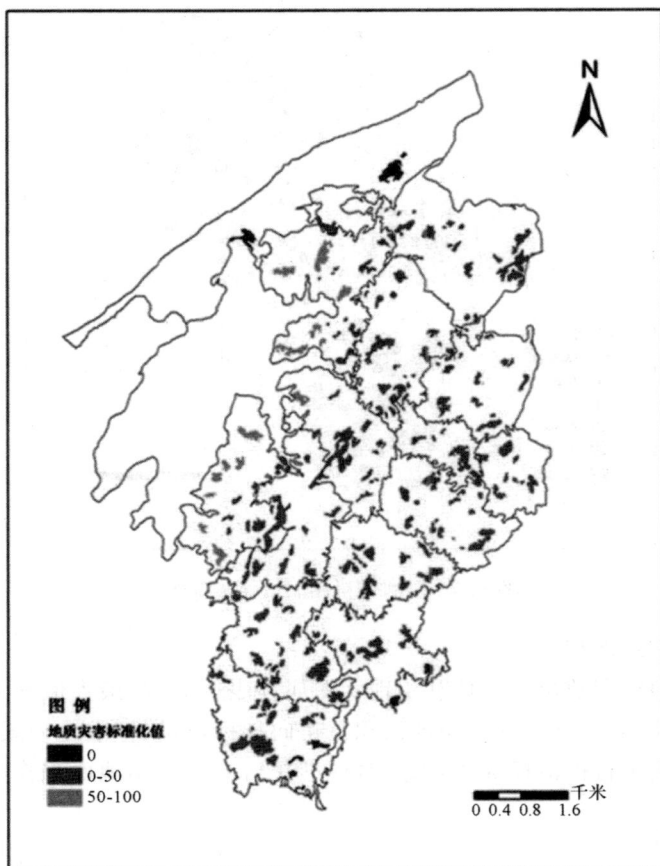

图 6.5　流泗镇村庄地质灾害易发程度分布

4.村庄人口规模

村庄人口规模直接由统计数据所得,最大值和最小值分别是 1002 人和 8 人,人口规模是正向指标,运用标准化公式(2)直接对人口数据进行极值标准化,然后对标准化后的人口规模作等级专题图(见图 6.6)。

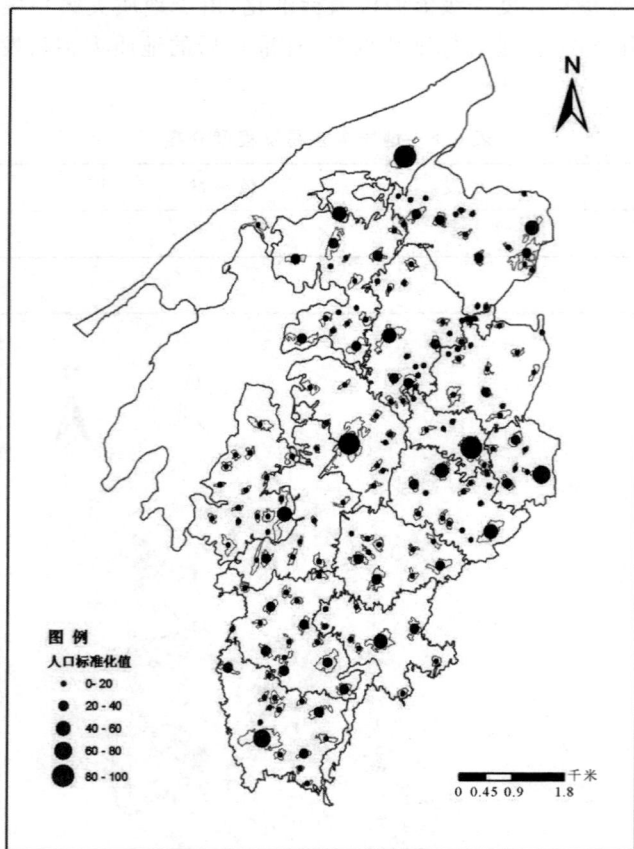

图 6.6   流泗镇村庄人口规模等级

5.村庄用地面积

村庄用地面积数据从土地利用现状图属性表中获取,最大值和最小值分别是 18.15 公顷和 0.097 公顷,用地面积是正向指标,运用标准化公式(2)直接对用地面积数据进行极值标准化,然后对标准化后的村庄用地面积作等级专题图(见图 6.7)。

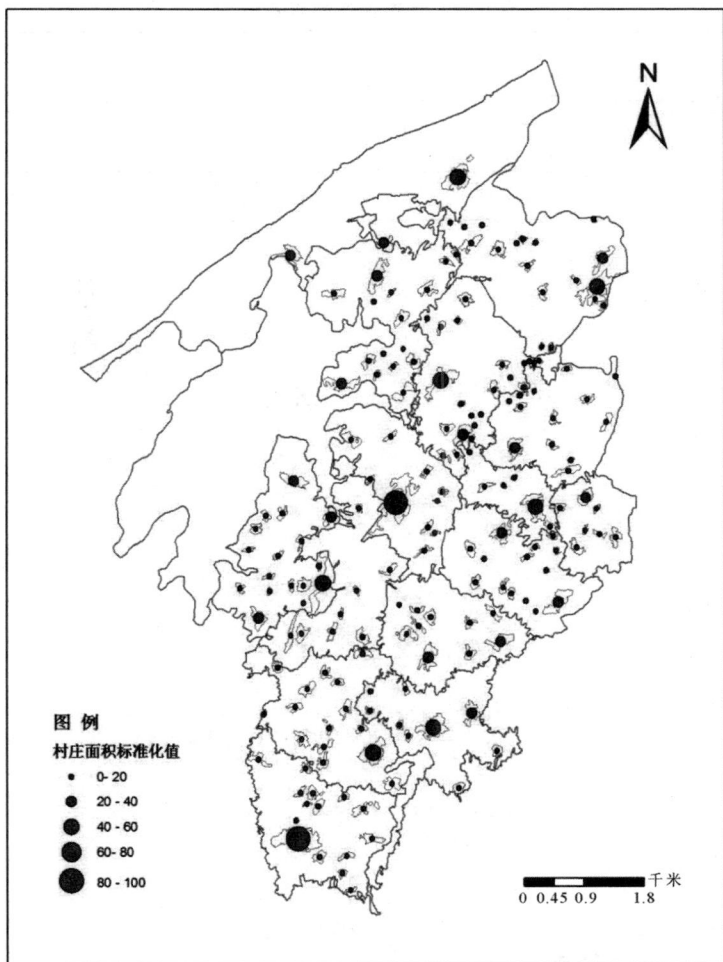

图 6.7 流泗镇村庄用地面积等级

6.农民人均纯收入

由于资料所限,农民人均纯收入这一指标的调查结果是一个范围。根据所获数据特点和专家知识,把农民人均纯收入划分为 5 个等级,等级按顺序用数字 1—5 表示(农民人均纯收入分级见表 6.9),然后对各村庄的农民人均纯收入等级值做极值标准化,由于农民人均纯收入是正向指标,所以利用公式(2)进行标准化处理,标准化后的农民人均纯收入分布见图 6.8。

表 6.9　农民人均纯收入分级

收入范围(元)	≤3000	3000~4000	4000~5000	5000~6000	>6000
等级	1	2	3	4	5

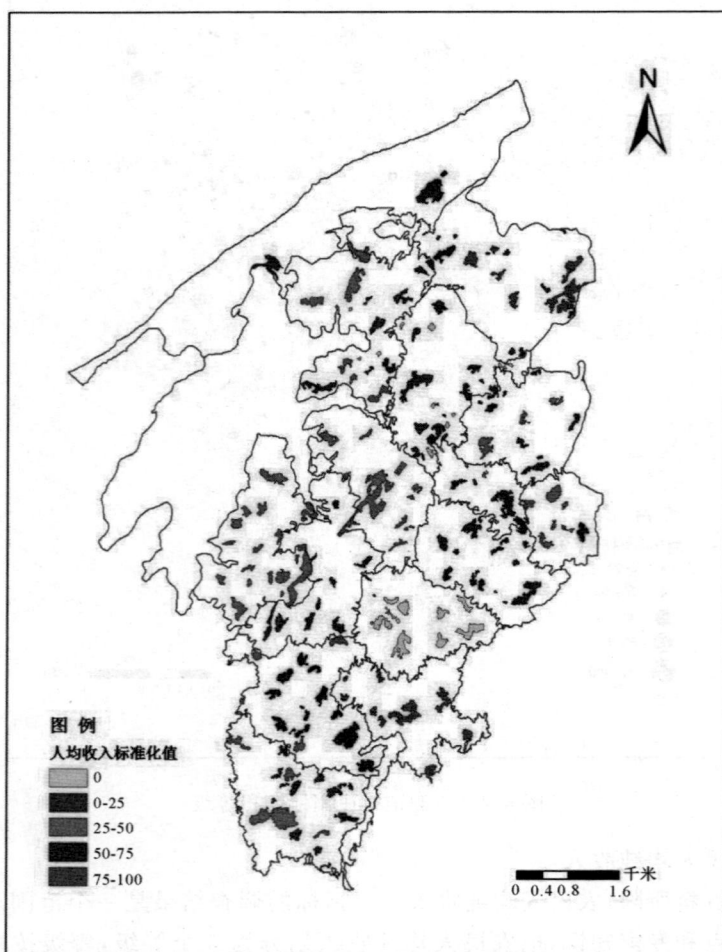

图 6.8　流泗镇农村人均纯收入分布

7. 村集体经济收入

由于资料所限，村集体经济收入这一指标的调查结果是一个范围。根据所获数据特点和专家知识，把村集体经济收入划分为 10 个等级，等级按顺序用数字 1—10 表示（村集体经济收入分级见表 6.10），然后对各村庄的村集体经济收入等级值做极值标准化，由于村集体经济收入是正向指标，所以利用公式（2）进行标准化处理，标准化后的村集体经济收入分布见图 6.9。

表 6.10　村集体经济收入分级

收入范围（万元）	≤2.5	2.5~3	3~3.5	3.5~4	4~4.5	4.5~5	5~5.5	5.5~6	6~6.5	>6.5
等级	1	2	3	4	5	6	7	8	9	10

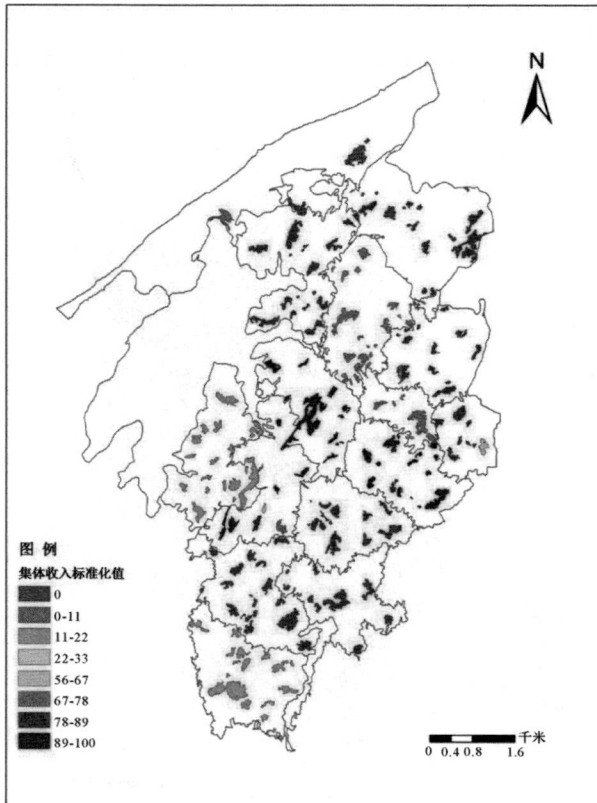

图 6.9　流泗镇村庄集体经济收入分布

8. 距主干道距离

利用 ArcGIS 软件,提取主干道路分布图并将之与村庄用地现状图进行叠加分析,对主干道路进行多级缓冲区分析。其中,缓冲区的缓冲距离等级根据研究区的实际情况并参考已有的研究成果(谢保鹏等,2014)进行设置,由此获取每个村庄距主干道距离的等级,等级按顺序用数字 1—5 表示(距主干道距离分级见表 6.11),然后对各村庄距主干道距离等级值做极值标准化,由于距主干道距离是负向指标,所以利用公式(3)进行标准化处理,标准化后的道路缓冲带见图 6.10。

表 6.11　距主干道距离分级

距离范围(m)	≤500	500～1000	1000～2000	2000～3500	>3500
等级	1	2	3	4	5

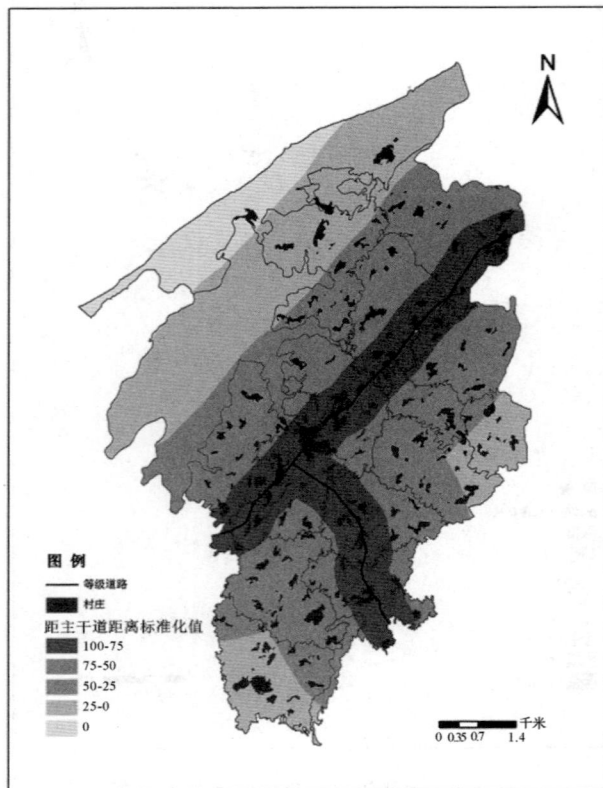

图 6.10　流泗镇主干道距离缓冲带

9. 距县城距离

以县城为中心进行多级缓冲区分析，其中，缓冲区的缓冲距离等级根据研究区的实际情况并参考已有的研究成果（于兰军，2006）进行设置，由此获取每个村庄距县城距离的等级，等级按顺序用数字 1—3 表示（距县城距离分级见表 6.12），然后对距县城距离等级值做极值标准化，由于距县城距离是负向指标，所以利用公式（3）进行标准化处理，标准化后的距县城距离缓冲带见图 6.11。

表 6.12　距县城距离分级表

距离范围(km)	≤15.5	15.5~18	>18
等级	1	2	3

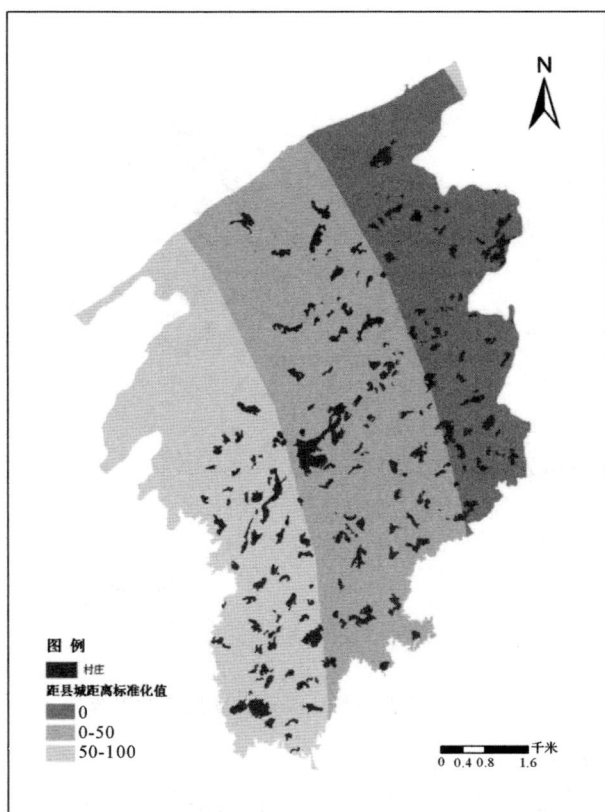

图 6.11　流泗镇距县城距离缓冲带

10. 基础设施健全度

基础设施健全度数据通过调查获得，根据供水、排水、供电、供燃气煤气等，以及垃圾处理设施、农村道路硬化等情况给每个村打分获得每个村庄的基础设施健全度分值，基础设施健全度是正向指标，运用标准化公式（2）直接对打分结果进行极值标准化，然后对标准化后的基础设施健全度作等级专题图（见图6.12）。

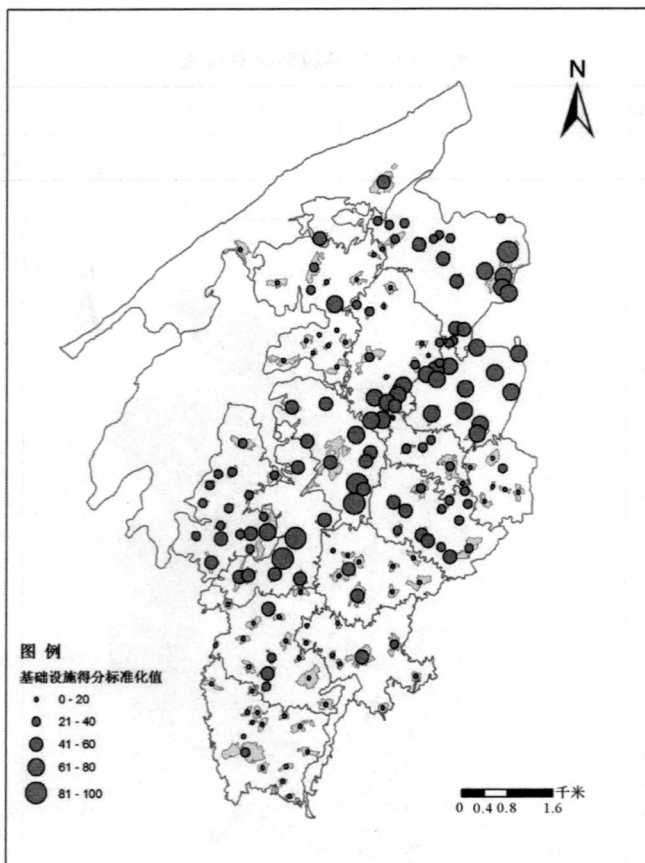

图6.12 流泗镇村庄基础设施健全度等级

11. 公共服务设施占地面积

统计村内村委会、卫生室、小学、健身器材场地等公共服务设施的占地面积，最大值和最小是分别是600平方米和0平方米，公共服务设施占地面积是正向指标，运用标准化公式（2）直接对公共服务设施占地面积数据进行极值标准化，然后对标准化后的公共服务设施占地面积作等级专题图（见图6.13）。

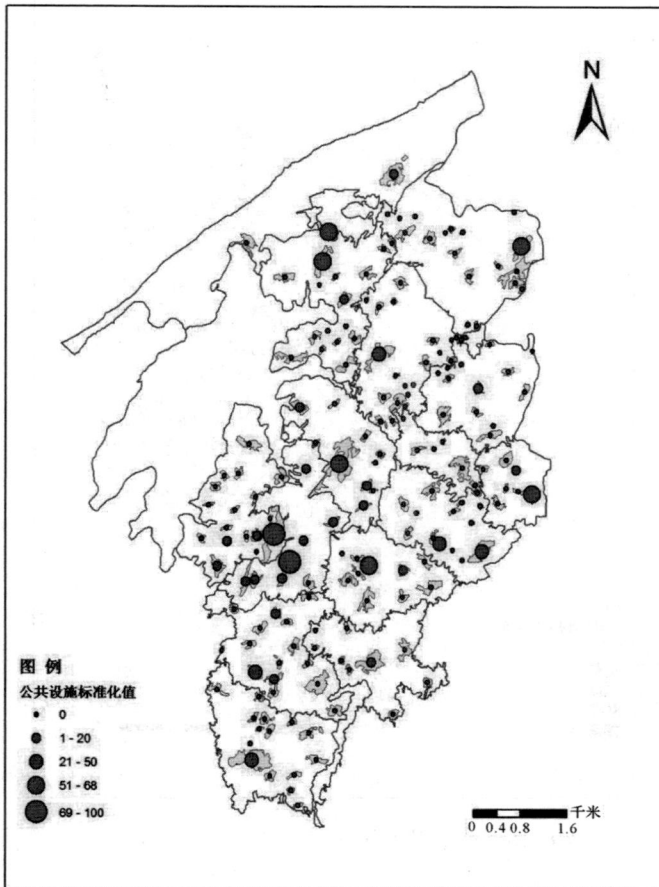

图 6.13　流泗镇公共设施占地面积等级

12.房屋空置率

由于资料所限,房屋空置率这一指标的调查结果是一个范围,根据所获数据特点和专家知识,把房屋空置率划分为 5 个等级,等级按顺序用数字 1—5 表示(房屋空置率分级见表 6.13),然后对各村庄的房屋空置率等级值做极值标准化,由于房屋空置率是负向指标,所以利用公式(3)进行标准化处理,标准化后的房屋空置率分布见图 6.14。

表 6.13　房屋空置率分级

房屋空置率范围(%)	≤5	5~10	10~15	15~25	>25
等级	1	2	3	4	5

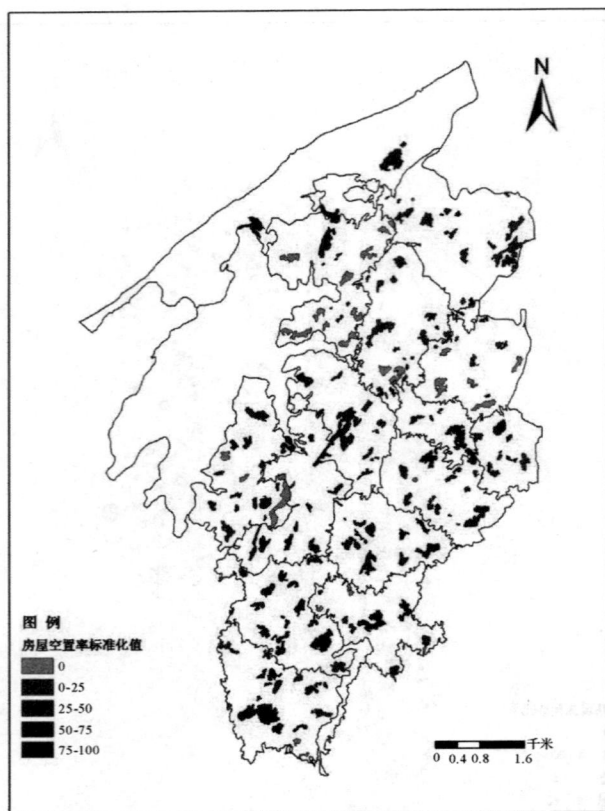

图 6.14　流泗镇村庄房屋空置率分布

13. 长期外出务工人员比重

　　由于资料所限,长期外出务工人员比重这一指标的调查结果是一个范围,根据所获数据特点和专家知识,把长期外出务工人员比重划分为 4 个等级,等级按顺序用数字 1—4 表示(长期外出务工人员比重分级见表 6.14),然后对各村庄的长期外出务工人员比重等级值做极值标准化,由于长期外出务工人员比重是负向指标,所以利用公式(3)进行标准化处理,标准化后的长期外出务工人员比重分布见图 6.15。

表 6.14　长期外出务工人员比重分级

长期外出务工人员比重(%)	≤10	10~20	20~30	>30
等级	1	2	3	4

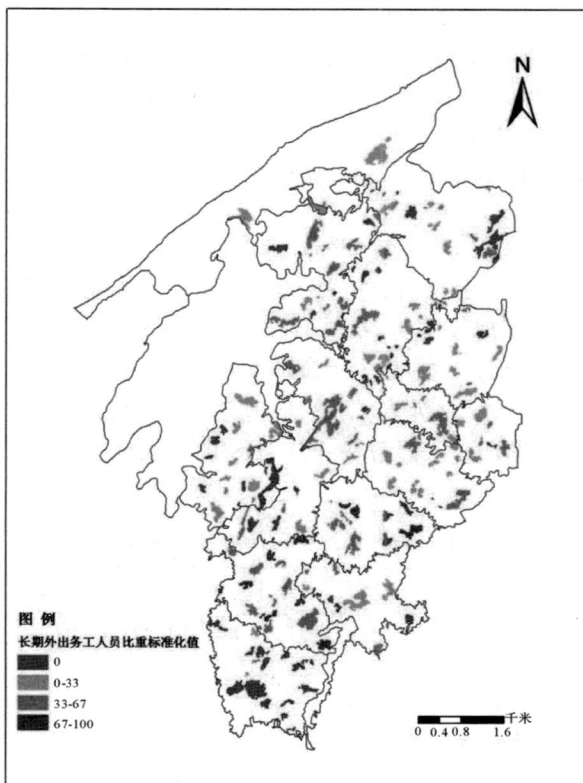

图 6.15　流泗镇村庄长期外出务工人员比重分布

(二)指标权重赋值

本文运用结构熵权法确定各指标的权重。具体计算过程如下：

1. 根据专家意见,形成"典型排序"

运用德尔菲法采集专家意见,将 20 个专家分成四组,对村庄用地评价指标的重要性进行对比,并对各指标进行排序,最重要的排在第一位并赋值"1",第二重要的排在第二位并赋值"2",以此类推,从而形成专家排序意见,称为指标的"典型排序",如表 6.15 所示。

表 6.15　指标重要性排序矩阵

准则层	自然条件	村庄规模	经济发展水平	区位条件	服务设施状况	发展态势
组 1	1	2	3	4	5	6
组 2	1	4	3	2	5	6
组 3	2	1	4	3	6	5
组 4	2	3	5	1	4	3

2.对典型排序进行盲度分析

由于专家的典型排序意见通常情况下会因为数据"噪声"而产生潜在的偏差和数据的不确定性,为了消除这些偏差和不确定的影响,需要对上表中的定性判断结论进行盲度分析。

(1)求出定性排序数对应的隶属函数值。

$$A(S) = \frac{\ln(m-s)}{\ln(m-1)} \tag{4}$$

式中:$A(S)$为S对应的隶属函数值;S为专家对某个指标评议后给出的定性排序数,本研究中S的取值范围为$\{1,2,3,4,5,6\}$;$A(S)$为S对应的隶属函数值;m为转化参量,取值为最大排序数加2,本文中$m=8$。

(2)将排序数$S=a_{ij}$(a_{ij}为表6.16所示矩阵中的值)带入式(4)中,可得a_{ij}定量转化值$b_{ij}[b_{ij}=A(a_{ij})]$,b_{ij}称为排序数S的隶属度。矩阵$B=(b_{ij})_{4\times6}$称为排序矩阵的隶属度矩阵,如下所示:

表 6.16　排序矩阵的隶属度矩阵

准则层	自然条件	村庄规模	经济发展水平	区位条件	服务设施状况	发展态势
组 1	1.0000	0.9208	0.8271	0.7124	0.5646	0.3562
组 2	1.0000	0.7124	0.8271	0.9208	0.5646	0.3562
组 3	0.9208	1.0000	0.7124	0.8271	0.3562	0.5646
组 4	0.9208	0.8271	0.5646	1.0000	0.7124	0.8271

(3)计算各专家组对于指标的平均认识度,记作b_j,令

$$b_j = (b_{1j}+b_{2j}+\cdots+b_{kj})\,/k$$
$$= (0.9604, 0.8651, 0.7328, 0.8651, 0.5494, 0.5260) \tag{5}$$

(4)定义专家组Z_i对指标u_j由认知产生的不确定性,称为"认识盲度",记作Q_j,令

$$Q_j = |\{[\max(b_{1j}, b_{2j}, \cdots, b_{kj})-b_j]+[\min(b_{1j}, b_{2j}, \cdots, b_{kj})-b_j]\}/2|$$
$$= (0.0396, 0.0396, 0.1313, 0.1438, 0.1781, 0.2355) \tag{6}$$

对于每一个指标u_j,定义k(参加测评的全体专家组数)组专家关于u_j的总体认识度,记作x_j,

$$x_j = b_j(1-Q_j), \quad x_j > 0$$
$$= (0.9224, 0.8308, 0.6366, 0.7407, 0.4516, 0.4022) \tag{7}$$

由x_j即得到4组专家全体对指标u_j的评价向量。

3.归一化处理,得到指标权重

为了得到指标u_j的权重,对x_j归一化处理,得到向量C_j:

$$C_j = x_j / \sum_{i=1}^{m} x_j$$
$$= （0.2315, 0.2085, 0.1598, 0.1859, 0.1133, 0.1009）\qquad（8）$$

通过上述典型矩阵的确定和盲度分析的过程,得到的 C_j 即为村庄用地评价指标集的权重向量,该向量是专家对指标重要性的一致性判断,它符合 4 组专家的群体意愿或认知。

运用上述相同的方法确定各二级指标的权重向量,本文中将不再赘述,得出的最终结果如表 6.17 所示。

表 6.17　指标权重

准则层	权重	指标层	权重	最终权重
自然条件	0.2315	坡度	0.3364	0.0779
		高程	0.2500	0.0579
		地质灾害	0.4136	0.0957
村庄规模	0.2085	村庄人口规模	0.5566	0.1161
		村庄用地面积	0.4434	0.0925
经济发展水平	0.1598	农民人均纯收入	0.6131	0.0980
		村集体经济收入	0.3869	0.0618
区位条件	0.1859	距主干道距离	0.5566	0.1035
		距县城距离	0.4434	0.0824
生活设施状况	0.1133	基础设施健全度	0.5000	0.0567
		公共服务设施占地面积	0.5000	0.0567
发展态势	0.1009	房屋空置率	0.5566	0.0562
		长期外出务工人员比重	0.4434	0.0448

（三）村庄用地适宜性评价结果

根据多因素综合评价法计算得出各村庄的村庄用地适宜值。村庄用地适宜值结果中,最大适宜值是 62.32,最小适宜值是 20.88,均值是 44.77,标准差是 7.97。运用 ArcGIS,对村庄属性表中的"适宜值"作"Statistics",可以得到适宜值的频数分布直方图(见图 6.16),横坐标是村庄用地适宜值,纵坐标是适宜值对应的村庄数量,频数分布直方图能直观地反映不同适宜值范围内的村庄分布数量。从图中可以看出,流泗镇的村庄用地适宜值总体上呈现出"中间高,两边低"的情况。

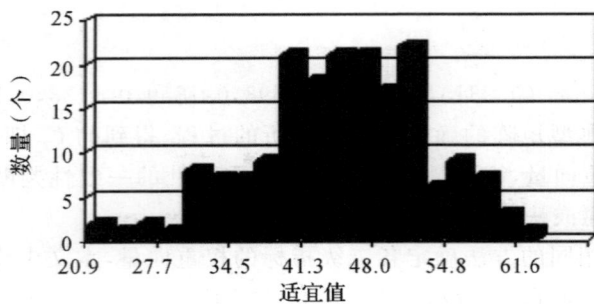

图 6.16　村庄用地适宜值频数分布

全域村庄的适宜性评价结果分布见图 6.17。

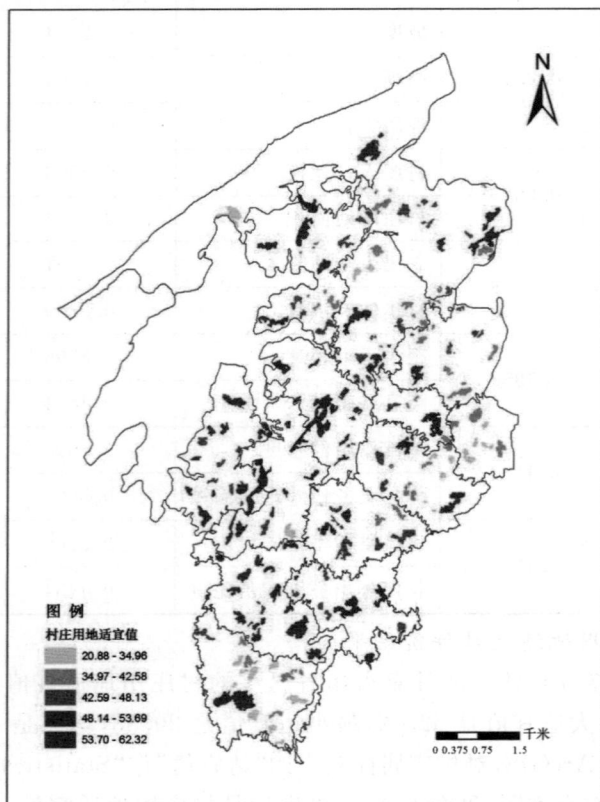

图 6.17　村庄用地适宜值分布图

五、约束条件参数的确定

（一）耕作半径

由于整个区域分范围内绝大部分面积的坡度都在 8°以下，地形相对平坦，所以本文直接采用 $R_1 = V_i \times T$ 来计算耕作半径，其中 V_i 表示不同出行方式所对应的速度，T 表示农村居民所能接受的最大的出行时间。不同出行方式所对应的速度如表 6.18 所示。

表 6.18　不同出行方式的出行速度

出行方式	步行	非机动车	摩托车
速度（m/min）	80	200	600

村民的耕作出行方式和可接受的最大的耕作出行时间通过问卷的形式进行调查。每个行政村随机发放 30 份问卷，15 个行政村共发放 450 份问卷，共收回有效问卷 417 份。调查结果见表 6.19 和 6.20。

表 6.19　村民耕作出行方式调查结果

出行方式	步行	非机动车	摩托车
比率（%）	34	54	12

表 6.20　村民可接受的最大耕作出行时间调查结果

时间（min）	≤5	5~10	10~15	15~20	>20
步行（%）	0	11	28	55	6
非机动车（%）	0	9	33	50	8
摩托车（%）	3	41	34	19	3

根据调查结果，流泗镇村民耕作出行主要以三轮车和自行车等非机动车为主，其次是步行，少部分的村民以摩托车方式出行。就步行方式而言，大部分人可接受的最大耕作出行时间是 15~20 分钟，占总人数的 55%；就非机动车方式而言，大部分人可接受的最大耕作出行时间是 15~20 分钟，占总人数的 50%；而对于摩托车方式，大部分人可接受的最大耕作出行时间是 5~10 分钟，占总人数的 41%。在进行耕作半径计算时，其中的 T 可接受最大耕作出行时间以大部分人所能接受的时间进行计算。据此，步行、非机动车和摩托车等不同出行方式的可接受的最大出行距离范围即耕作半径范围分别为 1200~1600 米、3000~4000 米及 3000~6000 米。

（二）服务半径

关于公共设施的服务半径，由于公共服务设施的享用是日常性的活动，也考虑到老年人对服务设施可达性以及小学生上下学的便利性，而这两类人的出行方式基本上是步行，再结合相关研究中基于步行适宜距离确定的数值等于1000米的服务半径（Cutts et al.，2009），本文将服务设施的服务半径的阈值定为上一小节所计算得出的适宜步行距离1200米和1600米。

（三）约束半径的确定

约束半径由耕作半径和服务半径共同决定，应同时满足两者的要求，根据上两节的计算结果，满足条件的约束半径的阈值是1200米和1600米。由此约束条件中的参数 $D_1=1200$ 米，$D_2=1600$ 米。

六、模型运行

（一）模型运行的候选村庄选择

流泗镇整个镇域面积是65公顷，约束半径最小值是1200米，镇域面积是以此约束半径所确定的圆的面积的15倍左右，流泗镇总体规划所确定的中心村数量是10，参考这两者将数量10扩大两倍确定候选村的数量，即为30，所以模型运行的候选村为适宜值大小排在前30的村庄（表6.21）。分布图见图6.18。

表 6.21　村庄用地适宜性评价分值（排名前30）

ID	行政村	村庄名称	适宜值	排名
1479	红枫村	红枫村	62.32	1
2191	金山村	金山新村	60.31	2
247	棠山村	棠山	60.22	3
3466	竹涧村	殷家垅后湾	60.09	4
4172	莲花村	莲花村	59.19	5
3705	竹涧村	邹源学吾湾	58.10	6
525	江山村	洪家湾	57.94	7
4034	竹涧村	邹源大屋村	57.86	8
5967	东风村	翠鹿庄方家	57.86	9
2775	金山村	邹元庙下湾	57.64	10

ID	行政村	村庄名称	适宜值	排名
4482	竹涧村	邹源学堂湾	57.17	11
1646	长垅村	长垅廖村	56.07	12
4677	竹涧村	邹源铺下村	55.95	13
1167	红枫村	邹春仕湾	55.84	14
285	江山村	张以文	55.76	15
336	棠山村	鸟林峦	55.57	16
3450	竹涧村	邹源余叔湾	55.52	17
4061	竹涧村	吴轩村	55.28	18
4548	竹涧村	周常宝城湾	55.12	19
767	杨山村	牌楼周	55.08	20
4010	莲花村	廖家港	54.32	21
2438	金山村	柳新屋村	53.70	22
2808	西塘村	周六房	53.65	23
2616	红星村	廖八坊	53.55	24
2147	红枫村	张日灿	53.15	25
1177	基垄村	许博士村	52.86	26
52	长江村	沙洲村	52.49	27
1466	金山村	柳村	52.47	28
3307	竹涧村	周袁垅湾	52.46	29
2535	金山村	叶家嘴	52.18	30

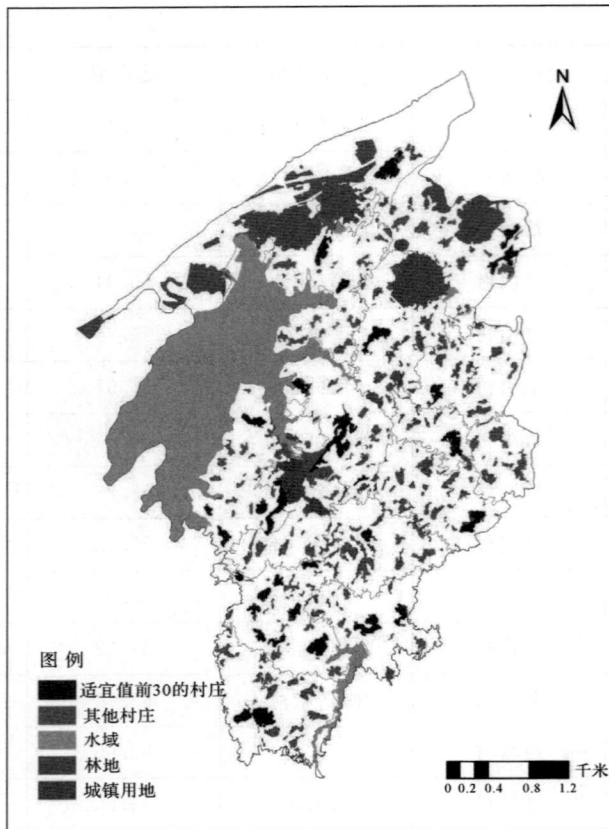

图 6.18　适宜值排名前 30 的村庄分布

（二）模型运行的算法流程

本文运用 Arcgis 上的编程平台进行程序编制，来求解模型。算法流程图如图 6.19 所示。

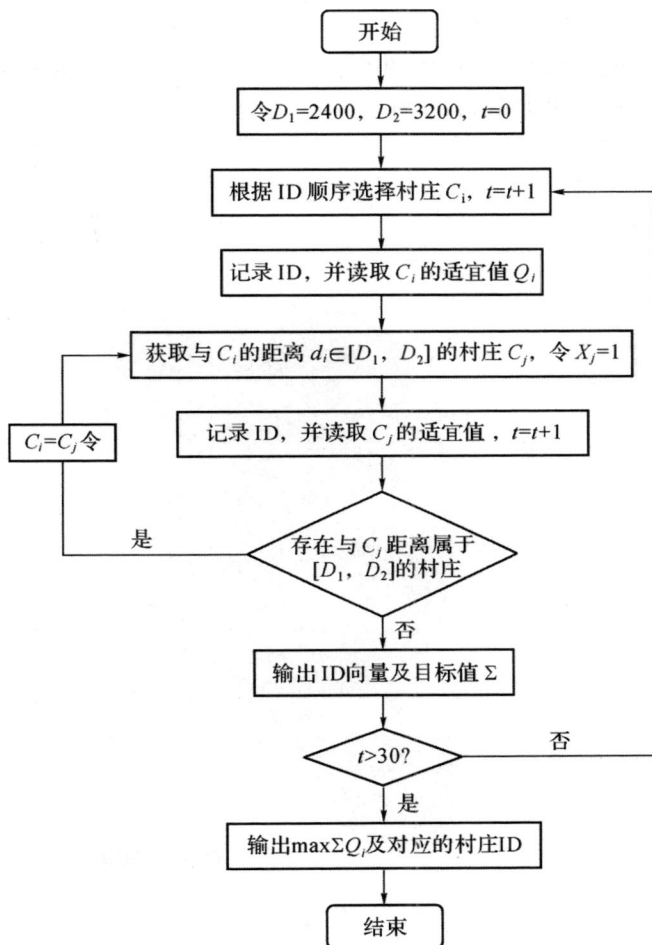

图 6.19 算法流程

（三）模型运行结果

根据模型求解出的结果如下：

选出的八个村庄分别是金山新村、棠山村、莲花村，翠鹿庄方家、邹春仕湾、张以文、廖八坊和许博士村，这八个村庄所对应的适宜值分别是 60.31，60.22，51.59，57.86，55.84，55.76，53.55 和 52.86，这八个适宜值的总和为 455.59，平均值为 56.95，适宜性分值排在前的 30 个候选村的均值为 55.99，这 8 个村庄的适宜值在 30 个候选村中的排名从前往后，分别是 2，3，5，9，14，15，24，26，总体上排名较靠前。

（四）模型运行结果检验

以模型选择出来的八个村庄的形心为圆心，以约束半径极值 1600 米为半径分别做八个圆，结果如图 6.20 所示：

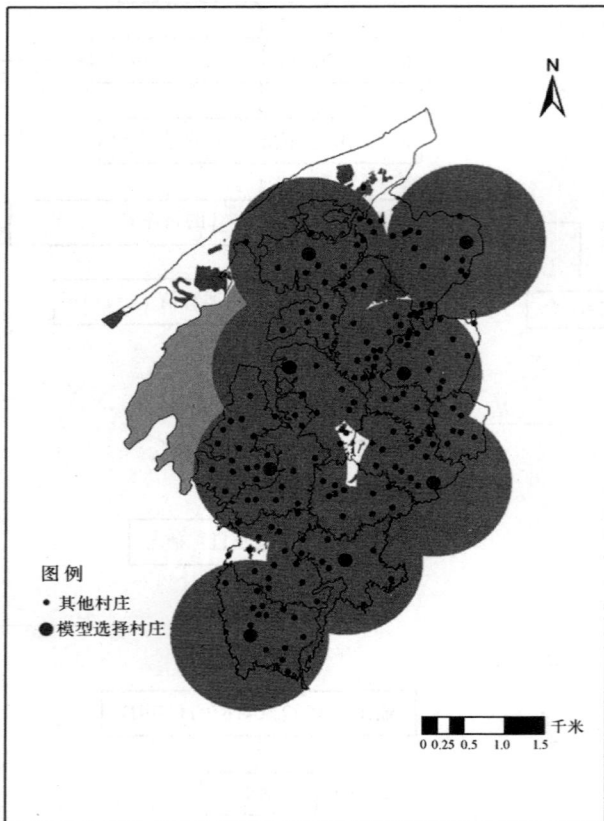

图 6.20　模型运算结果检验

从图上可以看出，除了几个村庄不在模型选择的村庄的服务半径内，其他村庄几乎都在其服务半径内，覆盖率较大，结果基本符合要求。所以将这八个通过模型选择的村庄定位为集聚发展型村庄。

（五）村庄分类

根据本章第四节的村庄分类，流泗镇不存在政策保留型村庄，所以运用模型选出集聚发展型村庄后，根据村庄用地适宜性评价结果，将余下的村庄通过 Jenks 自然断裂点法（Jenks Natural Breaks）聚类方法对适宜值进行聚类，将适宜值分成两级，将对应较高一级适宜值的村庄划为控制发展型，对应较低一级适宜值的村庄划为搬迁撤并型。其中，Jenks 自然断裂点法的基本思想是在数

据集中找出断裂点使得被断裂点分开的各组内的离差平方和最小(Jenks,
1967)。

将分组数设置为2,适宜值被分成两级,其取值范围分别为20.88~42.37
和43.24~60.32,对应的村庄分别有75个和100个。

同时,根据流泗镇制定的村庄人口标准,结合流泗镇的村庄人口规模现状,
将常住人口低于50人的村庄划入搬迁撤并型。在高适宜值村庄中有13个村
庄人口小于50,将其划入搬迁撤并型;再加上之前确定的铁路线安全保护区范
围外需要搬迁的9个村庄,最终搬迁撤并型村庄有97个,控制发展型村庄有
87个。

至此,三类村庄全部确定:集聚发展型村庄有8个,搬迁撤并型村庄有97
个,控制发展型村庄有87个,搬迁撤并型村庄有97个。其空间分布见图6.21。

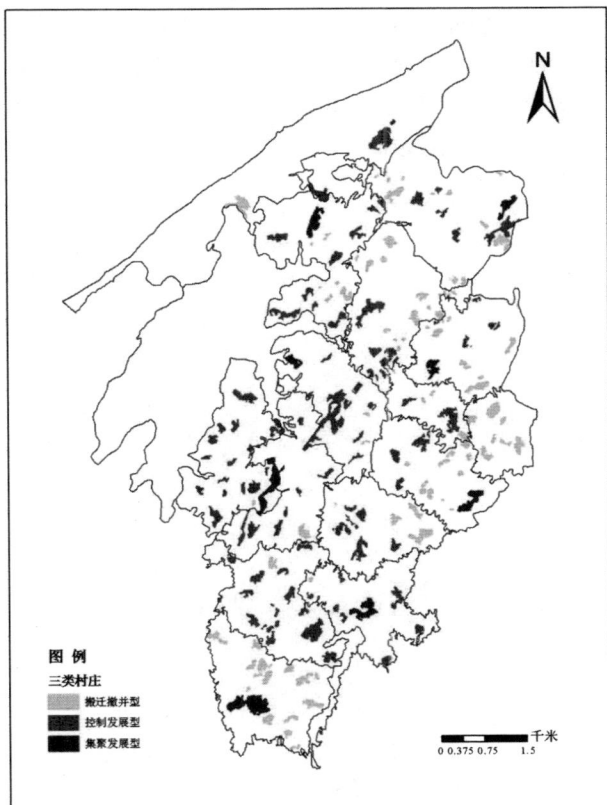

图 6.21 流泗镇三类村庄空间分布

七、方案对比及村庄布局优化调整模式

(一)方案对比

目前开展的迁村并点的案例中,有些案例采用的方案是以行政村为单位,在行政村内部进行搬迁合并,在每个行政村内选择适宜值最高的村庄作为集聚发展型村庄,其余类型村庄的划分方法与本文的方法类似(下文将这种方法称为"行政村法"),所以只针对集聚发展型村庄的选择对这种方法和本研究所采用的方法进行对比。

用与上文模型运行结果检验相同的检验方法对行政村法的结果进行检验,结果如图 6.22 所示。从图中可以看出以行政村法选择出来的集聚发展型村庄之间的距离过近,造成集聚村的适宜服务半径的大范围重叠,不利于提高服务设施的投资效益。另一方面,对比两种方法所选出的村庄的适宜值,用本文的方法得出的集聚村的平均适宜值是 56.95,用行政村法得出的集聚村的平均适宜值是 55.55,本文中采用的方法得出的集聚村的平均适宜值略大于用行政村法所得出的结果。综合上述两方面,用本文的方法所得的结果优于按行政村的方法调整的结果。

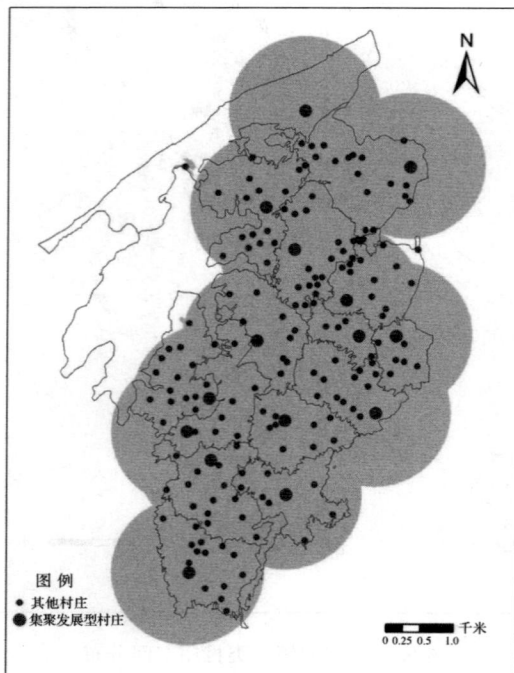

图 6.22　行政村优化方法结果检验

（二）村庄布局优化调整模式

按照整体规划,分类指导的原则,针对不同类型的村庄提出不同的优化调整模式。

1.集聚发展型

对这类村庄要重点发展,将其作为中心村进行培育,采取措施引导周边的其他村庄向该类村庄集聚。具体可以采取以下政策和措施。对村庄进行统一规划,整体更新改造。优化村庄内部用地结构,严格控制宅基地,减少"一户多宅"的现象;限制在村庄外围新建房屋,对村庄内部废弃和空闲土地进行挖潜,促进村庄用地节约集约利用;大力开展新农村建设,制定政策倾斜,如加强财政投资强度,加大投入建设基础设施和公共服务设施,设置小学、农贸市场、综合性商店、文化活动室、运动场等公共服务设施,使其能够为本居民点以及周边的其他类型的村庄提供服务,满足村民的生活需求,将其逐步改造成配套设施完善、景观优美的现代化农村住区,通过自身的发展吸引周边村庄村民的聚集;同时优化交通网络,加强与镇区及同类型其他村庄的交通联系。村庄的发展离不开产业的支撑,所以还应该大力发展特色农业产业或其他优势产业。

2.控制发展型

对这类村庄作为一般村庄暂时保留,控制其发展,使其自然消亡。具体可以采取以下政策和措施。严格控制村庄用地面积,限制新建,允许翻建和改建,同时也要大力进行村庄内部土地的挖潜。不投入服务设施的建设,使其共享集聚发展型村庄的服务设施,同时加强该类村庄与集聚发展型村庄的交通联系。总之,政府应采取限制发展的策略,引导人口外迁,使其逐步自然消亡。

3.搬迁撤并型

这类村庄,要尽快搬迁,就近集中安置到服务半径范围内的集聚发展型村庄。政府组织牵头,以资金投入和政策支持作为实施搬迁合并的重要手段合理安置搬迁村民的住房和生活生产。对于新房建设,政府可以采用国家资助、地方补助、银行贷款和个人自筹等多方集资的方式解决资金问题,同时采取优惠政策鼓励搬迁。对原宅基地上的住宅进行评估,以更大的价值置换新住房的面积或给予一定的货币补偿等;对建房给予优惠的银行贷款;水电等生活费用给予优惠待遇等等,在此过程中要充分考虑村民的意愿,对于不愿意搬迁的村民要多做思想工作,让农民知晓搬迁后所能获得的利益。对搬迁后的村庄进行土地复垦,增加耕地面积。

八、主要研究结论

美丽乡村建设中的村庄布局优化,总体趋势是促进集聚发展型村庄的发展,而对其余两类村庄采取差别化的政策和措施引导其向集聚发展型村庄集聚。本研究以九江市湖口县流泗镇为实证案例,在 GIS 平台支持下,进行了村庄布局优化研究。主要结论如下:

(1)村庄用地适宜性评价是村庄布局优化的基础,村庄的优化配置过程必须要进行适宜性评价,否则村庄布局优化就缺乏基础依据。

(2)村庄布局应当满足居住在其中的村民的生活和生产需求,利于生产、方便生活,要以耕作半径和设施服务半径为标准进行合理布置,否则可能背离当下农村发展的实际。

(3)本研究提出了以适宜性评价值为目标函数,以耕作半径和服务半径综合确定的约束半径为约束条件的目标规划模型,运用该模型进行村庄布局优化调整时,能够较好地解决适宜值较高的村庄之间的空间分布问题。

(4)根据适宜性评价结果及模型运行结果,可将村庄分为三种优化调整模式:集聚发展型、搬迁撤并型和控制发展型。

受资料以及研究者自身水平的限制,本研究中还存在着一些不足。一是在村庄用地适应性评价过程中,由于数据获取的困难,选取的指标不够全面,建立的指标体系有待进一步完善。例如在自然条件方面,研究可以再考虑地域生态等因素。二是通过适宜性评价和约束半径相结合的方法对流泗镇的村庄布局进行了研究,着重考虑了村庄之间的空间关系,而忽略了村庄的适宜规模,这一方面研究还有待加强。三是村庄的发展是一个复杂的过程,本研究提出的布局优化思路主要基于农村现状发展状况,因而可能具有一定的局限性。四是本研究的着力点在集聚发展型村庄的选择,而对其余两类村庄的划分存在一定的边界模糊,精度还有待进一步提高。

参考文献

[1] CARMEN C F, ELENA G I. Determinants of residential land-use conversion and sprawl at the rural-urban fringe[J]. American Journal of Agricultural Economics, 2004, 86(4): 889-904.

[2] CUTTS B B, DARBY K J, BOONE C G, et al. City structure, obesity, and environmental justice: an integrated analysis of physical and social barriers to walkable streets and park access[J]. Social science & medicine, 2009, 69(9): 1314-1322.

[3] HANSEN A J, BROWN D G. Land-Use Change in Rural America: Rates, Drivers, and Consequences 1[J]. Ecological Applications, 2005, 15

（6）：1849-1850.

[4] HILL M. Rural settlement and the urban impact on the countryside [M]. London：Hodder and Stoughton，2003.

[5] JENKS G F. The data model concept in statistical mapping [J]. International yearbook of cartography，1967，7(1)：186-190.

[6] KNAPP R. Chinese landscapes：the village as place [M]. Hawaii：University of Hawaii Press，1992.

[7] KOHL J G. Traffic and Settlements of People with Respect to Their Dependence on the Morphology of the Earth's Surface[J]. Leipzig，Germany：Arnoldische Buchhandlung，1841.

[8] PACIONE M. Rural geography[M]. London：Harper and Row，1984.

[9] ROBINSON P S. Implications of rural settlement patterns for development：A historical case study in Qaukeni，Eastern Cape，South Africa[J]. Development Southern Africa，2003，20(3)：405-421.

[10] ROBERT M. A model for the location of rural settlement [J]. Papers in Regional Science，1972，29(1)：87-104.

[11] ROBERTS B K. Landscapes of settlement[M]. London：Routledge，1996：28-30.

[12] TABUKELI M. Rural settlement and retail trade business in the Eastern Cape[J]. Development Southern Africa，2000，17(2)：189-200.

[13] THORSEN I，UBOE J. Modelling residential location choice in an area with spatial barriers [J]. Annals of regional science，2002，36 (4)：613-644.

[14] VERMEER E B. Economic development in provincial China：the central Shaanxi since 1930[M]. London：e University Press，1988.

[15] WASILEWSKI A，KRUKOWSKI K. Land conversion for suburban housing：a study of urbanization around Warsaw and Olsztyn，Poland[J]. Environmental Management，2004，34(2)：291-303.

[16] 陈上升. 基于中心地理论的中心村区位选择与优化[D]. 河南大学，2013.

[17] 陈伟，李满春，陈振杰，等. GIS 支持下的县域农村居民点布局优化研究——以河北省大厂县为例[J]. 地理与地理信息科学，2013，29(2)：80-84.

[18] 陈有川，尹宏玲，孙博. 撤村并点中保留村庄选择的新思路及其应用[J]. 规划师，2009 (9)：102-105.

[19] 陈振杰,李满春,刘永学. 基于 GIS 的桐庐县农村居民点空间格局研究[J]. 长江流域资源与环境,2008,17(2):180-184.

[20] 程启月. 评测指标权重确定的结构熵权法[J]. 系统工程理论与实践,2010(7):1225-1228.

[21] 党安荣,毛其智,王晓栋. 丽江地区人居环境的 GIS 空间分析[J]. 地球信息科学,2000,2(4):40-45.

[22] 董春,罗玉波,刘纪平,等. 基于 Poisson 对数线性模型的居民点与地理因子的相关性研究[J]. 中国人口·资源与环境,2005,15(4):79-84.

[23] 冯电军. 基于加权 V 图的农村居民点空间布局优化方法研究[D]. 南京师范大学,2013.

[24] 韩荣青. 基于 GIS 的招远市农村居民点布局适宜性研究[J]. 聊城大学学报(自然科学版),2008,21(1):81-84.

[25] 何建,杨庆媛,藏波,等. 基于 ArcGIS 的农村居民点选址研究[J]. 西南师范大学学报(自然科学版),2014,39(2):1-8.

[26] 胡最,刘沛林,曹帅强. 湖南省传统聚落景观基因的空间特征[J]. 地理学报,2013,68(2):219-231.

[27] 姜广辉,张凤荣,陈军伟,等. 基于 Logistic 回归模型的北京山区农村居民点变化的驱动力分析[J]. 农业工程学报,2007,23(5):81-87.

[28] 角媛梅,胡文英,速少华,等. 哀牢山区哈尼聚落空间格局与耕作半径研究[J]. 资源科学,2006,28(3):66—70.

[29] 金其铭. 中国农村聚落地理[M]. 南京:江苏科学技术出版社,1989.

[30] 孔雪松,金璐璐,郄昱,等. 基于点轴理论的农村居民点布局优化[J]. 农业工程学报,2014(8):192-200.

[31] 李立. 乡村聚落:形态、类型与演变[M]. 南京:东南大学出版社,2007.

[32] 廖荣华. 城乡一体化过程中聚落选址和布局的演替[J]. 邵阳师专学报,1997,12(4):37-43.

[33] 林毅夫. 关于社会主义新农村建设的几点建议[J]. 北方经济,2006(3):5-6.

[34] 刘黎明,张军连,张凤荣,等. 土地资源调查与评价[M]. 北京:科学技术出版社,1994(9):172-173.

[35] 刘仙桃,郑新奇,李道兵,等. 基于 Voronoi 图的农村居民点空间分布特征及其影响因素研究——以北京市昌平区为例[J]. 生态与农村环境学报,2009,25(2):30-33.

[36] 刘英.基于 GIS 的农村居民点用地时空特征及其优化布局研究——以湖南临澧县为例[J].国土与自然资源研究,2008(4):35-36.

[37] 刘志玲,张丽琴.农村居民点用地发展驱动力研究:以安徽省为例[J].农村经济,2006(3):30-32.

[38] 龙花楼,李裕瑞,刘彦随.中国空心化村庄演化特征及其动力机制[J].地理学报,2009,64(10):1203-1213.

[39] 聂小清,郭熙,郭大千,等.基于 GIS 的梅岭镇农村居民点用地适宜性评价[J].江西农业大学学报,2012,35(1):204-208.

[40] 乔伟峰,吴江国,张小林,等.基于耕作半径分析的县域农村居民点空间布局优化——以安徽省埇桥区为例[J].长江流域资源与环境,2013,22(12):1557-1563.

[41] 曲衍波,张凤荣,姜广辉,等.基于生态位的农村居民点用地适宜性评价与分区调控[J].农业工程学报,2010(11):290-296.

[42] 沈延生.村政的兴衰与重建[J].战略与管理,1998,6(11):1-34.

[43] 盛鸿辉.基于景观生态学的湘乡市农村居民点用地布局及优化研究[D].湖南师范大学,2010.

[44] 石坚.村庄空间的深层结构原理及应用[J].小城镇建设,2001(3):56-57.

[45] 孙华生,黄敬峰,金艳,等.基于 GIS 技术的县域居民点空间分布特征分析及其优化布局[J].浙江大学学报(农业与生命科学版),2007,33(3):348-354.

[46] 唐丽静,王冬艳,王霖琳,等.基于耕作半径合理布局居民点研究——以山东省沂源县城乡建设用地增减挂钩项目区为例[J].中国人口·资源与环境,2014,24(6):59-64.

[47] 陶冶,葛幼松,尹凌,等.基于 GIS 的农村居民点撤并可行性研究[J].河南科学,2006,24(5):771-775.

[48] 王春菊,汤小华,吴德文.福建省居民点分布与环境关系的定量研究[J].海南师范学院学报(自然科学版),2005,18(1):89-92.

[49] 王恒山,徐福缘,浦志华,等.村庄布局优化 DSS 与 GIS 的系统集成[J].计算机工程,1999(9):71-72.

[50] 王婷,周国华,杨延,等.衡阳南岳区农村居民点用地合理布局分析[J].地理科学进展,2008,27(6):25-31.

[51] 邬建国.景观生态学—格局、过程、尺度与等级[M].北京:高等教育出版社,2000.

［52］武鹏,宗跃光.新农村建设过程中的居民点空间合并对策——以浙江省嘉兴市海盐县五圣村为例［J］.经济地理,2008,28(3):464-468.

［53］谢保鹏,朱道林,陈英,等.基于区位条件分析的农村居民点整理模式选择［J］.农业工程学报,2014,30(1):219-227.

［54］许少华.算法设计与分析［M］.哈尔滨:哈尔滨工业大学出版社,2011.

［55］颜文涛,邢忠,叶林,等.基于综合用地适宜度的农村居民点建设规划——以宝鸡市台塬区新农村建设为例［J］.城市规划学刊,2007,(2):67-71.

［56］杨庆华,张健康,杨世先,等.耕地资源的耕作半径与农业综合生产能力——以云南省玉溪市为例［C］.2006中国科协年会农业分会场论文专集,2006.

［57］叶琴丽,王成,蒋福霞,等.基于耕作半径的丘陵区纯农型农户集聚规模研究——以重庆市沙坪坝区白林村为例［J］.西南大学学报(自然科学版),2013,35(11):133-140.

［58］于兰军.基于GIS的村庄布局模型研究——以吴江市芦墟镇为例［D］.南京大学,2006.

［59］张强.农村居民点布局合理性辨析——以北京市郊区为例［J］.中国农村经济,2007(3):65-72.

［60］张霞,魏朝富,倪九派,等.重庆市低山丘陵区农村居民点分布格局及其影响因素［J］.中国农业资源与区划,2012,33(3):45-50.

［61］赵恺,惠振江.陕北黄土丘陵沟壑区农村适宜耕作半径研究［J］.山西建筑,2008,34(8):14-16.

［62］赵瑞茂.农村土地承包经营权流转问题研究［D］.甘肃农业大学,2010.

［63］周国华,贺艳华,唐承丽,等.中国农村聚居演变的驱动机制及态势分析［J］.地理学报,2011,66(4):515-524.

［64］周国华,贺艳华,唐承丽,等.论新时期农村聚居模式研究［J］.地理科学进展,2010(2):186-192.

［65］周洁.基于景观格局分析的农村居民点布局优化研究——以巩义市为例［D］.河南农业大学,2012.

［66］周心琴,张小林.我国乡村地理学研究回顾与展望［J］.经济地理,2005,25(2):285-288.

［67］朱槐文.基于规划视角的豫北平原区村镇节地技术研究——以河南省淇县北阳镇为例［D］.河南农业大学,2011.

［68］朱善利. 微观经济学 第 2 版［M］. 北京：北京大学出版社，2001.

［69］朱雪欣，王红梅，袁秀杰，等. 基于 GIS 的农村居民点区位评价与空间格局优化［J］. 农业工程学报，2010(6)：326-333.

［70］邹亚锋，刘耀林，孔雪松，等. 加权 Voronoi 图在农村居民点布局优化中的应用研究［J］. 武汉大学学报（信息科学版），2012，37(5)：560-563.

第七章　制度政策创新

第一节　体制机制创新

一、建立联动高效的工作机制

美丽乡村土地整治示范区管理机构建立与政策制定包括旧宅基地复垦与新基地建设、新增耕地承包与节余建设用指标的使用三大部分,整个过程涉及政府机构、市场主体以及公众(见图 7.1)。按照"政府主导、市场运作、农民参与"的原则,以县政府推动为主,国土局搭台,规划局、农业局、财政局、金融办等相关部门参与,各司其职,加强配合,联动推进,形成合力,做到"各炒一盘菜,共办一桌席"。同时应当建立与目标体系相配套的评价考核和奖惩机制,无论从

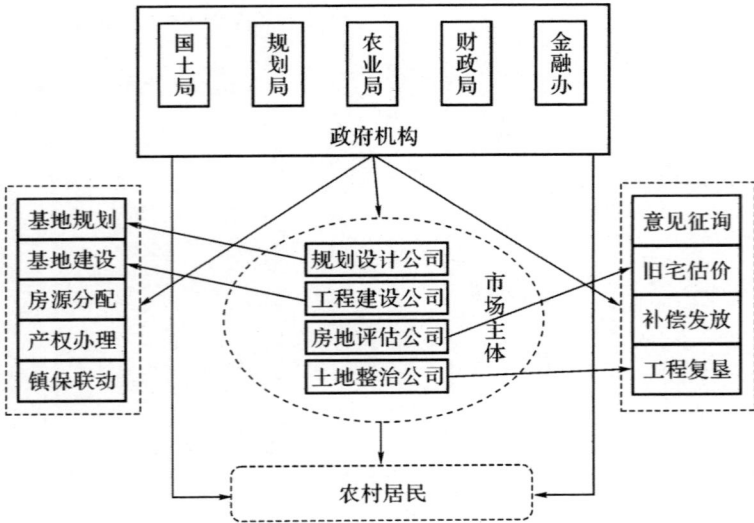

图 7.1　美丽乡村土地整治涉及的主体

招商引资、生态工业,还是生态农业、基础设施建设、文明卫生等方面,只要在美丽乡村建设过程中对切实改善农村居住环境,改善乡村生态,提升乡村文化内涵做出积极贡献的企业或个人,均应当给予奖励,也要明确不同环节的责任主体,以推动各部门就其职能最大地推动土地整治与美丽乡村建设。

二、建立资金整合投入机制

当前农村土地整治与美丽乡村建设资金整合中还存在组织机构不健全、规划冲突、资金使用分散和资金投入交叉重复的问题,这也使得部分市县,尤其是经济发展较为落后的市县缺乏足够的资金开展土地整治与美丽乡村建设。

因此应当加大相关涉农资金的整合力度,重点支持农居点以及农地的整治建设项目;对于更新整治项目,应当按照统筹城乡社会经济一体化发展的要求,按照"统一提供宅基地、统一基础设施建设、统一配建公共设施、统一整理宅基地、统一推进规模种植"的"五统一"要求,整村推进;同时建立统一的资金整合平台,以县为主进行资金整合,通过搭建资金整合平台可以将来自各级政府和部门等各类资金通过项目建设对资金进行有效的整合,整合资金由财政统一拨付,农业、财政等部门负责监督、审核。

三、建立宅基地置换退出机制

目前许多镇村重经济建设,忽视村镇规划建设,缺乏协调发展的长远规划,村镇规划制定迟慢,仍未开始发挥作用,致使村庄向外扩展无序,村内宅基地杂乱无章,乱搭乱建现象比较严重。以九江市为例,2014年全市共有自然村23400多个,居民点占地面积大,老旧宅基地闲置多。因此,须建立有效的宅基地置换退出机制,逐渐引导超标宅基地退出,使农村土地使用趋于理性化。

(一)宅基地置换退出机制理论构建

宅基地置换退出机制须从三方面进行建设:宅基地退出的引力机制、推力机制和压力机制。其中引力机制主要指在美丽乡村示范区建设过程中,建立多元化的农村住房保障体系,切实提高对农村居住保障的层次和水平,或用城镇中可以直接进行交易的商品房与宅基地进行置换,或者直接对在城镇中已有住房的农民给予货币补贴,使农民财产显化,农民受到利益驱动,会主动参与到宅基地的置换退出中;推力机制主要是通过农村宅基地整理、置换、复垦工程的实施,推动农户退出宅基地,而美丽乡村示范区建设正是以此为重点的;而压力机制的对象主要是针对违法取得或面积超标的农房,通过有偿使用或征收保有阶段的税费,使得持有宅基地的成本高于收益,促使其主动退出宅基地。

（二）宅基地置换退出机制具体形式

1. 近郊村庄

近郊村庄的宅基地置换退出机制的核心为通过用集镇中的产权房与农民的农宅进行置换，显化农民财产，提供激励。

其运作模式为首先对农民宅基地及房屋面积进行确权。确权过程中对应当拆除而未拆除的房屋、违章建筑、超过批准期限的临时建筑以及擅自进行房屋及其附属物新建、改建、扩建的部分不计入建筑面积，也不予补偿，而对合法的房屋及宅基地颁发房地产权证和农村宅基地使用证；确权后，根据房产证和宅基地使用证登记的面积，给予对农宅的房价评估，对农民进行拆迁补偿；最后由农民出资外加政府补贴的方式，让农民在集镇中的安置地块购买产权房。置换后农民的房屋由不能流转的小产权房变为可以直接上市流转的产权房，且一般农民都可以得到两套房的补偿，使农民的财产得到极大显化，这有助于在近郊区县的推动。

2. 远郊村庄

远郊村庄的宅基地置换退出机制的核心为通过政府出资补贴，帮助农民集中规划建新宅，改善农民生活环境，提高用地效率。

该模式的运用主要是政府主导规划、出资，对农居点进行拆旧建新，政府在拆旧建新过程中给予农民补助分四类：一是拆老屋补助；二是每户村庄改造补助；三是农业户籍人口补助，按人头计算；四是建新房差价补偿，按面积计算。通过政府出资进行拆旧建新，引导原有分散老旧宅基地置换退出，改善了乡村生活环境，同时提高了用地效率。

四、建立农地产权流动机制

目前农地确权发证工作已经基本完成，美丽乡村建设过程应当利用这一成果，推动农地产权流动，利用市场机制引导农村宅基地的有序退出，实现农业规模化经营。农地产权流动机制的建立应当从以下几个方面入手：

第一，明确农地产权流转主体的权利与义务。宅基地流转过程中，农民的初始宅基地是以无偿划拨方式取得的，带有很强的集体成员福利性质，因此，必须明确每户只能享受一次具有福利性质的宅基地，农民转让宅基地后，户内人口不得再申请宅基地（包括加入他人户籍申请宅基地）。同时明确规定，农民无其他固定住处的，不得转让宅基地。第二，农村宅基地使用权流转、农地流转应当与宅基地、农地整治项目相结合，农居点整治涉及大量农宅的拆迁归并与集中，因此可以为农地产权流转提供很好地契机，而农地整治则涉及土地平整和农业基础设施的提供，能够明显改善农业生产条件，提高农地流转价值，同时农地流转也会简化农地整治的权属调整过程,二者是相互促进的过程。第三,要切实抓好农村产权交易流转平台和中介组织建设。在农村产权制度改革中,应切实抓好土地流转平台和中介组织的建设,规范土地流转秩序,最大限度地保护农民的合法权益。

五、促进投融资体制机制创新

资金平衡是土地整治与美丽乡村建设的难点,创新投融资机制是乡村发展可持续性的重要手段。

投资主体多元化是创新投融资机制的关键。政府主导推动,逐步引入市场主体参与到土地整治与美丽乡村建设过程中。例如在城镇周边的美丽乡村建设过程中,城镇中一定比例的安置房建设可以作为房地产开发商取得其他项目的附加条件,从而将房地产开发商纳入美丽乡村示范区建设的体系;公共基础设施建设的投资可以采用 BOT 或 PPP 等融资模式,充分吸收社会资金,推动美丽乡村建设;还可以通过运用税收优惠、财政补助、贴息、以物代资、先建后补、奖补结合等手段,充分调动农民群众参与美丽乡村建设的积极性;乡村旅游项目的建设可以通过招商引资完成,旅游项目内农家乐建设可以采用农民自己出资为主,政府给予一定补贴的方式完成。

六、健全监督机制和管理制度

监督管理机制的健全主要从两个方面展开:一方面是要加强对美丽乡村与土地整治实施过程的监督与管理;另一方面通过建立明确的监督考核机制,自上而下的由上级主管机关进行监督管理。同时项目整个实施过程应公开透明,接受公众监督。国外土地整理实施过程中会设立专门的土地整理法庭,土地整治与美丽乡村建设可以借鉴类似观念,设立专门机构接受公众对整治相关问题的投诉或意见,并进行处理;另外,建立美丽乡村土地整治的评价体系,对项目的目标达成度进行评价,并进行公示,接受公众检验;此外,要加强资金管理与美丽乡村建设专项资金的核算。各基层需要贯彻落实财会制度,加强对资金的预算核算工作,严格执行资金支付标准。加强对资金的监督管理能够有效地规范专项资金的使用环境,确保投融资的资金切实使用。

七、建立全程公众参与机制

土地整治与美丽乡村建设过程应当建立事先、事中和事后的全程公众参与机制。

（一）事先公众参与

事先公众参与制度主要从两个方面建设,首先应当以农民意愿为项目施行的必要条件。首先,美丽乡村建设过程中涉及居民点集中、宅基地置换、农地整治等工程都应当在尊重农民意愿的基础上进行,并尽可能积极听取农民建议。其次,具体建设项目实施前,应当对农民进行适当的培训。培训应当主要就土地整治与美丽乡村建设的目的,普及与宣传建设过程中农民的权利与义务,鼓励农民合理表达诉求,同时也对整个建设项目有全局性的把握,有利于农民积极主动参与到土地整治与美丽乡村建设当中。台湾农村社区整治通过培训提高了农民的参与程度,并且节约了整治的成本,部分村庄甚至提出无须政府投资,而要奉行"减"的哲学的理念。可见,事先培训的制度对于土地整治与美丽乡村建设具有重要意义。

(二)事中公众参与

事中公众参与主要是项目具体规划选址、实施建设以及公共服务设施、休闲娱乐设施的提供和布局等问题的决策过程应当民主化。应当成立包含村委会领导、村民代表以及相关各部分成员的农居点美丽乡村建设委员会,对美丽乡村土地整治过程中的较为重大的决策进行商议,充分吸取各方建议,以减小项目实施阻力,提高实施的成功率。

(三)事后公众参与

事后公众参与主要是在对土地整治与美丽乡村建设项目最终评价时,应当将农民满意度作为重要的考核标准,一方面用于衡量项目本身的成功与否,另一方面也为后期项目的开展提供借鉴意义。

八、摆脱叠床架屋的组织习性

当既有行政组织进行着各自的资源投入时,更重要的是,如何使其兼顾弱势均衡与发展卓越的需求,摆脱政策叠床架屋的组织习性,定期检视何者该作为而不作为,何者正竞争式地进行着错误的资源分派与执行,何者将土地整治与美丽乡村建设变相成为各级政府的政绩工程,造成预算的虚掷、生态的断丧以及民主的退化。现阶段的土地整治与美丽乡村建设真正需要的是一个资源整合与问题讨论的平台,这个平台必须是跨部门,同时也是跨公私部门的平台,但必须摆脱部门各自为政的组织习性。

第二节 规划制度改革

一、推进土地用途管制制度创新

传统土地利用总体规划理论认为规划具有较强的确定性,很容易造成规划脱离现实而失效。不仅如此,"土地整治＋"与美丽乡村建设,使得新业态融合、农区空间复合利用增多,现行土地用途管制制度亟须改革创新。规划可以将土地政策与住宅、交通等其他政策要求结合起来,实现更为综合、多样的目标。在实现更多的公共福利等前提下,设定可以由市场化运作来实现的目标,采取"得分制"和"协商制"等多种灵活的方式,来增强规划的可操作性和实施成效。未来需要推进以下更适合市场经济发展和更具灵活性的用途管制制度创新。

(1)绩效式用途管制(performance zoning),是一种以"得分制"为核心的灵活的区划形式。绩效式区划规定,拟建的某一工程将因其某一优点而得若干分,又因某一不良之处而扣分。一旦该工程项目已经设计好,且总得分超过规定标准,则将获得批准建设。绩效式区划的目的是要杜绝一切开发项目可能对邻近地区产生的负作用,并且让市场来决定该地块作为何种用途最为合适,以增加规划对土地整治和美丽乡村建设的不合理限制。

(2)协商式用途管制(negotiated zoning),政府可以和村民或开发者协商,一个一个地详细解决土地的用途分区问题。其中最常见的方式就是"规划单元开发(PUD,或 planned unite development)",其理论依据是,政府应该能够通过协商,在某些地区对用途分区目标做出一些妥协,以换取村民或投资者为公共福利做出更多贡献。这种用途分区形式不适用于整个地区,而是由政府与每一块土地用途的适应村民或投资者协商决定。

二、建构土地混合利用规划模式

在"土地整治＋"与美丽乡村建设的进程中,土地利用的第一、二、三产业融合现象十分普遍。诸如乡村旅游观光、农产品定制化等现代消费服务业以及与此相关的互联网配送、农业主题公园等较大体量的农业设施融入了非农业用途。因此,规划需要在多功能乡村(multifunctional rural)理论的指导下,超越当前"现代化"的概念范式,创新农村土地复合利用的概念框架,建构农村土地复合利用的分析框架,从"多功能大循环"和"第六产业"的角度界定农村土地复合利用的内涵边界,包括农用地-建设用地-未利用地大复合的概念边界,农用地-建设用地复合、农用地-未利用地复合的概念边界,农用地内部复合、不同业态之间复合的概念边界,从突出时空尺度性、物质主导性、复杂混沌性和价值公共性角度建构有利于促进农村土地复合利用的规划模式。在农村居住区,土地混合开发可以分为三类:第一类是相同土地使用类型,但是具有不同容积率或者不同类型住户的混合;第二类是相兼容的土地混合使用,譬如商住混合使用,这种混合往往能产生互补的作用;第三类则是不相兼容的土地混合使用,诸如住宅与不相兼容的重污染工业的混合情况,这一类型往往极容易造成环境、噪声以及其他方面的相关问题。

第三节　土地政策创新

一、加大支持美丽乡村新业态发展

在土地整治与美丽乡村建设的进程中,新业态不断涌现,需要通过改革创新加大对新业态发展的支持。对此,重庆出台的专项文件以农业、农村发展中的用地问题为导向,结合农村新业态发展实际,对中央的相关原则性政策规定作了细化。如:支持五类用地、盘活七大资源。即支持设施农业、休闲农业和乡村旅游、农业园区、林业、传统村落和民居等五类用地;盘活农村存量集体建设用地、闲置集体建设用地、零星分散建设用地、"四荒地"、新增耕地、林地、闲置农房七大资源。例如,明确五类设施用地。一是规定农业生产设施、附属设施和配套设施用地属于农用地,实行"备案制",不须办理转用审批手续,只报区县(自治县)国土房管和农业行政主管部门备案;二是规模化种植业附属设施用地规模,原则上控制项目用地规模在 5% 以内,最多不超过 0.67 公顷;三是规模化畜禽养殖附属设施用地规模,原则上控制项目用地规模在 7% 以内(其中规模化养牛、养羊的附属设施用地规模比率控制在 10% 以内),最多不超过 1 公顷;四是水产养殖的附属设施用地规模原则上控制项目用地规模在 7% 以内,最多不超过 0.67 公顷;五是粮食生产的耕地在 33.33 公顷以内的,配套设施用地控制在 0.2 公顷以内;超过 33.33 公顷的,配套设施用地不超过 0.67 公顷。同时,切实保障休闲农业和乡村旅游设施用地,保障农业产业园区发展用地,保障林业经营用地,保障传统村落和传统民居用地,深入挖掘农村存量建设用地潜力(姚丽,2017)。各省(区、市)在年度建设用地指标中单列一定比例,专门用于新型经营主体进行辅助设施建设。支持新型经营主体将集中连片整理后新增加的部分耕地,按规定用于完善规范经营配套设施,促进"土地整治+"与美丽乡村建设的积极开展。

二、推进土地整治供给侧结构性改革

由于我国人口众多和耕地资源稀缺的基本国情,农地在特定发展时期内,的确是以承载农业生产为其主导甚至单一功能。然而随着社会经济条件发展,农地功能变化具有明显的阶段性,日本、韩国、美国及欧洲发达国家耕地功能普遍经历了从单一功能向多功能的转型,而中国农业发展及土地利用需求也有着与之相似的转变,农地多功能管理是代表城乡居民需求发展方向的农地资源管

理模式(Song et al.，2012)。研究显示,中国农地的功能总体上已于 2006 年前后发生转型,其生态安全维护、就业保障等功能相对于粮食生产功能开始日益凸显(宋小青,2014)。2013 年,中央政府提出划定生态红线,并把"生态文明建设放在突出地位",时任总书记习近平也提出,"山水林田湖是一个生命共同体",发展要做到"既要绿水青山,也要金山银山"。这深刻表明,生态功能作为一种需求已经凸显,与乡村娱乐、文化传承等高端功能,一并附加于农地的农业生产功能之上,城乡居民对农地功能诉求已成多样化态势。以增加耕地为主要目的单一功能土地整治模式,已不能适应社会多样性需求、农村可持续发展和山水林田湖生命共同体建设的新需求。

充分发挥土地整治的抓手和平台作用"补短板",加强土地整治的供给侧结构性改革,推进土地整治作为统筹城乡发展、美丽乡村建设的核心平台、实现生态文明的建设路径、提升民生福祉的发展动力、加强政府治理的突破窗口、保障社会经济可持续发展的政策工具的重要作用,以统筹保障国家重点战略的实施为重要任务,弥补当前广泛存在的生产、生活、生态"三生"土地利用"短板",已变得十分急迫。"田、水、路、林、村"的综合整治进一步促进粮食安全保障和改善农村生产生活条件"短板","山水林田湖"生命共同体的综合整治加强污染治理和生态景观建设"短板",提高环境质量和承载能力(夏方舟,严金明,2016),乡村存量建设用地综合整治优化调整乡村空间结构,以城乡建设用地增减挂钩为突破口推进乡村散乱、废弃、损毁、闲置、低效建设用地"短板"的集中整治,促进乡村管网、排水防涝、消防、交通、污水和垃圾处理等基础设施的建设质量、运营标准和管理水平的提高,应当成为土地整治助推美丽乡村建设的政策创新突破口。

第四节　重大行动计划

一、推进保护地方特色计划

走回乡之路,推进乡村地方特色的保护计划,在土地整治与美丽乡村建设中具有突出的重要性。以宁波市为例,乡村特色的重要内涵是江南水乡兼东海渔村的融合,农业文明与商贸文明的融合,北部现代农村与南部美丽宁静的空间格局融合。土地整治与美丽乡村建设就需要围绕这些"宁波特色",突破原有的注重改变村容村貌和村民生活方式的建设,全面体现村庄自身特点,有针对性地对村庄进行合理定位,从而打造特色美丽乡村建设模式。村庄特色,主要包括特色山水景观、特色乡风民俗、特色历史文化、特色农产品、特色旅游及餐饮等,将村庄的与众不同之处展现出来,实现"一村一品,一村一特色"的目标。在宁波,江南水乡亲水、亲山、亲海的选址特色,"郑氏十七房"的建筑特色,岩头村的民国特色,东门村的渔村特色,慈城的慈孝文化特色,庄市村的商帮特色,岭丰村的庙宇特色等传统村落特色以及乡村集市的特色都应该得到切实保护和发扬。在建设过程中,注重城乡互为条件、发展各得其所、优势各扬其长,使城市更向往乡村。

二、推进提升造血功能计划

无论是日本的新农村建设还是韩国的新村运动,都是以创造农村发展活力作为建设重点。政府要在政策上扶持乡村造血功能的提升,加大综合扶持力度。一是政府每年应安排村集体经济发展项目专项扶持基金,用于重点帮扶集体经济开发项目补助,重点推进农业专业化、企业化和机械化。二是政府引导走农业和非农产业的合作化道路。通过建立农协等组织,根据区域和土地的适宜性,对农业生产实行统一品种、统一技术、统一销售,扩大农户的经营规模,即由一户的经营规模变成一村的经营规模。实行合作化将农村的农工商结合起来,引导农村走无污染的农村工业化道路,更好地激活农村发展活力。三是政府优先安排建设用地指标,大力激励村庄和宅基地整理复垦;要简化审批手续,降低相关规费;支持农民通过宅基地有偿退出、宅基地跨村跨镇置换、宅基地置换城镇住房等途径,实现向城镇和中心村集聚。四是政府推进区域特产品发展运动。通过对农产品现状进行调查评估、建立区域特产品基地和对特产品产地进行适宜性评价,把发展高附加值农业作为突破口,把优质农产品逐步推向国际市场。五是政府要积极探索农村新社区运行和管理机制,加强多个村庄集聚的农村新社区综合服务管理中心建设,强化公共服务和社会管理职能;要高度重视村庄合并后村级集体资产的有机融合,建立产权界定清晰、股权量化合理、经营机制灵活、资产保值增值的集体资产管理新机制。

三、推进农村竞赛活动计划

借鉴德国和日本等国家或地区的经验,因地制宜组织农村竞赛活动对于美丽乡村建设具有可持续发展的意义。例如,每2年或3年举行一次农村竞赛活动。农村竞赛的标准是动态的,主要呼应不同时期的农村发展需求,制定各个时期的农村发展使命和原则,可以将主题锁定在经济发展、景观保护、文化礼仪、社区建设、传统工艺等方面。竞赛的目标要重视传统与未来的结合,竞赛过程中要求各个农村具体描述如何面对各自的发展条件及文化传统延续等议题。在社区内部或者几个毗邻社区也可以通过举办诸如杨梅节、桃子节、榨菜节、传统工艺节、地方曲艺节、特色饮食节、特产节等,评选各种产品。通过举办各种不同形式的农村竞赛、活动,凝聚农村的向心力,共同决定村庄未来的发展前途,推动美丽乡村建设后时代的功能提升和持续发展。

四、推进信息化示范村计划

进入 21 世纪,信息化国际化趋势不仅影响城市,也开始影响农村。在农村尤其是山村等被信息化隔离的地区建立超高速因特网利用环境,并提供电子商务等信息内容,使农村居民实现信息生活化,从中获得实质性的收入,并通过搞活区域经济谋求全市的均衡发展。其强调城市和农村、生产者和消费者之间的畅通,信息化村的标志可设为青绿色,绿色代表清洁、实惠的交易环境和淳朴的民情,青色代表信息化和社区及网络。

五、推进健康长寿村计划

通过创建适合农村不同阶层主体的工作岗位进行健康管理,组织不同群体学习参与社会活动,并重点开发农村居民自发参与的内容,开发适合乡村健康的生产型闲暇生活项目。同时"农村健康长寿村"将与附近的传统主题村建设合作,积极宣传推销健康长寿生产产品,以提高乡村的吸引力和活力。

参考文献

[1] 姚丽.土地政策如何支持农村新业态发展[J].中国土地,2017(1):19-23.

[2] 夏方舟,严金明.新常态时期中国土地整治转型发展方向探索[J].宁夏社会科学,2016(3):109-113.

[3] SONG X Q, OUYANG Z, LI Y S, et al. Cultivated land use change in China, 1999—2007: Policy development[J] perspectives. Journal of Geographical Sciences, 2012, 22(6): 1061-1078.

[4] 宋小青,吴志峰,欧阳竹.1949 年以来中国耕地功能变化[J].地理学报,2014,69(4):435-447.

下篇　实践篇

第八章　九江研究案例

第一节　区域发展基础分析

一、独特的地理区位优势

九江市位于江西省北部,京九铁路中段,地处赣、鄂、湘、皖四省交界处的长江中下游南岸。地理坐标为北纬 28°47′~30°06′,东经 113°57′~116°53′。东与鄱阳县和安徽省东至县毗邻;南与新建、安义、靖安、奉新和铜鼓五县相连;西与湖南省平江县和湖北省崇阳、通城、通山、阳新四县交界;北濒长江,与湖北省武穴市、黄梅县及安徽省宿松、望江两县隔江相望。全境东西长 270 千米,南北宽140 千米,土地总面积 1879679.22 公顷,占江西省总面积的 11.3%。九江市综合经济实力显著增强,主导产业与战略性新兴产业基本实现集群化,"T 轴"地区产业集聚水平明显提高,整体创新能力进入全国同类城市先进行列,双向开放程度更加深化,综合保税区力争获得批复,山水城市和旅游名城知名度大幅提升,可持续发展水平明显提高,节能减排工作完成省下达目标,是江西率先建成全面小康的城市。

九江是江西省省域副中心城市、昌九一体化双核城市、环鄱阳湖城市群、长江中游城市群城市之一,是中国首批 5 个沿江对外开放城市之一,也是东部沿海开发向中西部推进的过渡地带,号称"三江之口、七省通衢"与"天下眉目之地",有"江西北大门"之称。九江被定位为鄱阳湖生态经济区建设新引擎、中部地区先进制造业基地、长江中游航运枢纽和国际化门户、区域性综合交通枢纽、江西省区域合作创新示范区,九江都市区是江西省重点培育和发展的三大都市区之一。随着长江经济带的推进,九江市作为长江黄金水道枢纽,在城市化建设中的区位优势将越来越明显。良好的区位优势为九江市美丽乡村土地整治示范区建设提供了新的支撑动力。

二、具有丰富的自然资源优势和深厚的人文环境

九江在历史上分别是"三大茶市"和"四大米市"之一。当代获"中国优秀旅游城市、中国十大魅力城市、全国双拥模范城、全国园林绿化城市、中国十佳宜居城市、国家卫生城市、中国最佳休闲旅游城市、最具国际影响力旅游城市"等荣誉称号。九江山清水秀,风景怡人,有"九派浔阳郡,分明似画图"之美称。中国第一大淡水湖"鄱阳湖"有 2/3 的水域面积在九江;世界文化景观遗产"庐山";佛教净土宗发源地"东林寺";江西千岛湖"庐山西海";中部九寨沟"龙源峡"皆位于其境内。

九江市境内各种类型自然资源丰富,其中有农业、矿产资源、旅游资源三方面优势。一是农业优势。具体体现为九江气候资源优越,曾是我国"四大米市"和"三大茶市"之一。全市粮棉油等传统优势产业稳定发展,并初步形成了棉花、油菜生产基地、茶叶、油茶生产基地、水产养殖基地、蔬菜、花卉苗木生产基地、早熟梨生产基地和速生工业原料林生产基地。二是矿产资源优势。九江处于江南古陆成矿带与长江中下游成矿带的交汇地带,成矿地质条件良好,它是我国重要的矿产地之一。现已发现矿产 671 处,9 大类,矿种 104 种,各种矿产潜在经济价值近万亿元。其中,锑、锡、萤石、黄金储量居江西省之首,铜居第二,钨居第三位。石灰石、砂、石英砂、大理石、花岗石、瓷土等建筑材料更是得天独厚,开发潜力巨大。三是旅游资源优势。九江风光秀丽,人文荟萃,是一座具有 2200 多年历史的著名旅游城市,也是京九沿线最大的综合性风景区和全国 44 个重点风景名胜之一,被评为全国优秀旅游城市、中国魅力城市。著名的旅游景点有被誉为"世界文化景观"、"世界地质公园"、"万国建筑博物馆"的避暑胜地庐山,它也是被联合国授予世界唯一的 CCC/UN 优秀生态旅游景区;被誉为"候鸟王国"和"中国第二长城"的世界上最大的候鸟保护区的鄱阳湖候鸟保护区;由拦河而成的人工湖——庐山西海,以及云居山、宋代四大书院之首的白鹿书院、佛教净土宗发源地的庐山东林寺、苏轼笔下《石钟山记》的石钟山等重要景点 300 余处。名山、名湖、名江、名寺、名亭、名洞、名园相映生辉,构成九江市一幅秀丽而又壮美的山水画卷。

九江水资源十分丰富,地表水资源 136.5 亿立方米,水资源总量 141.8 亿立方米,可开发的水力资源 32.9 万千瓦。长江过境长度 151 千米,年流量 8900 亿立方米,直入长江的河流流域面积 3904 平方千米,境内主要有修河、博阳河、长江三大水系,万亩以上湖泊有 10 个,千亩以上 31 个,江西省最大的柘林水库库容达 79.2 亿立方米。鄱阳湖是省内诸河入长江的总通道,又是长江水量的调节器,有 53% 的水域在九江境内,面积近 20 万公顷(300 万亩),沿湖 12 个县

区,其中九江有 6 个。九江市丰富的自然资源、多样的文化特色,九江在建设美丽宜居示范村时也能够结合当地临山、临水、临湖、临路等特色资源,发展特色农业或发展工业或保留其特色文化,形成多样的示范村。

三、具备较强经济基础和农业产业升级的发展动力

九江市沿江沿湖发展基础为社会经济建设为美丽乡村建设提供了良好的资本市场来源。2013 年,全市实现地区生产总值(GDP)1601.73 亿元,比 2012年增长 12.79%(见图 8.1)。其中第一产业增加值 130.05 亿元,增长 4.0%;第二产业增加值 898.24 亿元,增长 12.0%;第三产业增加值 573.44 亿元,增长9.1%。人均生产总值 33500 元,增长 10.1%。三次产业结构调整为8.1∶56.1∶35.8。全市实现财政总收入 280.2 亿元,增长 26.9%。其中,地方公共财政预算收入 176.15 亿元,增长 24.2%。财政总收入占 GDP 比重达17.5%,比上年提高了 1.9 个百分点。全年税收收入 235.44 亿元,增长27.9%,税收收入占财政总收入达到 84.0%。全年新增城镇就业 6.33 万人,城镇就业率 95.5%。九江市的国内生产总值由 2008 年 724.87 亿元增至 2013 年的 1601.73 亿元,具有较强的经济综合实力作为后盾,九江市可以为全市的新农村建设筹措大量的资金,为农村建设完备的基础设施,基础设施的完备使得资本也更乐于进入农村,农村的产品也能够顺利地进入市场,形成了一个良性循环。

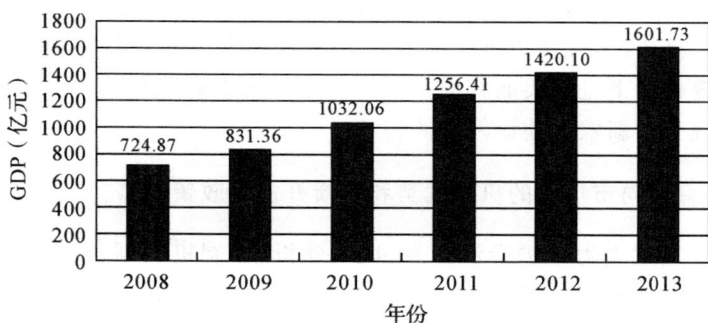

图 8.1　九江市生产总值增长水平(2008—2013 年)

农业农村的改革推进为新农村建设发展提供了新的经济动力,尤其是土地规模流转经营为农村土地流转奠定了良好基础。全市家庭承包土地流转面积新增 9780 公顷,总面积 6.2 万公顷,流转率居全省第一。全市通过流转新增6.67 公顷以上规模生产基地 205 个,总数达 980 个,总面积 1.68 公顷。湖口县开展农村土地承包经营权确权登记试点工作,推进农村土地流转规模化规范化,得到省里充分肯定,并在全省农村工作会上做书面交流。新型经营主体加速增长。德安县、彭泽县率先在全省实现合作社发展"双超",即新增合作社数和入社成员数超额完成江西省下达的任务数。全市新增农民合作社769家、总数达2986家,成员总数18万户,出资额累计38亿多元,带动非成员农户16.8万户。注册登记家庭农场135家。大规模的土地流转为美丽乡村建设实现规模经营奠定良好基础。

现代农业转型升级和产业结构优化为美丽乡村建设提供了新的发展方向。在稳定发展粮棉油传统产业基础上,继续在蔬菜产业上下功夫,新建7个千亩蔬菜基地,面积达498.93公顷(7484亩)。致力振兴茶叶产业,加快茶叶品牌整合,全年新扩茶园过万亩。庐山区获"2013年度中国茶叶产业发展示范县"以及"2013年度全国重点产茶县"两项殊荣。坚持特色产业做大做强,进一步稳定柑橘、葡萄、杨梅等高效果品生产,推动蚕桑产业加工升级、绿色发展。打造畜牧产业新增长点,推进生猪规模化、标准化养殖,巩固环鄱阳湖区县(市)水禽产业发展,加快修水县、瑞昌市等地山羊、肉牛、蜜蜂等畜禽养殖新兴产业发展。推进特色水产与大宗水产品协调发展,全市推广翘嘴鲌养殖面积8333公顷(12.5万亩),其中池塘主养333.33公顷(5000亩),套养8000公顷(12万亩);彭泽鲫产业扬优成势,彭泽县2013年彭泽鲫养殖面积达到6706.67公顷(10.06万亩),投放鱼种4190吨;珍珠产业保持良好发展势头,都昌县在市场下滑的情况下,着力发展超大规模精品珍珠,全县珍珠养殖面积仍稳定在3000公顷(4.5万亩)。休闲农业蓬勃发展,争创省级休闲农业示范县2个(九江县、星子县),示范点9个。基于此,九江市逐渐增强的经济发展实力和农村土地流转、农业产业发展升级推动下进行美丽宜居示范村的建设需不断引导,引导建设辅以政策扶持以实现美丽新农村建设发展。

四、具有面向市场化的机制优势和不断开放的政策优势

九江市通过大力推进沿江开发、城市建设、体制机制创新、新农村建设、民生工程等重点工作,经济稳健发展,社会和谐进步。具体表现在经济总量扩张,发展速度加快,运行质量提升,发展后劲增强,民生有效改善。尤其是2009年《鄱阳湖生态经济区规划》获得国务院正式批复,上升为国家战略层面高度。九江是鄱阳湖生态经济区的重要组成部分,鄱阳湖2/3的水域面积和岸线在九江境内,规划范围38个县(市、区)中九江占有12个,湖区人口300万。这一国家战略的实施,为九江市带来前所未有的发展机遇,对实现九江赶超发展将起到积极的推动作用。特别是在以下六个方面必将推动九江发展:一是推动湖区新型生态体系建设,尤其是可以加强工业和农业面源污染防治;二是推动湖区新型工业化,新型工业化核心在于发展方式转变,促进产业升级,必将推动循环经济发展;三是推动湖区新型城镇化,尤其是推动以共青城作为示范的沿湖城镇建设;四是推进湖区新型农业化,发展高效生态农业;五是推动湖区新型能源基地,加快都昌县、庐山区、星子县风电基地形成,加快彭泽核电和鄱阳湖湖控工程建设;六是推动湖区新型旅游业发展。在"土地整治＋旅游"、"土地整治＋新农村"、"土地整治＋农业现代化"等新型互联互通发展背景下,这些政策的理念、机制和政策的优势在不断深化,为九江实施美丽乡村土地整治示范区建设提供了有利条件。与此同时,以昌九一体化发展、国家级赣江新区建设的政策实施,将成为九江市美丽乡村建设的新契机。

综上所述,独特的区位和资源优势是九江市建设美丽宜土地整治示范区村的基础,深厚的历史文化底蕴优势和良好的生态环境是九江市构建美丽乡村土地整治示范区的保障,较强的经济综合实力是九江市建设美丽宜居示范村的原动力,较早面向市场的机制优势和政策优势是九江市建设美丽宜居示范村的助推器。美丽乡村土地整治示范区建设需要集中集聚农村的经济实力和文化特质,营造产业的协同发展,塑造农村的特色,表现于农村的形态、产业、服务如何打造,九江市的优势恰恰为美丽宜居示范村的建设提供了良好的软环境和硬条件。

第二节　乡村发展现状调查和预测

乡村社会经济发展是构建美丽乡村土地整治示范区的基础,基于城乡经济发展、公共服务、人民生活、生态环境等指标,对九江市城乡统筹水平进行评价,九江市目前还处于初步协调阶段。

一、农业经济发展水平逐渐提高

九江市产业化、农业现代化和规模化在逐渐提升。从 2008 年以来,九江市农林牧渔业产值一直保持增长趋势,农业、渔业、畜牧业的产值增长趋势明显,农林牧渔业总产值的增量明显加大,至 2012 年九江市农业产值 544802 万元,同比增长 3.9%;农民收入 3045 元,同比增长 24.88%。现代农业集约化生产、产业化生产、规模化经营的格局也进一步形成,九江市全市省级示范区 9 个,市级现代农业示范园区 25 个,各类园区内规模以上新型经营主体上千个,集成推广新品种 225 个、新技术 91 项,新增设施农业上万亩,初步形成"一区多园、一园一产,主体多元、龙头引领,市场运作、效益优先,科技支撑、示范带动"的发展格局。在农业规模化发展方面,新型农业经营体系不断完善,土地流转 9.2 万公顷(138 万亩),建立 6.67 公顷(100 亩)以上规模生产基地 1129 个,总面积

1.68 公顷(25.23 万亩),其中 33.33 公顷(500 亩)以上 182 个。新增农民合作社 406 家,总数 4151 家,实有社员数 20.9 万户,其中国家级示范社 48 家,省级示范社 117 家。家庭农场 1777 家,专业大户 3314 家,新型职业农民 4875 人。与此同时,农家休闲旅游业也成为农村经济发展的一个新的增长点,以庐山西海为例,庐山区海会镇充分发挥环山沿湖的区位优势,在做大做强旅游产业的同时,以新农村建设为契机,规划 40 公顷(600 亩)土地,构建农民公寓区、旅游一条街、餐饮一条街、商品市场一条街的新型集镇,集镇将吸纳当地农民 1 万多人。鉴于此,九江市发展"农村景点化"的标准,着力把新村点建设成集餐饮、休闲、观光、娱乐为一体的特色功能区,极大地拓宽了农民增收渠道。

二、农民人均可支配收入不断提高

居民可支配收入是反映社会经济发展状况的重要指标。据统计分析可知,九江市农村居民人均纯收入连续八年保持 8% 以上的增长速度。至 2013 年,九江市农村居民人均纯收入 8805 元,增长 13.10%。城乡居民收入差距由 2010 年的 2.82:1 缩小为 2013 年的 2.56:1(见表 8.1 与见图 8.2)。

表 8.1   2005 年以来九江城乡居民人均收入

年份	2005	2006	2007	2008	2009	2010	2011	2012	2013
城镇居民人均可支配收入(元)	8713	9593	11272	12889	14203	15764	17911	20330	22504
全年农村居民人均纯收入(元)	3269	3551	3937	4417	4819	5588	6777	7785	8805
农村居民人均纯收入增速(%)	/	8.63	10.87	12.19	9.10	15.96	21.28	14.87	13.10

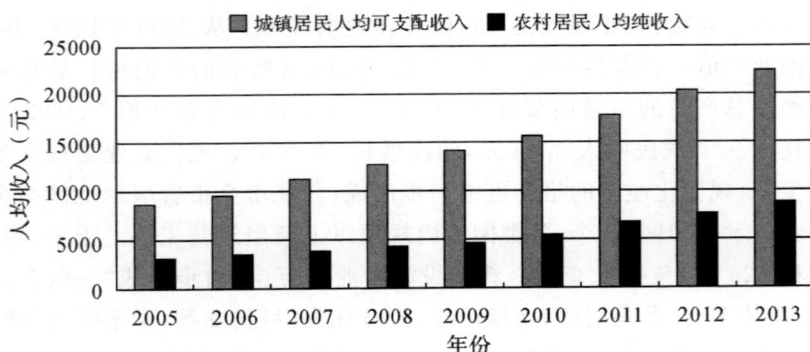

图 8.2   九江城乡居民人均收入(2005—2012 年)

从九江市分县市来看,以九江市区为核心的周边农村地区主庐山区、浔阳区、开发区的农村人均可支配收入高于其他各县市区,差异也比较明显(见图8.3)。其中,农村居民可支配收入水平最高的浔阳区比收入最低的都昌县低约50%。从相关学者对九江市的农村家庭经营收入的调查分析来看,农业收入依然是九江市农村家庭的主要收入来源,近年来工业收入的逐渐增加使其成为仅次于农业的农村家庭收入构成的重要组成部分,也从侧面反映了农村工业成为农村劳动力转移的重要渠道。总体而言,九江市的农村经济平稳较快发展,农民收入快速增长,各县(市、区)农村经济呈现出不一样的发展态势。

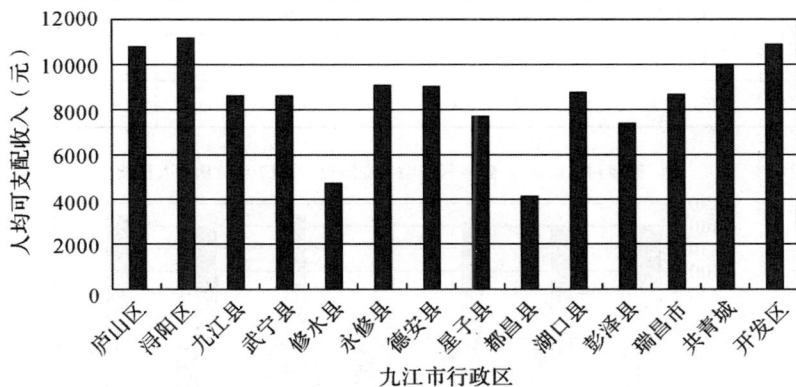

图 8.3　九江市各县市区农村人均可支配收入分布

三、农村劳动力结构发生明显变化

截至2013年九江市共有行政村2555个,农村住户数92.09万户,共有农村人口376.76万人,其中乡村劳动力资源208.54万人。九江农村社会主体成员类型主要有:在村农民,即完全在农村从事农业生产的纯农民,他们大多是年龄较长者和妇女;"两栖"农民,主要是青壮年农民,他们平时在外地打工,农忙和春节时回到农村;非农职业者,指生活在农村、不以农业为主要职业的人,如教师、管理者和工商业者等;不在村的农村人,主要指那些年轻的农村人,他们从未且不会从事农业生产,完全依靠外出打工谋生;生活不能完全自理的非劳动者,包括未成年的留守儿童和高龄老人。综上,不同区域,农村经济和社会发展有很大的差异,各类的社会成员比例结构也不尽相同。建设美丽乡村,九江的各类社会成员构成应达到均衡(见表8.2与见图8.4)。

表 8.2　九江市乡村人口与从业人员(2007—2013 年)

年份	乡村户数 (万户)	乡村人口数 (万人)	乡村劳动力资源数 (万人)	乡村从业人员数 (万人)
2007	87.000	358.000	194.000	176.000
2008	88.000	362.000	197.000	180.000
2009	88.600	364.600	198.990	180.900
2010	90.700	372.100	204.800	185.200
2011	91.440	375.195	206.279	186.446
2012	91.785	375.748	207.313	186.710
2013	92.099	376.756	208.542	187.461

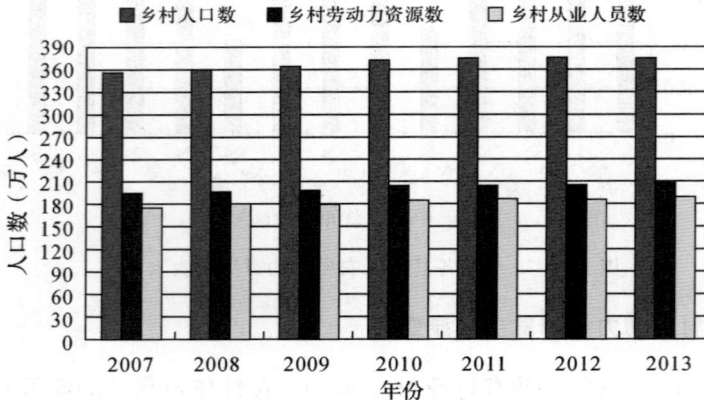

图 8.4　九江市乡村人口与从业人员对比(2007—2013 年)

四、农村建设用地现状调查

根据 2010 年九江市第二次土地利用现状调查变更数据显示,全市农村居民点用地规划 60955.19 公顷,占全市土地总面积的 3.15%,占全市建设总面积的 40.82%。从分布上看,农村居民点用地分布较多的修水县和都昌县,面积分别为 10427.28 公顷和 8486.58 公顷,占全市农村居民点总面积的 17.11%和 13.92%;其次是永修县、九江县和彭泽县,面积分别为 6874.69 公顷、5647.63 公顷和 5222.58 公顷,分别占全市农村居民点总面积的 11.28%、9.27%和 8.57%;分布最少的为浔阳区,面积为 51.19 公顷,仅占全市农村居民点总面积的 0.08%。各县(市、区)农村居民点分布现状详见图 8.5。

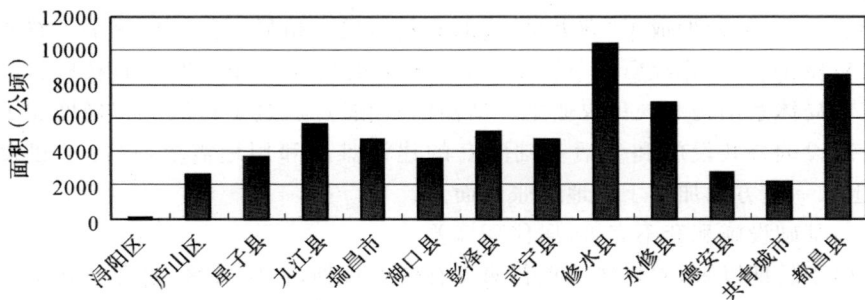

图 8.5　九江市农村居民点用地分布

五、村庄空间分布类型调查

据九江市市大都市综合规划,全市村庄基本沿公路、铁路以及湖泊、景区分布规划,其中,公路沿线村庄分布既包含国家级沿江交通主通道(长江航道、武九铁路、武九客专、池九城际、铜九铁路、杭瑞高速),也包含京九交通主通道、鄂赣粤交通廊道、赣浙交通廊道、赣湘交通廊道、蔡马交通廊道等。与此同时,临湖分布则分布在湖口湖区港区、都昌港区、濂溪港区、庐山港区、共青城港区、永修港区、柘林湖港区、修水港区等鄱阳湖港区和修河港区等沿线村庄。在地形分布上,以平原地区为主的九江市中心城区周边村庄分布相对集中,而以临湖、景区型的村庄分布相对分散,密度也相对较低。

六、乡村发展和土地整治问题诊断

自 2006 年开始九江市紧紧围绕社会主义新农村建设部署,把新农村建设作为'统筹城乡发展、构建和谐社会'的战略部署,着力改善农村面貌,发展农村经济,提升农民福祉,新农村建设成效明显。新农村建设为全市工业化、城镇化发展做出了突出贡献,尤其是新农村建设过程中在村庄整治、村容面貌、产业发展、文明新风等方面都取得极大突破,村容村貌也得到了极大的改善。值得注意的是,由于历史以及规划不合理等原因,九江市在农村发展方面存在一些问题,这些问题也是全国范围内农村发展遇到的普遍瓶颈。

（一）乡村发展问题的诊断

1. 农村居民点人均占地面积较大,土地利用的结构不够合理

随着近年经济社会的快速发展,农民人均可支配收入不断提高,农村居民点的外延式发展特征明显,农户弃旧建新却不拆旧,一户多宅现象普遍。村居民点用地的节约集约利用水平急待提高。

2. 农村居民点用地分散、人均基础设施的建设成本高

由于长期以来,为了农田耕作的便利,农村居民点建设多数按照一定的耕

作半径分布,从而形成了"满天星"式的农村居民点格局。由于传统手工农业向农业机械化、产业化经营的转变,扩大了农业的耕作半径。当前的农村居民居民点布局体系结构和现代农业生产结构已不相适应,过于松散的布局增加了新农村建设的公共设施和生活基础配套的建设难度和用地需求,提高了建设成本,也从一定方面加剧了用地紧张局面。

3.基础设施配套不完善,居住环境差

由于长期以来,农村居民点普遍没有统一规划,村庄散落,配套的基础设施难度大,基本没有排污、垃圾处理等基础设施,多数农村居住环境脏、乱、差。虽然近年随着九江市加大了新农村建设的力度,但由于投入力度有限、点多面广,且涉及的各类资金力度不够,大多数的农村居民点的居住环境仍有待提高。

4.建筑布局杂乱,缺乏科学规划

农村建设用地由于不同年代形成,长期以来,不同风格、不同结构的建筑物相互交叉,缺乏统一的规划布局,见缝插针式的建筑物非常普遍。当前大多数村庄的建筑物绝大部分是以单层平房为主,占地面积很大,容积率很低,而且房屋等建筑均存在朝向各异、错落不齐、道路质量差、功能混杂等问题。这种低容积率的农村居民点用地现状,给农村居民点内部基础设施的配置增加了很多困难,阻碍了居民点内部结构的优化。

在城市近郊区,农民已经开始第四代住房的建设,有些农村甚至按照城镇化的建设标准,建造高层公寓集中居住。但长期以来农村建设普遍缺少统一规划,而且农村建房审批和管理无序带来许多实际问题。

5.千年的散居型乡村聚落文化传承受到严峻挑战

中国自古以农立国,深受经济发展能力有限、农业生产技术落后、交通工具条件较差、农民劳动技能较低、耕地资源相对匮乏等多种因素约束,长期以来农民从事农业生产的耕作半径普遍较小,数以亿计的农村人口分散分布、散乱居住。至20世纪80年代中后期,农业依然是国民经济的主要部门,农民依然占据全国人口的绝大多数比例,农村聚落依然数量多而规模小,这些既不利于农业协作与规模经营,也不利于农村公共设施的优化配置与集约利用。

(二)土地整治问题的诊断

1.土地复垦问题复杂,未能全面开展

九江市废弃工矿复垦潜力较大,由于工矿土地复垦成本高,并涉及产权问题,未能普遍开展,而且由于矿山塌陷区土壤肥力较低,农民对复垦的土地进行耕作的意愿不高。另外,由于采煤矿区范围较大,部分塌陷区搬迁村庄选址困难,造成土地复垦的规划目标实施不到位。上轮规划土地复垦主要是一些损毁土地的复垦。

2.土地整治环境影响评价缺失

土地整治工作环境影响评价工作基本定位不清,层次体系不清,缺失可操作的技术规范,环境影响评价体系不尽科学合理。在以后的工作中土地整治要严格依据规划进行审批,重大土地开发工程应进行环境影响评价,切实保护好生态环境。

3.土地整治投融资机制尚不完善

土地整治投资仍然以政府土地整治专项资金单一渠道为主,其他涉农资金、社会资金的投资渠道不完善,"谁投资、谁受益"的投融资机制尚未形成,影响了社会和农民个体开展土地整治的积极性。

按规定专项用于基本农田保护、土地开发整理等工作的新增建设用地土地有偿使用费比例偏低,以致一些土地整治项目尤其是土地整理、农村土地整治示范建设等国投项目地方配套资金迟迟难以落实,在一定程度上阻碍和限制了土地整治事业的发展。

4.公众参与不足

土地开发整理涉及政府、集体经济组织和广大农民群众的切身利益。但是在规划编制过程中,公众参与力度不足,缺乏充分论证、广泛征求群众意见,造成农民群众主动参与和支持力度不够。同时对土地开发整理复垦项目积极意义的宣传工作不到位,未能使当地农民充分认识到土地开发整理的重要性和现实意义。

5.土地整治后续管理有待加强

土地整治新增耕地权属调整与利用、基础设施维护、土壤肥力培肥等后续管理尚不完善,面临部分新增耕地重新撂荒,基础设施损坏等问题,不同程度地影响了新增耕地利用效益,造成社会资源浪费;同时尚未有效实现对各项目全面全程、集中统一监管,对整治后耕地质量也未做到有效的评价和监测,需要进一步加大项目管理和实施监管的力度。

第三节　乡村发展的"九江特色"研究

一、从自然条件看"九江特色"

九江市地处赣北,位于江西省最北部,长江、京九铁路两大经济开发带交叉点。九江是江西省省域副中心城市、昌九一体化双核城市、江西省门户城市、环鄱阳湖城市群城市、长江中游城市群城市、长江经济带核心城市、赣鄂皖湘四省区域性中心城市，是中国首批 5 个沿江对外开放城市之一，也是东部沿海开发向中西部推进的过渡地带，号称"三江之口、七省通衢"与"天下眉目之地"，有"江西北大门"之称。

九江市目前共有行政村 1747 个，这些乡村由于受区位、社会、文化、历史、经济、地理等因素的制约，形成了不同的空间格局。九江市山地占 16.4%，平原占 21%，丘陵占 44.5%，湖泊占 18%，耕地 24.34 万公顷（365.22 万亩），俗称"六山二水分半田，半分道路和庄园"。九江是座靠水的名城，水资源十分丰富，地表水资源 136.5 亿立方米，水资源总量 141.8 亿立方米，可开发的水力资源 32.9 万千瓦。长江过境长度 151 千米，年流量 8900 亿立方米，直入长江的河流流域面积 3904 平方千米，境内主要有修河、博阳河、长江三大水系，万亩以上湖泊有 10 个，千亩以上 31 个，全省最大的柘林水库库容达 79.2 亿立方米。中国第一大淡水湖鄱阳湖是省内诸河入长江的总通道，又是庐山西海水量的调节器，有 53% 的水域在九江境内，面积近 20 万公顷（300 万亩），沿湖 12 个县区，其中九江有 6 个。拥有庐山、鄱阳湖、东林寺、浔阳楼、烟水亭、庐山西海、龙源峡等著名景区。九江处于江南古陆成矿带与长江中下游成矿带的交汇地带，成矿地质条件良好，是我国重要的矿产地之一。现已发现矿产 671 处，9 大类，矿种 104 种，各种矿产潜在经济价值近万亿元。其中，锑、锡、萤石、黄金储量居江西省之首，铜居第二，钨居第三位。石灰石、砂、石英砂、大理石、花岗石、瓷土等建筑材料更是得天独厚，开发潜力巨大。

美丽乡村土地整治示范村的建设需要根据不同村庄不同的地理条件，按照不同的地理环境类型，有针对性、有区别地进行建设。根据以上九江市地理环境特征，可以认为九江乡村特色的重要内涵之一是山美水多。山地众多、景色优美、举国闻名，依山建居，环境幽雅；名川大湖、河湖交错，水网纵横，田园村舍，如诗如画；乡村居民的生产生活靠着水、傍着水。这种自然的环境和功能，塑造了极富韵味的民居的风貌与特色。九江乡村是修身养性的好去处，是一幅精美绝伦的山水长卷。有山有水，有声有色，野趣天然。

二、从生态环境看"九江特色"

九江市森林主要分布在西部九岭山山脉、幕阜山山脉，面积达 85.7 万公顷，森林覆盖率 46.3%，活立木蓄积量 2538 万立方米，毛竹 6196 万株，列为国家重点保护的珍稀树种 37 种，主要有南方红豆杉、樟木、杜仲、银杏、柳杉等。截至 2015 年 8 月，有国家级森林公园 3 个，省级森林公园 4 个。至 2015 年，九江市动物资源有候鸟类 115 种，两栖类 11 种，哺乳类 20 种。永修县吴城镇的鄱阳湖候鸟自然保护区有越冬候鸟 126 种，其中属国家保护的白鹤有 840 只，天鹅 3000 多只,占世界首位,永修县被外国专家誉为中国的"第二长城"。彭泽县桃红岭是稀有野生动物梅花鹿栖息之地,有梅花鹿 150 只以上。九江有鱼类 109 种,名贵鱼类有中华鲟、鲥鱼、银鱼、彭泽鲫、虾虎鱼等,中华绒螯蟹也是特产之一。

至 2015 年 8 月,九江市水资源丰富,地表水 136.5 亿立方米,仅鄱阳湖在九江境内,面积近 20 万公顷。该市森林覆盖率 54.92%,建成区绿化覆盖率 47.05%,城区人均公园绿地面积 12.99 平方米,通道绿化率达 90% 以上,江、河、湖泊等水体沿岸绿化率达 80%。九江市既担当江西崛起的重任,又肩负保护鄱阳湖"一湖清水"和长江中下游及中国东南腹地生态安全的责任。为此,该市以生态文明建设为中心,以优化发展环境为重点,以推进污染减排、加强环境监管为抓手,促进经济社会和环境保护和谐共进,实现生态环境质量持续改善。庐山、柘林湖的大气环境质量达到国家一级标准,中心城区大气环境质量达到国家二级标准,空气质量优良率保持在 83.5% 以上;全市饮用水源水质达标率 100%,长江、鄱阳湖、修河水质达标率 100%。综上,纵观九江市良好的森林资源、水资源环境、空气环境等良好的生态环境,已形成以庐山为龙头,星子温泉、庐山西海等各县市区竞相发展的格局,围绕核心旅游资源点的散点状开发,旅游产业在空间上的经济效益逐渐凸显。这为九江市地域广大的美丽乡村建设提供优越的生态环境条件。

三、从历史文化看"九江特色"

(一)特色文化类型

九江市位于万里长江、千里京九、八百里鄱阳湖交汇处,在全国经济格局中处于承东启西、引南接北、交流中转的位置,水陆空交通便利,号称"三江之口,七省通衢",山魂水韵、景致天成,素有江西"北大门"之称。100 多年前,孙中山先生在《建国方略》中指出:"九江将成为江西富省之唯一商埠,中国南北铁路之一中心。"九江自古以来"读书成风、科举成名、作家成派、学者成林、仕宦成群、著述成山、志士成仁、佛道成宗、青铜成王",蕴藏着蔚为大观的山水文化、清新隽永的田园文化、源远流长的隐逸文化、神秘深奥的宗教文化、声名远播的书院文化、异彩纷呈的民俗文化、厚重深远的商业文化、催人奋进的红色文化。九江是中国田园诗的诞生地、山水诗的策源地、山水画的发祥地,历代 1500 多位名人在九江赋诗 4000 多首,《三国演义》和《水浒传》中很多传奇故事都在九江演绎,中国古曲《春江花月夜》根据原创于九江的《浔阳曲》改编而成,白鹿洞书院居中国古代四大书院之首,东林寺是佛教净土宗的发祥地。

九江风光秀丽,人文荟萃,是一座具有 2200 多年历史的著名旅游城市,也是京九沿线最大的综合性风景区和全国 44 个重点风景名胜之一,被评为全国优秀旅游城市、中国魅力城市。著名的旅游景点有被誉为"世界文化景观"、"世界地质公园"、"万国建筑博物馆"的避暑胜地庐山,它也是被联合国授予世界唯一的 CCC/UN 优秀生态旅游景区,被誉为"候鸟王国"和"中国第二长城"的世界上最大的候鸟保护区的鄱阳湖候鸟保护区;由拦河而成的人工湖——庐山西海,以及云居山、宋代四大书院之首的白鹿书院、佛教净土宗发源地的庐山东林寺、苏轼笔下《石钟山记》的石钟山等重要景点 300 余处。名山、名湖、名江、名寺、名亭、名洞、名园相映生辉,构成九江市一幅秀丽而又壮美的山水画卷。

以九江历史城区、世界文化遗产庐山为重点,保护都市区各类历史文化和传统风貌资源,维护自然山水环境和城乡传统聚落格局,合理协调城市改造和乡村环境整治,提升城市品质与形象,推进城乡历史文化一体化保护工作。其中,非物质文化遗产将成为美丽乡村建设的重要组成部分,其中包含传统技艺、传统美术、传统音乐、传统戏剧、民俗、民间文化、舞蹈等,在九江市各个县市区均有分布,为九江市进行美丽乡村建设提供良好的文化基础(见表 8.3)。

表 8.3　九江市特色文化类型分布

序号	文化项目名称	文化项目类别	级　别
1	技艺	传统技艺	国家级
2	瑞昌剪纸	传统美术	国家级
3	瑞昌竹编	传统美术	国家级
4	湖口草龙制作技艺	传统美术	国家级
5	九江山歌	传统音乐	国家级
6	青阳腔	传统戏剧	国家级
7	德安潘公戏	传统戏剧	国家级
8	西河戏	传统戏剧	国家级
9	九江丝鼓铜锣	传统音乐	省级
10	九江秧号	传统音乐	省级
11	瑞昌秧号	传统音乐	省级
12	楚调唐音歌吟	传统音乐	省级
13	德安南河戏	传统戏剧	省级
14	九江文曲戏	传统戏剧	省级
15	九江采茶戏	传统戏剧	省级

序号	文化项目名称	文化项目类别	级　别
16	瑞昌采茶戏	传统戏剧	省级
17	德安西河戏	传统戏剧	省级
18	庐山云雾茶制作技艺	传统技艺	省级
19	九江封缸酒酿制技艺	传统技艺	省级
20	玉扣纸手工制作工艺	传统技艺	省级
21	九江桂花茶饼	传统技艺	省级
22	东林寺净土宗	民俗	省级
23	湖口粑俗	民俗	省级
24	彭泽板龙	民俗	省级
25	江州义门陈文化	民俗	省级
26	浔阳八景传说	民间文学	省级
27	德安八景民间传说	民间文学	省级
28	都昌打岔伞	民间舞蹈	省级
29	都昌鼓书	曲艺	省级

资料来源：九江市大都市规划

（二）特色文物保护区块

九江市历史城区的保护框架为"一面二带两区九点"。一面——为九江历史城区；带——沿长江一岸的滨江历史风貌带和沿南湖周边的滨湖自然风光；两区——古城的2个历史地段保护区，大中路历史文化街区、庾亮南路历史文化街区；九点——历史城区内位于历史地段之外的9个文物古迹点，邓如琢花园旧址、忠烈亭、天花宫、烟水亭、揖庐亭、浪井、二十四师叶挺指挥部、东作门、浔阳楼。同时，历史古建筑的保护也是其中的重要环节：加强保护文华塔、宋代罗汉桥和义峰山、义门陈家族文化、昆山观道教文化、万家岭大捷遗址、聂桥古溶洞、吉安会馆等历史文化遗址，耀邦陵园申报历史文化保护单位；加强对环南湖地区、博阳河两岸、九仙岭、吴城生态旅游区等地区景观特色的保护。基于此，严格保护都昌县苏山乡鹤舍村省级历史文化名村和湖口县流泗镇庄前潘村中国传统村落，注重整体传统山水聚落格局和民居建筑风貌特色的保护，凸显历史乡村耕读文化景观特征。保护吴城镇传统风貌特色，加强传统水乡文化传承，积极申报历史文化名镇（见表8.4）。

表 8.4　特色文物保护区块分布

特色文物序号	特色文物名称	特色文物位置	级别	特色文物年代
1	美孚洋行旧址	九江市滨江路	国家级	近代
2	同文书院	九江市南湖路	国家级	近代
3	大胜塔	九江市庚亮南路	国家级	明代
4	锁江楼塔	九江市滨江路	国家级	明代
5	观音桥	庐山市白鹿镇玉京村	国家级	宋代
6	白鹿书院	庐山市白鹿镇白鹿村	国家级	宋代
7	庐山会议旧址及庐山别墅建筑群	庐山市	国家级	近代
8	瑞昌铜岭铜矿遗址	瑞昌市夏阪乡铜铃村	国家级	商代
9	秀峰摩崖	庐山市白鹿镇秀峰村	国家级	唐至民国
10	紫阳堤	庐山市南方沿河	国家级	南宋
11	石钟山古建筑及时刻	湖口县石钟山景区	国家级	唐至民国
12	庐山赐经亭	庐山黄龙寺后	国家级	明代
13	庐山市御碑亭	庐山仙人洞景区	国家级	明代
14	东林寺	九江市濂溪区赛阳镇庐山西北麓	省级	清代
15	西林寺塔	九江市濂溪区赛阳镇庐山西北麓	省级	宋代
16	叶挺指挥部旧址	九江市东门口路	省级	近代
17	浔阳城址	九江市七里湖街道赛湖村	省级	晋至隋
18	烟水亭	九江市甘棠湖	省级	清代
19	黄龙寺摩崖石刻	庐山市风景区黄龙寺	省级	明代
20	陶渊明墓	九江市马回岭镇马头村	省级	明代
21	岳飞母亲姚太夫人墓	九江县沙河乡天波村	省级	宋代
22	岳飞妻李氏夫人墓	九江县狮子镇三桥村	省级	宋代
22	石灰山遗址	德安县聂桥乡蒋家垄	省级	商代

资料来源:《九江市都市总体规划 2014—2030 年》

四、从分布现状看"九江特色"

九江市村庄的分布,按照地形地貌和交通区位的不同,可以分为临城型村庄、临道型村庄、临海型村庄、山区型村庄、景区型村庄等五种类型。

(一)临城型村庄

临城型村庄具体而言又可以细分为两个类型,都市边缘型村庄和城镇边缘型村庄。二者的区别在于,都市边缘型村庄指的是地理位置处于九江市区周边的村庄,而城镇边缘型村庄指的是地处九江市区以外其他县市周边的村庄。前者如德安县的宝塔工业园区、九江县的胡家村;后者的典型代表则有以及永修县艾城镇艾城村等村庄。

(二)临湖型村庄

九江市属于临湖城市,主要是柘林水库与鄱阳湖。不过,其中,柘林水库临湖村庄主要有武宁县的巾口旅游镇、永修县柘林镇司马村、庐山西海的西海温泉旅游服务村、浪琴岛旅游服务村、康龙旅游服务村等;而临近鄱阳湖的临湖村庄主要分布在湖口县,其村庄主要有流泗镇东风村、武山镇、均桥镇南港村、城山镇南湖村等,以及永修县的吴城镇等。具体而言,临湖型村庄主要由柘林水库的上游地区以及鄱阳湖周边的湖口县区域。

(三)临江型村庄

九江市属于沿江城市,主要面临的是长江。不过,九江市北部临江瑞昌市区域主要为开发区与工业区占领,该区域村庄分布较少。因此,九江市域内临湖型村庄主要集中在北部临湖区域,都昌县、湖口县、彭泽县均有分布,其中,在都昌县主要分布有苏山乡鹤舍村、汪墩乡大桥村、蔡岭镇北炎村、周溪镇棠荫村、多宝乡多宝村、多宝乡绍兴村等。

(四)山区型村庄

九江市山体主要是庐山以及武宁等山区,因此,九江市市域内属于山区型的村庄主要包括两部分:一是位于庐山、庐山西海周边的村庄,主要包括庐山市、庐山西海周边等部分村庄;二是位于武宁修水方向的村庄,主要包括武宁的廉村、长水村、茶棋村和修水县的黄溪村、山口老街、朱砂行政村等部分村庄。

(五)景区型村庄

景区内部或附近型村庄,主要是指村庄位于九江市市域景区内或者其附近。九江市共有景区49处,全市市域内庐山风景名胜区、庐山西海风景名胜区(禅山圣水养生中心、观光休闲基地、水上游乐基地、演艺会展基地、科普教育基地)、石钟山、三叠泉等。除市区浔阳楼等景区因位于市区或镇区范围内,没有村庄分布外,其余景区附近基本都有村庄分布。

总体来讲,九江市村庄分布类型多样,存在临城型、临湖型、临江型、山区型和景区型等类型。村庄分布主要沿公路布局,交通干道附近的村庄总数占九江市村庄总数量的大部分。平原地区的村庄分布较为集中,而山区村庄分布相对分散;临城型村庄多为集中连片,而临湖型村庄沿湖线状分布,而景区型村庄分布相对均匀,密度相对较低。

五、从当代发展看"九江特色"

九江市地处赣、鄂、湘、皖四省交界处的长江中下游南岸,现代水陆空交通网络四通八达,既有中国最大、最长的东西向长江黄金水道,又有我国最长、现代化程度最高的陆上运输京九南北大动脉,此外,合九、武九和铜九铁路,福银、九景、大广、杭瑞、武吉高速,以及可直通北京、上海、广州、厦门的九江机场等形成密集的交通网络,九江已成为承东启西、引南接北的金十字交汇点,是新时代的九省通衢之地。延续城市文脉,整合城市空间景观资源,培育和强化城市"山、江、湖、城"一体的空间格局和人文与自然景观紧密交融的城市意象,塑造高品质、人性化和多样化的城市公共空间环境,形成具有鲜明特色和文化底蕴、古城风貌与现代气息并存的"山水名城、联湖大城、文化古城"。

2013 年,九江市实现地区生产总值(GDP)1601.73 亿元,比去年增长10.4%。其中第一产业增加值 130.05 亿元,增长 4.0%;第二产业增加值898.24 亿元,增长 12.0%;第三产业增加值 573.44 亿元,增长 9.1%。人均生产总值 33500 元,增长 10.1%。三次产业结构调整为 8.1:56.1:35.8。全年粮食作物播种面积 27.66 万公顷,增长 0.2%;粮食产量 160.80 万吨,增长1.6%。油料作物播种面积 13.31 万公顷,增长 2.2%;油料产量 21.70 万吨,增长 3.8%。棉花播种面积 6.28 万公顷,增长 0.6%;棉花产量 9.14 万吨,下降15.0%。全年完成人工造林面积 1.57 万公顷,零星植树 1564 万株;年末实有封山育林面积 43.86 万公顷,成林抚育面积 5.78 万公顷。全年肉类总产量21.20 万吨,比去年增长 2.8%。生猪出栏 215.72 万头,增长 3.5%;生猪存栏129.45 万头,增长 0.6%。全年水产品产量 40.57 万吨,增长 2.1%,其中特种水产品产量 14.25 万吨,增长 2.8%。全年城镇居民人均可支配收入 22504 元,比去年增长 10.7%;人均消费性支出 14356 元,增长 9.0%。全年农村居民人均纯收入 8805 元,增长 13.1%。在岗职工年平均工资 39513 元,增长 16.6%。年末城镇居民人均居住面积 37.19 平方米,农村居民人均住房面积 48.29 平方米。但区域差异和发展不平衡现象比较突出。

东部生态保护区。该区域发挥紧邻城市的区位优势,调整农业结构,加快建设面向城市的蔬菜、水果、茶叶、乳制品、肉禽、水产、花卉、苗木等农副产品生产供应基地,推进农业产业化和设施农业,加强农业品牌建设,引导农业向生态型、效益型、精品型转变。加强农业产业链延伸,发展茶叶、菌菇、食用油等特色农产品的精深加工业,促进农业与旅游融合发展,积极培育休闲农业、观光农业、体验农业、创意农业等新兴农业业态。以鄱阳湖旅游经济增长为重点,包括彭泽、湖口、都昌等区域,发挥东部区域的生态资源和文化资源优势,深入挖掘生态观光、乡村休闲、特色体验等功能,建设系列化的生态旅游产品品牌,形成功能完善的生态旅游体验旅游区。本地特色果蔬业、畜牧业、水产养殖业及相关服务业展开的专业合作组织分布较多,围绕特色农业园区的区块经济相对发展。该区域主要体现了田园风光和丰富密集型的农业资源。

北部沿江开发区。引导先进制造业向主城区、瑞昌的等中西部沿江地区集中,打造临港高端产业集聚区;引导传统临港产业向沿江东部产业园区集中布局,打造全省重要的临港重型产业集聚区;加快推进城区内零散工业企业向沿江地区集聚,推动园区结合科研院所建设高新技术产业发展平台,重点发展新能源汽车、海洋装备等高端装备制造、非金属新材料、智能电器和电子器件、绿色食品、石化等产业。依托九江境内的长江黄金水道,该区域整合两岸文化旅游资源,联动浔阳、湖口、彭泽等区域,打造长江文化旅游带。串联区域旅游项目,形成东线、西线两条游线,促进区域旅游联动发展。沿线重点打造九江旅游集散与综合服务中心、浔阳古城、青铜小镇、长江花海生态文化休闲区、石钟山景区、九江大千世界等核心项目等项目。该区域通过沿江经济发展走廊带动农村产业的发展。

中部产业发展区。以新型工业化为发展方向,加快推动核心区工业产业升级,形成特色鲜明、集约高效、生态友好、竞争力强的产业集群体系;以创新发展为核心,加强集聚创新要素资源,提高科技研发投入力度,实现创新驱动。打破行政区划整合产业园区,引导产业分区集聚。围绕十里核心区、八里湖核心区、城西核心区,以及大庐山旅游产业区和昌九工业走廊。重点提升其公共服务职能,加强核心区与周边地区的交通联系、功能联系和开放空间联系,打造富有活力的城市中心和品牌形象。以工业走廊促进农村各类经济发展。

西部山地休闲区。人口稀疏,以山区和半山区为主,地形坡度起伏大,远离城市,经济发展相对滞后,但山地资源丰富,自然景观优美。依托九江市境内最大河流修河,联动修水、武宁、永修等区域,充分挖掘修河深厚的文化底蕴与淳朴的民风民俗,串联沿线景区景点,加强修河流域生态环境的保护和建设,打造集生态观光、水上游览、休闲度假、商务会议等功能于一体的综合型生态休闲旅游带。沿线重点打造修河生态文化旅游度假区、黄庭坚故里文化旅游区、盛元·庐山国际养生度假区、华夏国际旅游度假休闲区、庐山西海原乡汤群、柘林国际慢城等项目。以庐山西海旅游经济增长极为重点，包含庐山西海、修水、武宁、永修等区域，按照建设生态型、休闲型旅游目的地的要求，以山水休闲度假为主题，将旅游开发与生态环境建设紧密结合，完善旅游要素，打造西部山水休闲度假区。重点打造庐山西海原乡汤群、修河生态文化旅游度假区、东岭田园、武陵田园、吴城"赣天下"国际旅游岛、柘林国际慢城、永修田园等项目。发挥山水生态、文化旅游资源，积极发展旅游度假、文化创意和健康养生产业。

总体而言，九江市农村人口空间分布、资源禀赋空间分布、经济发展空间分布差异明显。经济较发达的中部地区，城乡融合水平高，就近就地城镇化明显，城乡基本互联互通、互促互进；经济基础相对薄弱的北部和东部地区要以城乡统筹发展为目标，以农业产业化为依托，发展山水九江的特色，突出农村生态美丽宁静古朴特质，注重城乡互为条件、发展各得其所、优势各扬其长，使乡村让城市更向往。

六、"九江特色"小结及应用

九江为江西省地级市，古称浔阳、柴桑、江州，是一座有着 2200 多年历史的江南文化名城。九江古镇古村落，在景色怡人的山间而落，这里有山有水。在 2000 多年的历史沧桑变迁中，九江市形成了特有的依山、湖滨、傍水的传统村落文化特征。其中就包括典型的彭泽县浩山乡、德安县桂姓古村落、都昌石树围屋、都昌县苏山乡鹤舍村、都昌县汪墩乡南门圈、修水县漫江乡尚丰村、修水县杭口镇双井村、永修县吴城古镇、湖口县流泗镇庄前潘村等有名的古镇古村落。传统村落作为一个个完整的生命体，它们遗存的不仅仅是建筑，更多的是先人遗留的伦理态度、时令风俗、地域文化和人文精神，就像是一部部保存完整的地域建筑史、民俗史和传统文化史。总体上，结合九江特有的"山、湖、田、园"自然山水格局和"一核三组团"的双环内聚外扩式格局，通过对九江市乡村资源进行优化整合，形成"山湖为骨，T 型延伸；四区八型，经络交织"的美丽乡村发展格局。

九江市美丽乡村土地整治示范区建设需要围绕以上"九江特色"，重点突出"山水九江"，突破原有的注重改变村容村貌和村民生活方式的建设，全面体现村庄自身特点，有针对性地对村庄进行合理定位，从而打造特色美丽宜居示范村建设模式和成果。其中，"美丽"指既重视村庄的整体面貌，又强调保护农村生态环境，充分挖掘并保护村民与自然和谐共处的耕读文化底蕴，同时注入现代生态文明建设新的活力，充分发挥农村生态环境优美、田园风光秀丽、民俗文化丰富新颖、别具特色的优势，形成"由内至外，由外显内"的生态文明和谐之美；"宜居"指通过全方位的村庄整治建设，连片推进村庄整治、中心村建设和生态环境建设,将原有村庄建设成为更适宜居住、愿意居住且公共服务基础设施完善的新型村庄,真正成为村民享受现代文明生活的温馨家园;同时考虑村庄和村民的长远发展,进一步改善农村生产条件和创业环境,推进功能区建设和产业建设,为村民搭建就业和致富平台,提供岗位和技术等方面的支持,提高村民的生活质量。美丽宜居示范村建设应当将产业建设与村庄发展相结合,包含特色品牌建设、实体功能建设和文化环境建设三个方面。特色品牌建设倾向于挖掘村庄特色,主要包括特色山水景观、特色乡风民俗、特色历史文化、特色农产品、特色旅游及餐饮等,将村庄的与众不同之处展现出来,实现"一村一品,一村一特色"的目标。实体功能建设包括道路、用地功能、基础服务设施等一系列场地实体的建设,是村庄规划中用地规模、布局的外在具体表现形式,注重村庄规划。文化环境建设主要是保护村庄原有的村民生产生活方式,保护原有民居的空间组织和地域经济及社会结构等,重视整体的可持续发展,村庄的整体风貌能够体现村庄特色和历史文化的传承。在建设过程中,注重城乡互为条件、发展各得其所、优势各扬其长,使乡村让城市更向往,最终实现土地整治构建九江市美丽乡村。

第四节　美丽乡村土地整治示范区建设

一、美丽乡村发展格局

结合九江特有的"山、湖、田、园"自然山水格局和"一主三副"的双环内聚外扩式格局,通过对九江市乡村资源进行优化整合,形成"山湖为骨,T型延伸;四区八型,经络交织"的美丽乡村发展格局。

"山湖为骨,T型延伸"。在资源依托、空间分布及开发利用导向的基础上,九江村庄选址应随山就势、临湖而居。九江城市南依国家重点风景名胜区——庐山绵延青山,北靠长江,东临鄱阳湖,西临八里湖、赛湖,形成向外伸展的T型城市形态。通过延续城市空间发展的惯性,沿长江东、西向扩展与新港、赛湖对接,向东南沿鄱阳湖、西南沿八里湖双向延伸,从而打造与自然交融的生态型山水城市。

"四区八型,经络交织"。按照区域分工和协调发展的原则,九江全域分为北部特色工业型示范区、西部特色农业型示范区、中部复合发展型示范区和东部自然生态资源型示范区四大区块。继而根据区域资源环境承载能力、现有开发密度和发展潜力等对四大区块划分亚区,针对各类亚区提出历史文化保护型、现代化社区型、保留整治型、乡村旅游型、旅游工贸型、集聚发展型、逐步搬迁型、生态保护型等八种村庄建设类型，从而开展全方位的村庄整治，形成"经络交织"的美丽乡村立体发展格局。

二、美丽乡村建设分类

（一）分类原则

1.差异性原则

"美丽乡村"建设分类最根本的目的在于增进九江市土地利用的经济效益、社会效益和生态效益。根据九江市地区空间结构和发展条件，以市域重点镇为核心，结合特色资源，差异化引导、扶持、培育一批旅游、文化、现代农业、电商等特色城镇，因地制宜引导周边人口有序集聚，从而推进城乡一体化发展。

2.空间整合、协调发展原则

至2030年，九江市规划实现"双区多点、T轴两翼"的空间发展总体布局。"双区"即核心区和共德永地区，核心区重点发展区域中心职能，共德永地区培育创新创业和新兴产业集聚地、国际生态文明交流展示平台；"多点"即市域内其他主要城镇，包括彭泽县城、都昌县城、武宁县城、修水县城等四个县域中心城镇；"T轴"即市域两条主要的城镇发展轴带，包括沿江城镇发展轴和昌九城镇发展轴；"两翼"即西部城镇发展翼和东部城镇发展翼，西翼以武宁县城、修水县城为中心，东翼以都昌县城为中心，加强交通走廊建设，连接重点镇、一般镇，形成网络化的特色城镇发展带。美丽乡村建设分类要依托空间规划、特色镇发展带，结合空间建设要求进行，以便通过不同类型的美丽乡村建设，带动周边村庄的建设、实现空间整合，进而形成生态优美、开明开放、创新发展、宜居宜游、和谐共享、文化繁荣的新局面。

3.严格保护生态环境原则

以长江、鄱阳湖、庐山为核心，加强生态环境保护，构建生态安全格局。建设"美丽乡村"过程中，应重视长江岸线生态管控，严格制定沿江工业的准入门槛；完善鄱阳湖岸线生态管控，严格控制环湖工业污水排放；加强庐山生态管控，保护性地开发景区生态环境资源，确定合理的旅游开发规模，做好景区内生物多样性保护、水土保持等工作。

4.凸显特色原则

有特色、有个性，才有生命力。按村庄和农业生产的特色对美丽乡村示范区建设进行分类，才能突显其特色，彰显其个性，形成优势互补，促进乡村发展。

（二）分类依据

分类依据主要有：（1）九江市"十三五"国民经济和社会发展规划纲要；

（2）九江都市区总体规划（2014—2030年）；（3）九江市土地利用总体规划；（4）九江各县（市、区）土地利用总体规划；（5）昌九一体化土地利用规划（2013—2020年）；（6）九江市土地整治规划；（7）九江各县（市、区）土地整治规划；（8）九江市交通发展规划；（9）九江市水利发展规划；（10）九江市旅游发展规划；（11）九江市产业发展规划；（12）九江沿江四大板块产业园区规划；（13）九江市城市商业网点规划；（14）九江市农业和农村发展规划；（15）九江市域生态规划；（16）九江市2000—2015年统计年鉴；（17）九江市第二次全国土地调查数据及图件；（18）九江市第二次农业普查资料；（19）九江市村庄统计资料；（20）九江市农村抽样调查资料；（21）大九江城镇群空间发展战略规划；（22）九江港总体规划；（23）九江史志；（24）其他相关的法律、法规、规章、技术标准、技术规范等。

三、美丽乡村土地整治示范区建设类型

根据上述分类原则和依据，将九江美丽乡村土地整治示范区建设类型分为特色农业型、自然生态资源型、人文资源型、特色工业型四种类型。

（一）特色农业型

被归类为特色农业型的乡村位于农业地带，与城市发展没有矛盾；具有某种特色农业，如邹桥乡石门村邹桥莲蓬种植基地、港口镇葡萄园基地、高塘乡罗桥村高塘天籁台湾热带水果种植基地、江州镇西瓜基地、岷山乡柑橘基地、新合镇凌华企业蔬菜果园基地、涌泉乡葡萄专业合作社、新塘乡白茶基地、狮子镇灵芝养殖基地、城门乡金柳苗苗木基地等。同时村庄有一定的人口规模，有一定的基础设施和公共服务设施。按照村庄的特色不同，形成亚类。

1. 现代农业发展类村庄

村庄交通条件较好、对外联系便捷，农业基础较好，人口经济相对较稳定，土壤肥沃，耕作条件好的村庄。这类村庄应深入推进现代农业，大力发展精致高效农业，扩大无公害农产品、绿色食品、有机食品和森林食品生产。突出培养具有地方特色的"名、特、优、新"产品，推进"一村一品"的生态农业，致力打造一批蜜柚、茶叶、烤烟、仙人草等生态农业专业村，增强特色产业、主导产业的示范带动作用。同时能适度发展农林产品加工业、矿产资源业、并带动服务业的发展，从而具有集聚周边人口和贸易的能力，能形成以现代农业、特色农业为主的现代农业发展类村庄。

2. 乡村休闲旅游类村庄

村庄区位较好，交通便捷，具有农耕文化、古朴乡村风貌和一定的自然历史文化景观，周边农业景观丰富，有多种特色农产品及其深加工产品，要充分挖掘这些资源的旅游价值，形成特色农业型乡村休闲旅游类村庄。

3.整治保留类村庄

具有一定景观、文化价值,需进行一定程度的保护,有一定的人口规模、但基本无人口迁入,特色不明显,发展潜力缺乏。这类村庄主要对卫生环境进行整治,对有一定保护价值的遗迹进行保护性整治,以保留其原有格局风貌为主。

4.逐步搬迁类村庄

地理位置偏僻,交通和经济区位条件较差,此类村庄由于自身发展既缺乏特色,同时潜力也不足,在乡村发展的各个阶段,并未成为各类功能发育的主要载体。随着今后九江乡村多元功能的发育,这些村庄将由于配套设施继续落后、生产条件不断恶化而导致人口逐步外迁、"空心化"趋势日渐明显等现象发生,要有计划地逐步搬迁。

(二)自然生态资源型

九江市有河流、湖泊、名川、名山,岛屿、森林、自然资源和生态资源丰富,生物种群繁多,其中有十多个国家级自然保护区,大量的国家公益林,还有珍稀动植物资源,是市九江市丰富的旅游资源,水源涵养地,需要实施严格的生态保护。按这些资源的特点、特色和乡村风貌,结合周边的人口、资源、产业情况,形成亚类。

(1)乡村休闲旅游类村庄,即在合理开发利用村庄内部自然旅游资源的同时,充分发挥乡村旅游的产业带动力,将农村风貌、农民生活等乡土旅游资源一同推向市场,从而实现产业链的延伸,促进本村经济社会发展。修河流域观光度假区内应切实保护河流、湖泊、岛屿、森林、温泉、石林等自然生态环境,挖掘与开发庐山西海运动娱乐与国际会议中心、易家河温泉度假区、武陵岩生态旅游区和修河峡谷风光带,成为包括生态观光、运动娱乐、休闲度假等新兴旅游区。鄱阳湖区珍稀动物,特别是候鸟数量巨大,鄱阳湖已成为不可多得的候鸟观赏区,可将其中部分区位条件较好、自然景观优美,具有一定规模的村庄建成自然生态资源型乡村休闲旅游类村庄。大庐山旅游区内的部分村庄依托庐山丰富的山水景观,发展特色旅游,并积极推进与上海、广东、浙江的旅游合作,提升综合服务水平和质量,同时延伸其产业链,对旅游产品进行深加工,区域内配置了交通、旅行社、饭店、购物、餐饮、娱乐等多项旅游要素,产业集聚程度较高,旅游服务业发展较快。将其打造成融合农业观光、生态休闲、文化体验、居住接待于一体的自然生态资源型乡村休闲旅游村庄。

(2)生态保护类村庄:具备一定的生态环境优势、特色旅游资源,或位于大型旅游项目设施的辐射范围内的村庄。如临近鄱阳湖自然保护区和桃红岭梅花鹿国家级自然保护区、庐山西海地区、大庐山区等地域内部分村庄,环境承载能力相对较弱,对其过度的开发建设会影响整体生态环境。因此,要坚持保护生态环境的大前提,慎重选择开发项目,合理控制开发规模,努力减少对自然环境的影响,以保护生态环境和适度提高资源利用率为前提,对特色资源进行深加工,形成具有一定生态旅游功能的自然生态资源型生态保护类村庄。

(3)保留整治类村庄:对庐山西海、大庐山等交通等基础较好,人口经济相对较稳定,有一定规模,风貌尚好,资源丰富,有一定的森林食品生产能力的村庄。突出培养具有地方特色产品,推进林产品生产和适合林中养殖的仙人草、菌类等生态农林为主的自然生态型保留整治类村庄。

(4)逐步搬迁类村庄:从长远角度看更适合于生态环境保护与建设的区域以及其他因基础设施建设、地质条件等因素需要搬迁的农村。此类村庄由于自身发展既缺乏特色,同时潜力也不足。随着时间的推移,配套设施也会不断老化、生产条件逐渐恶化,且人口逐步外迁,衰落趋势日渐明显。如鄱阳湖生态保护区周边生态系统极其脆弱,对其开发建设会影响整个湖体的生态环境,适宜作自然保护区,因此该区域内的大部分村庄适宜逐步搬迁;庐山西海地区部分破败的村庄等也宜逐步搬迁。

(三)人文资源型

九江历史悠久,人文荟萃,文化旅游资源极为丰富,是全国优秀旅游城市和江西省历史文化名城。

(1)红色文化资源:九江历来都是兵家必争之地,从西汉开始到东汉、东晋、南宋、元代、太平天国,千百年来,驰骋江州大地的金戈铁马,留下了许多古战场的遗迹。特有的地理条件,造就了九江在近代反帝反封建和革命战争年代,形成了包括革命遗址、革命文物、革命纪念性建筑等在内的丰富的红色文化资源,涌现了众多的爱国志士和革命先烈。九江城乡各处还遗存着北伐战争、土地革命、抗日战争和解放战争时期的许多革命历史遗迹。山水文化:神奇的大自然赋予了九江雄美壮观的山水和文化胜景,陶渊明、黄庭坚等许多开风立派的大师及历朝历代无数风流人物,以山为背、以水为影,在这里留下了数以万计的遗迹遗存,这些是九江一笔弥足珍贵的财富。宗教文化:九江古刹名寺林立,宗教名士辈出。既有被列为全国佛教保护寺庙的东林寺、真如寺、能仁寺和历史久远的西林寺、铁佛寺、简寂观、仙人洞等寺观,还有距今600多年历史的三清殿道场和长江中下游保存最为完整、规模最大的九江修道院旧址和天主教堂。九江五教聚集,和谐相处,宗教建筑特色鲜明,共同展示了九江的文化特色。书院文化资源:九江的古代书院以德安义门陈氏家族式书院——东佳书堂、理学鼻祖周敦颐创办的——濂溪书院、理学集大成者朱熹重建的——白鹿洞书院为主要代表。此外,还有浔阳的同文书院,修水的芒台、樱桃、濂山、梯云书院,武宁的柳山、云龙、正谊书院,都昌的宝林、去非、经归、南山书院,德安的少室书院,星子的鬐山草堂,永修的修江书院,瑞昌的蔡氏义塾,九江县的靖忠、阳明书院等。名人文化资源:九江山水灵秀,哺育出了一大批赫赫有名的历史人物。如文化巨匠陶渊明、黄庭坚、江万里;历代名将陶侃、蒋干、余玠、余庆鳌等;近代革命志士陈宝箴"一门四杰"、李烈钧、蔡公时、许德珩;"样式雷"建筑世家鼻祖雷发达和江州义门陈氏家庭等。还有视九江为第二故乡的庾亮、周敦颐和岳飞等历史名人,有在九江大放异彩的李白、白居易、苏轼和朱熹等文化巨擘。青铜文化资源:瑞昌铜岭铜矿遗址是九江特色文化资源的亮点。其遗址位于瑞昌市夏畈镇铜岭村,是我国目前发现的年代最早、保存最完整、内涵最丰富的一处大型采铜遗址。遗址分采矿区、冶炼区、生活区三部分。古采矿区集中分布范围约7万平方米,古冶炼区散布面积20万平方米,生活区面积约1平方千米。1991年它被评为中国考古十大新发现之一和二十世纪中国重大考古发现之一。农商文化:茶文化、米文化和码头文化等。在美丽乡村建设中,要重视文化资源特别是特色历史文化资源的保护,统筹城乡建设发展和文化资源的保护,维护文化根脉。涉及人文资源的乡村,按照其资源的丰富程度、经济发展条件等可细分为几个亚类:(1)历史文化保护型村庄。该类村庄历史文化资源丰富,具有一定的生产特色农产品或手工业品的能力或潜力。根据当地资源优势或文化传承优势,发展特色工艺、文化创意等产业;同时应重视保护古历史文化。这类村落主要多分布在北部滨江风貌带、大庐山旅游区、鄱阳湖区域、以及修河流域,有源远流长的浔阳历史文化、有大量的战争(军事)文化、名人文化、宗教遗迹、书院文化等。如修水县黄龙乡的黄龙寺,白岭镇的泰清温泉和红色遗址,全峰镇的花灯、古祠和古建等都具备一定的文化、历史价值,村庄建设应合理保留村庄文化;(2)乡村旅游类村庄:历史文化资源丰富、有较好的旅游价值或历史教育价值。在合理开发利用村庄内部人文历史旅游资源价值的同时,充分发挥乡村旅游的产业带动力,将历史文化、农耕文化、乡土生活等人文旅游资源在保护的同时,适度开发其旅游价值,从而形成产业,促进本村经济社会发展。如挖掘与开发黄庭坚、陈门五杰、李烈钧、柳浑等历史名人和秋收起义等人文旅游资源,着重建设与完善云居山宗教建筑群、宗教朝圣、凭吊先贤和瞻仰革命史迹的新兴旅游区建成人文资源型旅游村庄。(3)逐步搬迁类村庄:在乡村旅游村庄周边,地理位置较偏僻,交通和经济区位条件较差,人口规模小,缺乏人文或自然景观资源,缺乏有特色和发展潜力,从长远角度看更适合于生态环境保护与建设的区域以及其他因城市建设、地质条件等因素需要搬迁的农村。

(四)特色工业型

九江是昌九一体化的双核之一赣江国家新区的重要组成部分、环鄱阳湖城市群城市,也是长江中游城市群重要节点城市、中部地区重要物流枢纽和先进制造业基地、现代化港口旅游城市,中国首批 5 个沿江对外开放城市之一,九江港是长江水运第四大港口,江西省第一大港口,国家一类口岸。按区位条件、经济发展实力、人口规模、发展潜力可进一步细分为:(1)现代化社区类村庄:主要指现状城镇建成区内的农村,包括城中村、园中村等等。由于城镇的辐射,其自身乡村特色不断弱化,空间形态与城镇较为相似,功能联系也较为密切,空间上表现为城乡互融趋势。这类村庄主要分布在沿江、沿路(铁路和公路)城镇发展带和其他城镇周边,对外联系紧密,工农业现代化程度高,村庄生活水平与方式与城镇接轨程度高。应继续充分发展水运、公路、铁路等交通运输方面的枢纽作用和区位优势,打造特色工业型现代化社区。(2)旅游工贸类村庄:村内内部不仅具有较丰富的旅游资源,同时工业发达,形成了一些特色工业密集区,工业发展又带动工业品市场和消费品市场的发展,工商业经济十分活跃。如赣江国家级新区内、八里庄工业开发区、大庐山旅游产业区内部分旅游资源丰富、有旅游开发价值,同时工贸发达的村庄,可以将其建成特色工业型旅游工贸村庄。(3)集聚发展类村庄:主要指以位置和经济发展条件较好的农村居民点为中心,聚集周围一些自然村和散居点,形成具有一定规模和良好生产、生活环境,并对周边一定区域的经济、社会发展起辐射作用的农村,特别是行政区划调整前的原乡镇政府驻地、集镇或行政村。昌九工业走廊村庄数量众多,应采取集中发展模式,分层次展开工业布局,依托重点建制镇,以工业园区为载体,以增强产业集聚度和关联度为重点,加快形成一批特色鲜明、优势明显、竞争力强的块状经济,应将这些村庄建成特色工业型集聚发展类村庄。(4)逐步搬迁类村庄:针对规划中远期城市建设区内的农村、规划中远期基础设施建设区内的农村或因其他建设等因素需要搬迁的农村。此类村庄由于自身发展既缺乏特色,同时潜力也不足,为实施城镇规划、基础设施建设或其他必要建设,需要将该区域内的大部分村庄有计划地逐步搬迁。

四、美丽乡村土地整治示范区选择标准

(一)指标选择的原则

为了科学地建立示范区选择指标体系,在指标选取时,应当遵循以下几项原则。

1.综合性原则

美丽乡村建设受自然生态环境、社会经济和人文历史等多方面因素的影响,因此,示范区选择需要建立一套综合性的、多层次的、具有足够覆盖面的指标体系。

2.可比性原则

可比性,在各区域之间具有普适性。也就是各地指标数据分值不同,但指标含义相同,便于进行横向比较。

3.代表性原则

示范区选择标准涉及的每一因素可用不同指标直接或间接表示。代表性原则就是从大量的指标中选取最合适的指标表示这一因素,避免指标内涵的重叠、交叉。

4.可操作性原则

构建指标体系的目的在于应用,纳入指标体系的各项指标必须从现实状况出发,概念明确、内容清晰,能够有效地运用于实际分析,尽可能选取概念完整,内涵明确,易于为社会各界所接受,数据采集方便、来源可靠的指标,充分考虑数据资料的可得性或可测性,使所选择的指标在实际应用统计过程中具有可操作。

(二)指标体系的建立

根据不同类别示范区的特征建立不同的选择指标体系。不同的选择指标差异通过指标选取的差异或者相同指标的权重差异体现出来。

1.特色农业型示范区选择标准(表8.5)

表 8.5　特色农业型示范区选择标准

因素	因子	打分标准
特色优势	农产品生产基地面积	对面积进行极值化处理
	主导农产品生产面积	对面积进行极值化处理
	主导农产品年产值	对产值进行极值化处理
	主导农产品年产值占县该年产值百分比	对比率进行极值化处理
	农业龙头企业数量	对数量进行极值化处理
村庄规模	村庄人口规模	对村庄人口数量进行极值化处理
	村庄从业人口规模	对村庄从业人口数量进行极值化处理
	村庄建设用地面积	对村庄建设用地面积进行极值化处理
	耕地面积	对耕地面积进行极值化处理

续表

因素	因子	打分标准
经济实力	村集体年收入	对村集体收入进行极值化处理
	人均年收入	对人均年收入进行极值化处理
	一产产值比例	对产值比例进行极值化处理
	二产产值比例	对产值比例进行极值化处理
	三产产值比例	对产值比例进行极值化处理
交通区位	距最近高速公路出口或铁路站点的距离	对距离进行极值化处理
	距进入等级公路入口的距离	对距离进行极值化处理
	进村道路等级和进村道路数量	进村道路等级按照国家道路、省级道路、县乡道路分别赋值 1.0,0.8,0.6,乘以其进村道路数量进行极值化处理
村庄面貌	村庄绿化覆盖率	对村庄绿化覆盖率进行极值化处理
	农村道路硬化率	对农村道路硬化率进行极值化处理
	村庄的景观资源保存完整度、发展前景(好、较好、一般)	村庄内具有 1 处 5A 级景观资源得分为 1,具有 1 处 4A 级景观资源得分为 0.8,其余一定规模或独特的景观资源得分为 0.6,对某一村所有景观资源加和后进行极值化处理
	公共服务设施用地比例	对比例进行极值化处理
	农户卫生改厕率	对农户卫生改厕率进行极值化处理
	污水管网进户率	对污水管网进户率进行极值化处理
	道路排水沟占农村道路的面积比率	对比率进行极值化处理
保障措施	总投资	对总投资进行极值化处理
	农户对村庄改造意愿,用意愿人数占总人数比率表示	对意愿人数比率进行极值化处理
	能人精英数量	对能人精英数量进行极值化处理
	领导班子权威强弱	用 0,1,2 分别表示强、中、弱,进行极值化处理
	村民自治规章及村规民约完善程度(好、一般、差)	分别用 0,1,2 表示完善度,进行极值化处理

因素	因子	打分标准
土地条件	近10年自然灾害发生次数	对自然灾害次数进行极值化处理
	土地污染面积	对土地污染面积进行极值化处理
	新增耕地潜力	对新增耕地潜力进行极值化处理
	农用地质量等级	根据农业地分等定级结果对等级进行极值化处理
	灌溉保证率	对灌溉保证率进行极值化处理

2.特色工业型示范区选择标准(见表8.6)

表8.6　特色工业型示范区选择标准

因素	因子	打分标准
特色优势	特色工业产业用地面积	对面积进行极值化处理
	特色工业产业年产值	对年产值进行极值化处理
	特色工业产业年产值占县该年产值百分比	对百分比进行极值化处理
村庄规模	村庄人口规模	对村庄人口数量进行极值化处理
	村庄从业人口规模	对村庄从业人口数量进行极值化处理
	村庄建设用地面积	对村庄建设用地面积进行极值化处理
	耕地面积	对耕地面积进行极值化处理
经济实力	村集体年收入	对村集体收入进行极值化处理
	人均年收入	对人均年收入进行极值化处理
	一产产值比例	对产值比例进行极值化处理
	二产产值比例	对产值比例进行极值化处理
	三产产值比例	对产值比例进行极值化处理

续表

因素	因子	打分标准
区位条件	距最近高速公路出口或铁路站点的距离	对距离进行极值化处理
	距进入等级公路入口的距离	对距离进行极值化处理
	进村道路等级和进村道路数量	进村道路等级按照国家道路、省级道路、县乡道路分别赋值1.0,0.8,0.6,乘以其进村道路数量进行极值化处理
	城乡空间相互作用力	用引力模型(见注1)计算作用值并进行极值化处理
村庄面貌	村庄绿化覆盖率	对距离进行极值化处理
	农村道路硬化率	对农村道路硬化率进行极值化处理
	村庄的景观资源保存完整度、发展前景(好、较好、一般)	村庄内具有1处5A级景观资源得分为1,具有1处4A级景观资源得分为0.8,其余一定规模或独特的景观资源得分为0.6,对某一村所有景观资源加和后进行极值化处理
	公共服务设施用地比例	对比例进行极值化处理
	农户卫生改厕率	对农户卫生改厕率进行极值化处理
	污水管网进户率	对污水管网进户率进行极值化处理
	道路排水沟占农村道路的面积比率	对比率进行极值化处理
保障措施	总投资	对总投资进行极值化处理
	农户对村庄改造意愿,用意愿人数占总人数比率表示	对意愿人数比率进行极值化处理
	能人精英数量	对能人精英数量进行极值化处理
	领导班子权威强弱	用0,1,2分别表示强、中、弱,进行极值化处理
	村民自治规章及村规民约完善程度(好、一般、差)	分别用0,1,2表示完善度,进行极值化处理

因素	因子	打分标准
土地条件	近十年自然灾害发生次数	对自然灾害次数进行极值化处
	土地污染面积	对土地污染面积进行极值化处
	新增耕地潜力	对新增耕地潜力进行极值化处
	农用地质量等级	根据农业地分等定级结果对等级进行极值化处理
	灌溉保证率	对灌溉保证率进行极值化处理

注 1:引力模型的计算公式为 $I=S_iS_j/D_{ij}^2$,其中,S_i、S_j 为村庄的面积和城镇的面积,D_{ij} 为两者之间的距离。

3. 自然生态资源型示范区选择标准(表 8.7)

表 8.7 自然生态资源型示范区选择标准

因素	因子	打分标准
特色优势	森林覆盖率	对覆盖率进行极值化处理
	特色植被种类数	对数量进行极值化处理
	特色植被总量占县对应植被总量的比例	对比例进行极值化处理
	特色动物资源种类数	对数量进行极值化处理
	特色动物资源总量占县对应植被总量的比例	对比例进行极值化处理
	湿地覆盖率	对比例进行极值化处理
特色优势	生态环境污染程度	根据污染程度进行 $0\sim1$ 赋分,污染程度越高分数越低
村庄规模	村庄人口规模	对村庄人口数量进行极值化处理
	村庄从业人口规模	对村庄从业人口数量进行极值化处理
	村庄建设用地面积	对村庄建设用地面积进行极值化处理
	耕地面积	对耕地面积进行极值化处理

续表

因素	因子	打分标准
经济实力	村集体年收入	对村集体收入进行极值化处理
	人均年收入	对人均年收入进行极值化处理
	一产产值比例	对产值比例进行极值化处理
	二产产值比例	对产值比例进行极值化处理
	三产产值比例	对产值比例进行极值化处理
交通区位	距最近高速公路出口或铁路站点的距离	对距离进行极值化处理
	距进入等级公路入口的距离	对距离进行极值化处理
	进村道路等级和进村道路数量	进村道路等级按照国家道路、省级道路、县乡道路分别赋值 1.0,0.8,0.6,乘以其进村道路数量进行极值化处理
村庄面貌	村庄绿化覆盖率	对村庄绿化覆盖率进行极值化处理
	农村道路硬化率	对农村道路硬化率进行极值化处理
	村庄的景观资源保存完整度、发展前景(好、较好、一般)	村庄内具有 1 处 5A 级景观资源得分为 1,具有 1 处 4A 级景观资源得分为 0.8,其余一定规模或独特的景观资源得分为 0.6,对某一村所有景观资源加和后进行极值化处理
	公共服务设施用地比例	对比例进行极值化处理
	农户卫生改厕率	对农户卫生改厕率进行极值化处理
	污水管网进户率	对污水管网进户率进行极值化处理
	道路排水沟占农村道路的面积比率	对比率进行极值化处理
保障措施	总投资	对总投资进行极值化处理
	农户对村庄改造意愿,用意愿人数占总人数比例表示	对意愿人数比例进行极值化处理
	能人精英数量	对能人精英数量进行极值化处理
	领导班子权威强弱	用 0,1,2 分别表示强、中、弱,进行极值化处理
	村民自治规章及村规民约完善程度(好、一般、差)	分别用 0,1,2 表示完善度,进行极值化处理

因素	因子	打分标准
土地条件	近十年自然灾害发生次数	对自然灾害次数进行极值化处
	土地污染面积	对土地污染面积进行极值化处
	新增耕地潜力	对新增耕地潜力进行极值化处
	农用地质量等级	根据农业地分等定级结果对等级进行极值化处理
	灌溉保证率	对灌溉保证率进行极值化处理

4. 人文资源型示范区选择标准(表8.8)

表8.8　人文资源型示范区选择标准

因素	因子	打分标准
特色优势	民居建筑文化(农房风格与色彩是否能体现乡村风貌,是否与自然环境协调,好、较好、一般)	80%以上农房风格、色彩一致,此项评分为好,赋值为1;60%以上农房风格、色彩一致,此项评分为较好,赋值为0.8;其余评分为一般,赋值为0.6
	民俗文化(民族文化及民俗是否得到良好保护与传承)	依据各种节庆活动、民间艺术、宗教活动、庙会等情况综合判断从0~1赋分
	文化礼堂的数量	对数量进行极值化处理
	历史遗迹(保留的历史遗迹数量)	保留1处市级历史遗迹得分为1,保留1处县级历史遗迹得分为0.8,其他具有开发价值的历史遗迹得分为0.3,对某村历史遗迹得分进行加和后作极值化处理
村庄规模	村庄人口规模	对村庄人口数量进行极值化处理
	村庄从业人口规模	对村庄从业人口数量进行极值化处理
	村庄建设用地面积	对村庄建设用地面积进行极值化处理
	耕地面积	对耕地面积进行极值化处理

因素	因子	打分标准
经济实力	村集体年收入	对村集体收入进行极值化处理
	人均年收入	对人均年收入进行极值化处理
	一产产值比例	对产值比例进行极值化处理
	二产产值比例	对产值比例进行极值化处理
	三产产值比例	对产值比例进行极值化处理
交通区位	距最近高速公路出口或铁路站点的距离	对距离进行极值化处理
	距进入等级公路入口的距离	对距离进行极值化处理
	进村道路等级和进村道路数量	进村道路等级按照国家道路、省级道路、县乡道路分别赋值 1.0,0.8,0.6,乘以其进村道路数量进行极值化处理
村庄面貌	村庄绿化覆盖率	对村庄绿化覆盖率进行极值化处理
	农村道路硬化率	对农村道路硬化率进行极值化处理
	村庄的景观资源保存完整度、发展前景(好、较好、一般)	村庄内具有 1 处 5A 级景观资源得分为 1,具有 1 处 4A 级景观资源得分为 0.8,其余一定规模或独特的景观资源得分为 0.6,对某一村所有景观资源加和后进行极值化处理
	公共服务设施用地比例	对比例进行极值化处理
	农户卫生改厕率	对农户卫生改厕率进行极值化处理
	污水管网进户率	对污水管网进户率进行极值化处理
	道路排水沟占农村道路的面积比率	对比率进行极值化处理
保障措施	总投资	对总投资进行极值化处理
	农户对村庄改造意愿,用意愿人数占总人数比例表示	对意愿人数比例进行极值化处理
保障措施	能人精英数量	对能人精英数量进行极值化处理
	领导班子权威强弱	用 0,1,2 分别表示强、中、弱,进行极值化处理
	村民自治规章及村规民约完善程度(好、一般、差)	分别用 0,1,2 表示完善度,进行极值化处理

因素	因子	打分标准
土地条件	近十年自然灾害发生次数	对自然灾害次数进行极值化处
	土地污染面积	对土地污染面积进行极值化处
	新增耕地潜力	对新增耕地潜力进行极值化处
	农用地质量等级	根据农业地分等定级结果对等级进行极值化处理
	灌溉保证率	对灌溉保证率进行极值化处理

五、示范区建设指引

"美丽乡村"建设应针对当地特色对村庄进行合理定位,准确确定其内涵,打造"一村一品",形成共同促进的局面。

（一）特色农业型示范区

现代农业发展类村庄建设指引:应在尊重村民意愿的原则下,因地制宜、高起点、高标准地制定村庄建设的指标体系,创造面向未来的新型村庄住宅小区,逐步引导村庄居民点的整合、集聚,优化居住环境和提高服务设施水平,特别是进一步优化区域性交通设施及其便利程度,完善教育、医疗、养老等社会保障制度。逐步淘汰、迁移既有工业企业,鼓励培育多元化村庄功能。在村庄建设过程中,首先应制定必要的开发导则:明确强制性内容,如用地性质、开发强度、公共及基础设施配套等;控制性内容,如建筑层数、建筑高度、与周边地区的协调、其他公用设施等;引导性内容,如建筑风格、建筑色彩以及其他需要在农村建设中注意的问题等。这部分内容可成立专门的专家小组,负责审议、审批和监督实施。其次,编制修建性详细规划,对农村的用地布局、道路系统、建筑物布置、绿化系统、公共服务与市政基础设施的布点与走线等进行系统布局。此外,针对具有一定文化、历史价值的保护型改造村庄还应编制村落保护规划,在此基础上进行村庄建设,在村庄建设过程中应切实落实保护措施。此外,改善农村基础设施,落实一批中长期工程项目,如文化娱乐设施建设、自来水设施建设、学校建设、垃圾处理设施、电网建设、农村通信设施建设、灌溉设施建设、医疗网点建设等。

整治保留类村庄整体建设指引:该类村庄应首先在尊重村民意愿、保护丘陵山地景观的原则下,应加强村落环境整治,按照"布局优化、道路硬化、村庄绿化、路灯亮化、卫生洁化、河道净化"的要求,实行以改路、改水、改厕和垃圾集中收集处理、违法建筑及危房拆除、"空心村"整治、裸墙治理、村庄绿化、河道治污为主要内容的自然村庄综合整治,全面改善村容村貌。其次,加快村落闲置土地盘活。

乡村休闲旅游类村庄整体建设指引:以农业景观资源、乡村农耕文化、特色农产品等为依托,发展独具特色的乡村韵味的农业休闲旅游业。具体来讲,乡村旅游类村庄应重点打造特色农业和农耕文化休闲旅游产业品牌,形成地方特色;推进农地的复合利用,特显乡村农业旅游景观,加大村庄基础设施建设,完善休闲旅游相应配套;加强精神文明建设,提升村民素质,更好地带动农业和农村发展,促进农民受益增加。

逐步搬迁类村庄整体建设指引:该类村庄不再编制建设规划,也不再进行村庄住宅建设或公共基础设施配套。而是依据法律法规规定有计划的实施搬迁。首先应确定安置方式及安置地点,明确补偿、安置政策。村庄搬迁过程中涉及的补偿、安置政策、建设地点、操作模式等方面的具体内容,需要与有关居民进行积极磋商和协调。村庄安置需服从城镇总体规划,与城镇发展统筹考虑。

(二)自然生态资源型示范区

乡村旅游类村庄整体建设指引:以自然风光、山水资源等自然生态资源为依托,梳理经营村庄理念,发展独具的乡村生态休闲旅游业。具体来讲,乡村生态旅游类村庄应重点保护好生态环境,以环境为核心打造养生品牌,形成特色;加大生态环境和村庄基础设施建设,完善生态休闲旅游配套;加强精神文明建设,提升村民素质,更好地带动当地经济发展。

生态保护类村庄整体建设指引:该类型村庄主要分布在临近鄱阳湖候鸟自然保护区、桃红岭梅花鹿国家级自然保护区等地,整体环境承载能力较弱,应严格限制发展重化工业等项目,考虑发展生态农业、特色旅游和休闲度假,以此带动村庄经济发展。以自然保护区和森林公园等为主要依托,挖掘湖光山色,开发和完善鄱阳湖珍禽观赏、桃红岭梅花鹿观赏等生态旅游产品,合理配套相应公共设施,改善村容村貌,因地制宜地发展休闲旅游业。同时,针对农业生产应通过合理的政策倾斜,提高村民的经济收入水平,并推动村庄剩余劳动力向城市转移,加快各项制度改革,完善社会保障制度。

整治保留类村庄整体建设指引:该类村庄应首先在尊重村民意愿、以保护自然生态环境为核心和前提,依据法律法规规定和相关规划实施强制性保护,不得在区域范围内进行与保护无关的建设活动,控制人为因素对自然生态的干扰,严禁不符合要求的开发活动。同时应加强村落环境整治,实施垃圾集中收集处理、违法建筑及危房拆除、"空心村"整治、村庄绿化、河道治污为主要内容的整治,改善村民的基本生产环境。

逐步搬迁类村庄整体建设指引：依据法律法规规定，有计划地引导村庄人口逐步有序转移。在尊重农民意愿的前提下，协商确定安置方式及安置地点，明确补偿、安置政策、操作模式等方面的具体内容，村庄安置需服从城镇总体规划，与城镇发展统筹考虑。最后恢复其与地形地貌和土壤条件相匹配，与周边自然生态环境相适宜的自然生态环境。

（三）人文资源型示范区

历史文化保护型村庄整体建设指引：妥善处理好经济建设、村民生活与历史文化保护的相互关系，根据重要程度和价值大小，确定相应的解决办法。一般情况下，应以历史文化古迹保护为重。在建设过程中，应严格遵守"修旧如旧"的原则，同时保持原来的建筑形式、结构，保存原来的材料、工艺，尽量保持其原有的历史风貌；在文物古迹点建设绿化带，与周围环境相互隔离，防止周边工矿企业和居民生活点的污染物对文物古迹的污染和破坏；对一些珍贵的文物古迹，要采取科技和经济等手段，对其进行有效保护，如增加防护栏，建造防水设施，在表面粉刷化学涂料等。

乡村旅游类村庄整体建设指引：以人文资源为依托，发展以历史文化为主要内容的乡村文化旅游业。这类村庄建设应保持原真性、完整性，从建筑形态、风格、布局、材料、饰品、标识等方面强化历史文化特质，打造以历史积淀的文化、精神价值为核心的养心品牌，形成特色；加大环境和村庄基础设施建设，完善文化休闲旅游配套；提升村民素质，更好地带动当地精神文明建设，并形成一定的经济价值。

整治保留类村庄整体建设指引：该类村庄应首先在尊重村民意愿、以保护人文资源环境为核心和前提，依据法律法规规定和相关规划实施强制性保护，不得在区域范围内进行与保护无关的建设活动，保持原真性、完整性，控制人为因素对人文资源环境的干扰，严禁不符合要求的开发建设活动。同时应加强村落环境整治，实施垃圾集中收集处理、违法建筑及危房拆除、"空心村"整治、村庄绿化、河道治污为主要内容的整治，改善村民的基本生产环境。

逐步搬迁类村庄整体建设指引：依据法律法规规定，实施强制性保护，引导村庄人口逐步有序转移。与村民协商确定安置方式及安置地点，明确补偿、安置政策和操作模式等方面的具体内容，村庄安置需服从城镇总体规划，与城镇发展统筹考虑，村庄建设按照城市居住区标准进行建设。最后根据土地条件，将其恢复成合适的土地用途，并与周边环境相协调。

（四）特色工业型示范区

现代化社区型村庄整体建设指引：由于现代化社区型村庄与城镇地区联系紧密，具有城镇职能特色，已不属于传统意义上的乡村地区，因此其村庄规划建设应与城镇标准衔接,通过空间与功能的整合提升推进其城镇化改造与职能转化。武九铁路和铜九铁路沿线村庄应以行政撤并为主,采用村改居的方式。在村庄整治过程中,注重城乡联动,将农村改造费用计入城市建设成本。具体来看,应在城镇总体规划的长远指导下,限制宅基地新建、续建、扩建等行为,逐步改变自建房为统一建房,转向集中居住社区建设,并引导乡村工业逐步向规划确定重点发展的城镇工业园区集中。将乡村市政基础设施网络与城镇相结合,公共物品供给纳入城镇管理范畴并承接相应的城镇服务职能。加快集体土地的流转和户籍制度改革,完善农民的社会保障体系。

旅游工贸型村庄整体建设指引:依托自身的优势资源和特色,因地制宜发展生态旅游;延长产业链,提升村内工贸产品附加值;促进三大产业综合发展。一方面,加强生态环境保护,开展农村基础设施和公共服务设施配套建设,大力改善农村交通、给排水、供电等条件,提升村庄整体人居环境。另一方面,注重高新技术的引进,以 GIS 为平台,以网络建设为纽带,推进主要旅游村庄的信息产业体系建设,促进村庄内部产业结构不断优化,为村民致富提供更广阔的空间。

集聚发展型村庄整体建设指引:针对此类村庄,应按照一定的城镇社区规划建设标准引导村庄发展,并促进村庄空间形态和人居环境优化、建筑有序布局、基础设施完善配套,综合功能增强。应进一步强化区域间村庄交通联系,合理布局具有一定村庄区域服务功能的公共服务设施,以提高其吸引力、集聚能力和服务能力。此外,还应鼓励保留村庄的农业生产、生态功能和村庄文化及景观特色。在具体建设过程中,集聚发展型村庄的中心村必须配置幼儿园、卫生站、文化站点、小型超市、餐饮小吃店等公共服务设施,完善电力、通讯、给水、排水、有线电视等市政基础设施。与村庄联系的道路标准必须达到三级公路以上,村庄内部道路硬化率须达到 100%。示范村建设要与"空心村"的改造、农村土地整理、土地复垦相结合,坚持"统一规划、合理布局、量力而行、分步实施"的原则。在规划相应的产业发展用地时,积极鼓励和引导村庄因地制宜发展养殖业、种植业、无污染的加工业和第三产业。同时,在村庄土地指标、农民建房等方面给予相应的优惠政策。

逐步搬迁类村庄整体建设指引:依据法律法规规定引导村庄人口逐步有序转移。如鄱阳湖生态保护区周围需要搬迁的村庄,与村民协商确定安置方式及安置地点,明确补偿、安置政策和操作模式等方面的具体内容,村庄安置需服从城镇总体规划,与城镇发展统筹考虑,村庄建设按照城市居住区标准进行建设。村民变迁后,其原村庄按照土地利用总体规划和城镇等规划等确定的用图,进行开发建设。

第五节 美丽乡村土地整治示范区项目库建设

一、美丽乡村土地整治示范区项目库总体情况

（一）项目库基本情况

1. 数据库建设

利用 ArcGIS 软件建立九江市美丽乡村土地整治示范区数据库，选取相关要素在数据库中建立相应图层，主要包括行政区、行政区界线、河流湖泊、示范村镇、市中心等图层。在核心图层"示范村镇"图层的属性表中添加"名称"、"人口"、"面积"、"类型"、"地址"等相关字段表示所选示范村镇的基本信息。

2. 示范区项目库总体情况

按照地理、历史、人文和产业等特点，从自然生态条件、社会经济发展水平、交通网络结构和历史文化差异出发，充分结合九江特色，综合考虑自然生态、人文历史、民居风貌、民俗文化、农林渔业生产、基本农田保护、休闲旅游、基层建设和社区管理等因素，在全市范围内共选取了 71 个典型乡村镇作为九江市美丽宜居示范村镇，包括 56 个示范乡村，15 个示范乡镇，并将其纳入九江市美丽乡村土地整治示范区项目库。

（1）从行政区划来看，该项目库共含有 71 个美丽宜居示范村镇，覆盖九江市的瑞昌市、德安县、九江县、永修县、都昌县、湖口县、彭泽县、修水县、武宁县等 9 个县（市）。示范村镇在各县市的分布如表 8.9 所示。其中隶属德安县和修水县的示范村镇最多，有 12 个；九江县较少，有 5 个；其他各县的示范村均为 6~8 个。总体来看，示范村镇在各县的分布相对比较均匀，个数较为合理，有利于各县集中各方力量大力建设发展示范村。

表 8.9 九江市各县（市）美丽宜居示范村镇分布

县（市）	瑞昌市	德安县	九江县	永修县	都昌县	湖口县	彭泽县	修水县	武宁县	合计
示范村镇个数（个）	7	12	5	8	8	6	7	12	6	71
比率（%）	9.72	16.67	6.94	12.50	11.11	8.33	9.72	16.67	8.33	100

（2）从美丽宜居示范村镇的类型来看，本项目库所选取的示范村镇类型丰富，特色鲜明，共包含 4 种类型，即特色农业型、自然生态资源型、特色工业型和

人文资源型。各类型示范村镇统计如表 8.10 所示。

表 8.10 九江市美丽宜居各类型示范村镇统计

示范村类型	特色农业型	自然生态资源型	人文资源型	特色工业型	合计
示范村镇个数（个）	18	27	16	10	71
比率(%)	25.35	38.03	22.55	14.07	100

从表中可以看出,自然生态资源型示范村最多,有 27 个,约占全部示范村的 1/3;特色农业型和人文资源型示范村数量接近,为 18 个和 16 个,分别约占全部示范村的 1/4 和 1/5;特色工业型示范村最少,有 10 个,约占全部示范村的 1/7。由此可见,九江市丰富的自然生态旅游资源对农村社会经济发展具有巨大的带动和促进作用,同样特色农业的良好发展态势以及悠久的历史文化资源也成为新农村建设的有力助推器。

（二）各县（市）示范村镇统计

1. 瑞昌市

瑞昌市境内共选取了 7 个美丽宜居示范村镇,包括 3 个示范镇和 4 个示范村。示范村镇涉及四种类型:特色农业型 1 个,即赛湖农场;自然生态资源型 4 个,即大禾塘镇、横港镇青山林场,庆丰村和南阳村;人文资源型 1 个,即夏畈镇;特色工业型 1 个,即码头镇朱湖村。

2. 德安县

德安县境内共 12 个美丽宜居示范村镇,包括 2 个示范镇和 10 个示范村。示范村镇涉及三种类型:特色农业型 4 个,即丰林镇,磨溪乡南田村,高塘乡罗桥村和邹桥乡石门村;自然生态资源型 2 个,即吴山镇栗里陶村和聂桥镇宝山村;人文资源型 3 个,即爱民乡红岩村桂姓古村落,万家岭风景区——磨溪乡南田村,义门陈风景区——车桥镇义门村,渊明故里——吴山乡参合村,以及袁隆平故里——河东乡后田村;特色工业型 1 个,即宝塔乡。

3. 九江县

九江县境内共选取 5 个美丽宜居示范村镇,包括 3 个示范镇和 2 个示范村;涉及两种类型:特色农业型 1 个,即港口街镇港口村;自然生态资源型 4 个,即沙河街镇、狮子镇、涌泉乡涌泉村和马回岭镇马头山庄。

4. 永修县

永修县境内共选取 9 个美丽宜居示范村镇,包括 4 个示范镇和 5 个示范村。示范村镇共涉及四种类型:特色农业型 4 个,即立新乡、艾城镇青山村、云山企业集团凤凰山桃花园和柘林镇易家河村;自然生态资源型 1 个,即柘林镇司马村;人文资源型 2 个,即云居山风景区和吴城古镇;特色工业型 1 个,即艾城镇艾城村。

5. 都昌县

都昌县共选取 8 个美丽宜居示范村镇,且全部为示范乡村,共涉及四种类型:特色农业型 2 个,即蔡岭镇北炎村和中馆镇小何向家村;自然生态资源型 3 个,即多宝乡多宝村和绍兴村以及周溪镇棠荫村;人文资源型 2 个,即苏山乡鹤舍村和汪墩乡大桥村两个古村落;特色工业型 1 个,即北山乡芙蓉村。

6. 湖口县

湖口县境内共有 6 个美丽宜居示范村镇,包括 1 个示范镇和 5 个示范村。示范村镇涉及四种类型:特色农业型 1 个,即武山镇;自然生态资源型 2 个,即均桥镇南港村和城山镇南湖村;人文资源型 1 个,即流泗镇东风村古村落;特色农业型 1 个,即马影镇新塘村。

7. 彭泽县

彭泽县共选取 7 个美丽宜居示范村镇,且全部为示范乡村。示范村涉及三种类型:特色农业型 4 个,即杨梓镇乐观村,棉船镇光明村,马当镇和团村和芙蓉农场一分场;自然生态资源型 2 个,即天红镇先锋村和东升镇桃红村;特色工业型 1 个,即丁山镇红光村。

8. 修水县

修水县境内共包含 12 个美丽宜居示范村镇,包括 1 个示范镇和 11 个示范村。示范村镇涉及四种类型:特色农业型 1 个马坳镇黄溪村;自然生态资源型 4 个,即渣津镇、黄龙山旅游区、征村乡程坑村和白岭镇白岭村;人文资源型 4 个,即山口镇山口老街、黄坳乡朱砂村、上衫乡上衫村和杭口镇双井村;特色工业型 3 个,即宁州镇走马村、新宁镇源口村和新宁镇桐林村。

9. 武宁县

武宁县境内共选取 6 个美丽宜居示范村镇,包括 1 个示范乡镇,5 个示范村庄。示范村镇共涉及两种类型:自然生态资源型 5 个,即巾口乡、甫田乡茶棋村、罗坪镇长水村、罗溪乡坪港村和大洞乡彭坪村;人文资源型 1 个,即罗溪乡廉村古村落。

从以上美丽宜居示范村镇在各县市的分布来看,项目库中所划分的四种示范村类型各县市基本全部涉及,避免了示范村类型单一的现象,同时有利于各种资源的优化配置,促进不同类型示范村的健康发展。

(三)各类型示范村镇统计

1. 特色农业型示范村

特色农业型示范村是具有优势突出的特色农业产业,如水产养殖、畜牧业、林果业、蔬菜种植等等。近年来,九江市深入推进现代农业,推广种养结合等新型农作制度,大力发展精致高效农业,扩大无公害农产品、绿色食品、有机食品和森林食品生产,突出培养具有地方特色的"名、特、优、新"产品,推进"一村一品"的生态农业,致力打造一批蜜桃、莲蓬、玫瑰等生态农业专业村,增强特色产业、主导产业的示范带动作用。基于此,本项目库中共选取 18 个特色农业型示范村镇,如表 8.11 所示。这 18 个特色农业型示范村镇主要分布在九江市中部昌九工业走廊沿线和东部自然生态型示范区,而西部地区由于受到交通道路的限制,仅分布有 1 个特色农业型示范村。

表 8.11　九江市美丽乡村——特色产业型示范村镇统计

编号	名称	类型	示范村镇地址	所属(市)
1	光明村	特色农业型	江西省九江市彭泽县棉船镇光明村	彭泽县
2	和团村	特色农业型	江西省九江市彭泽县马当镇和团村	彭泽县
3	乐观村	特色农业型	江西省九江市彭泽县杨梓镇乐观村	彭泽县
4	芙蓉农场一分场	特色农业型	江西省九江市彭泽县芙蓉农场一分场	彭泽县
5	赛湖农场	特色农业型	江西省九江市瑞昌市赛湖农场	瑞昌市
6	磨溪村	特色农业型	江西省九江市德安县磨溪乡磨溪村	德安县
7	丰林镇	特色农业型	江西省九江市德安县丰林镇	德安县
8	高塘天籁台湾热带水果种植基地	特色农业型	江西省九江市德安县高塘乡罗桥村	德安县
9	邹桥莲蓬种植基地	特色农业型	江西省九江市德安县邹桥乡石门村	德安县
10	港口村	特色农业型	江西省九江市九江县港口街镇港口村	九江县
11	立新乡	特色农业型	江西省九江市永修县立新乡	永修县
12	青山村	特色农业型	江西省九江市永修县艾城镇青山村	永修县
13	凤凰山桃花园	特色农业型	江西省九江市永修县云山企业集团	永修县
14	柑橘基地	特色农业型	江西省九江市永修县柘林镇易家河村	永修县
15	北炎村	特色农业型	江西省九江市都昌县蔡岭镇北炎村	都昌县
16	小何向家村	特色农业型	江西省九江市都昌县中馆镇小何向家村	都昌县
17	武山镇	特色农业型	江西省九江市湖口县武山镇	湖口县
18	黄溪村	特色农业型	江西省修水县马坳镇黄溪村	修水县

2.自然生态资源型示范村

自然生态资源型示范村依靠当地优美的自然资源或生态资源如山谷、江川、森林、温泉等作为生态旅游产品,带动乡村发展生态观光旅游的发展。生态旅游是一种"可持续性发展的旅游",发展生态旅游能带来经济、社会和环境等方面的综合效益。九江市依托庐山、鄱阳湖和西海等美丽的自然资源,以走向保护区、亲近大自然为主题的"生态旅游热"将成为今后美丽乡村发展的热点。本项目库共包含有 27 个自然生态资源型示范村镇,如表 8.12 所示。这些自然生态资源型示范村镇主要是依托和挖掘当地或周边的森林公园、自然风景区、旅游区、溶洞、候鸟保护区等自然生态资源并结合农村自然风情发展乡村休闲度假旅游。

表 8.12 九江市美丽乡村——生态旅游型示范村镇统计

编号	名称	类型	示范村镇地址	所属县(市)
1	青山林场	自然生态资源型	江西省九江市瑞昌市横港镇	瑞昌市
2	大禾塘镇	自然生态资源型	江西省九江市瑞昌市大禾塘镇	瑞昌市
3	庆丰村	自然生态资源型	江西省九江市瑞昌市桂林街道庆丰村	瑞昌市
4	南阳村	自然生态资源型	江西省九江市瑞昌市桂林街道南阳村	瑞昌市
5	巾口旅游镇	自然生态资源型	江西省九江市武宁县巾口乡	武宁县
6	司马旅游镇	自然生态资源型	江西省九江市永修县柘林镇司马村	永修县
7	栗里陶村	自然生态资源型	江西省九江市德安县吴山镇栗里陶村	德安县
8	宝山村	自然生态资源型	江西省九江市德安县聂桥镇宝山村	德安县
9	涌泉洞	自然生态资源型	江西省九江市九江县涌泉乡涌泉村	九江县
10	多宝村	自然生态资源型	江西省九江市都昌县多宝乡多宝村	都昌县
11	绍兴村	自然生态资源型	江西省九江市都昌县多宝乡绍兴村	都昌县
12	南港村	自然生态资源型	江西省九江市湖口县均桥镇南港村	湖口县
13	南湖村	自然生态资源型	江西省九江市湖口县城山镇南湖村	湖口县
14	龙安山风景区	自然生态资源型	江西省九江市修水县渣津镇	修水县
15	黄龙山旅游区	自然生态资源型	江西省修水县白玲镇与黄龙乡部分	修水县
16	茶棋村	自然生态资源型	江西省九江市武宁县甫田乡茶棋村	武宁县
17	彭坪村	自然生态资源型	江西省九江市武宁县大洞乡彭坪村	武宁县
18	棠荫村	自然生态资源型	江西省九江市都昌县周溪镇棠荫村	都昌县
19	中华贤母园省级森林公园	自然生态资源型	江西省九江市九江县沙河街镇	九江县

续表

编号	名称	类型	示范村镇地址	所属县（市）
20	狮子洞风景区	自然生态资源型	江西省九江市九江县狮子镇	九江县
21	桃红村	自然生态资源型	江西省九江市彭泽县东升镇桃红村	彭泽县
22	马头山庄	自然生态资源型	江西省九江市九江县马回岭镇	九江县
23	先锋村	自然生态资源型	江西省九江市彭泽县天红镇先锋村	彭泽县
24	长水村	自然生态资源型	江西省武宁县罗坪镇长水村	武宁县
25	坪港村	自然生态资源型	江西省武宁县罗溪乡坪港村	武宁县
26	程坑村	自然生态资源型	江西省九江市修水县征村乡程坑村	修水县
27	白岭村	自然生态资源型	江西省九江市修水县白岭镇白岭村	修水县

3.人文资源型示范村

人文资源型示范村是具有一定的人文资源并且具有参观价值，如历史遗存、民俗文化、特色民居等的乡村。本项目库中共包含有 16 个人文资源型示范村，如表 8.13 所示。该类型的示范村又可分为两类，即以古代建筑为特色的各村落和以历史文化为特色的文化旅游型村落。

古村落作为农耕社会的基础生活单元和文化元素，是我国数千年农耕文化的结晶，是不同自然、社会、历史条件下人们生产方式和生活习俗的活态体现。作为不可再生的文化资源，古村落文化是古村落美丽乡村建设的基础和灵魂。因此古村落是美丽宜居示范村建设的重点对象。本次共选取 7 个古村落并纳入美丽宜居土地整治示范区项目库内，分别是德安县桂姓古村落，都昌县鹤舍村和大桥村，湖口县的东风村，修水县的山口老街和朱砂古村，以及武宁县的廉村。

文化旅游型示范村是具有一定的人文资源并且具有参观价值，它以农耕文化、民俗文化、名人文化、红色文化等人文资源作为核心要素，通过游客的参与活动和体验活动来感知农村和农业文化，最终使游客既能获得身体的放松和愉悦，又能丰富和提升精神文化。本项目库中共含有 9 个文化旅游型示范村，如上衫村和南田村均以红色旅游为主打特色，义门村则以义门陈的宗祠文化为特色，云居山则以佛教文化温特点，而后田村又以科普教育为特色。

表 8.13　九江市美丽乡村——人文资源型示范村镇统计

编号	名称	类型	示范村镇地址	所属县（市）
1	德安县桂姓古村落	人文资源型	江西省九江市德安县爱民乡红岩村	德安县
2	鹤舍村	人文资源型	江西省九江市都昌县苏山乡鹤舍村	都昌县
3	大桥村	人文资源型	江西省九江市都昌县汪墩乡大桥村	都昌县
4	东风村	人文资源型	江西省九江市湖口县流泗镇东风村	湖口县
5	山口老街	人文资源型	江西省修水县山口镇山口老街	修水县
6	朱砂古村	人文资源型	江西省修水县黄坳乡朱砂村	修水县
7	上杉红色旅游风景区	人文资源型	江西省修水县上衫乡上衫村	修水县
8	双水村	人文资源型	江西省九江市修水县杭口镇双水村	修水县
	廉村	人文资源型	江西省武宁县罗溪乡廉村	武宁县
9	夏畈镇	人文资源型	江西省九江市瑞昌市夏畈镇	瑞昌市
10	万家岭风景区	人文资源型	江西省九江市德安县磨溪乡南田村	德安县
11	义门陈风景区	人文资源型	江西省九江市德安县车桥镇义门村	德安县
12	袁隆平故里	人文资源型	江西省九江市德安县河东乡后田村	德安县
13	渊明故里	人文资源型	江西省九江市德安县吴山乡蔡河村	德安县
14	云居山风景区	人文资源型	江西省九江市永修县云居山	永修县
16	吴城镇	人文资源型	江西省九江市永修县吴城镇	永修县

4.特色工业型示范村

特色工业型示范村主要是一些以技术创新、产业升级为目标,高标准、高起点、高水平建设成为集工业、商贸、技术、信息服务等功能为一体的现代工业园。本项目库中共选取了10个特色工业型示范村,如表8.14所示。其中彭泽县1个,湖口县2个,修水县3个,都昌县1个,永修县1个,德安县1个,瑞昌市1个。

表 8.14　九江市美丽乡村——特色工业型示范村镇统计

编号	名称	类型	示范村镇地址	所属县（市）
1	红光村	特色工业型	江西省九江市彭泽县定山镇红光村	彭泽县
2	凰村村	特色工业型	江西省九江市湖口县凤凰乡凰村村	湖口县
3	芙蓉村	特色工业型	江西省九江市都昌县北山乡芙蓉村	都昌县
4	新塘村	特色工业型	江西省九江市湖口县马影镇新塘村	湖口县

续表

编号	名称	类型	示范村镇地址	所属县(市)
5	走马村	特色工业型	江西省九江市修水县宁州镇走马村	修水县
6	源口村	特色工业型	江西省九江市武宁县新宁镇源口	修水县
7	桐林村	特色工业型	江西省九江市武宁县新宁镇桐林村	修水县
8	宝塔乡	特色工业型	江西省九江市德安县宝塔乡	德安县
9	艾城村	特色工业型	江西省九江市永修县艾城镇艾城村	永修县
10	朱湖村	特色工业型	江西省九江市瑞昌市码头镇朱湖村	瑞昌市

二、美丽乡村土地整治示范区项目建设资金估算

（一）资金估算依据

（1）财政部国土资源部《关于加强土地整治相关资金使用管理有关问题的通知》（财建〔2009〕625 号）；

（2）财政部国土资源部关于印发《土地开发整理项目预算定额标准》的通知（财综〔2011〕128 号）；

（3）《关于进一步明确 2012 年度全省农村土地整治示范建设目标和任务的通知》（赣国土资字〔2012〕28 号）；

（4）江西省人民政府办公厅《关于推进农村土地整治示范建设的实施意见》赣府厅发〔2010〕72 号；

（5）《土地开发整理项目预算定额标准》；

（6）《土地开发整理项目规划设计规范》（TD/T1012—2000）；

（7）《江西省土地开发整理工程建设标准》；

（8）《江西省造价信息》（2012 年 7 月）；

（9）《中共湖口县委 湖口人民政府关于实施"迁户拆旧"工程促进公共服务均等化实施意见》（湖发〔2012〕4 号）；

（10）设备市场询价信息及其他。

（二）资金估算

由于项目库中示范村镇类型不一，且各自发展情况也不尽相同，因此本节所做的示范区项目建设资金估算以项目库中所划分的四种类型为分类基础，计算每种类型的示范村建设所需要的资金投入，然后根据各类型所包含的示范村个数进行汇总求得总投资额。

1.示范村综合整治工程资金估算

综合整治工程是对乡村的村容、村貌、环境、卫生等方面进行综合治理，着

力改善农村人居环境和生态环境。该项工程的建设资金估算涉及每个示范村，因此首先按照一个示范村的标准梳理综合整治项目，并估算资金投入，然后根据项目库中示范村的数量汇总到总投资估算中。

（1）推进"生态人居"工程

①改造旧村

对村庄的危旧房要连片拆除，对空城村和居住分布星散的人群动员搬迁，尽量撤并自然村，安排集中居住，做到统一规划，建成布局合理、设施配套、环境优美、生态良好的美丽乡村。

②改造危旧房

结合扶贫工作，加强农户建房规划引导，提高农户建房的标准，做到安全、实用、美观，推进农村危旧房改造和墙体立面整治，改善视觉效果。

③改造林相

根据各村特色，采取新造、补植、封育等措施，优化美化森林景观，特别是公路沿线沿河两侧的绿化景观带改造，提高生态效益和景观效果。示范村村民居住区绿化覆盖率要达到30％以上。

④改造设施

完善通村道路、供水、排水、供电、通信、网络等基础设施，达到给水、排水系统完善，管网布局合理，饮用自来水符合国家饮用水卫生标准，入户率达100％。主干道和公共场所路灯安装率达到95％以上。对美丽乡村建设的交通干道以及村镇主要出入口，开展既鲜明又朴素自然、与周边环境融为一体的整体风貌设计塑造，突出客家风貌和地域特色。

（2）推进"生态环境"工程

①整治乡村生活垃圾

全面推进"户集、村收、镇运"垃圾集中处理的模式，合理设置垃圾中转站、收集点，做到户有垃圾桶，自然村有垃圾收集池，行政村负责垃圾收集，镇有垃圾填埋场，确保乡村清洁。

②整治乡村生活污水

清除农村露天粪坑、简易茅厕、废杂间，整治和规范生活污水排放，全面推行无害化卫生厕所，每村要建造一座以上的卫生公厕，大力推广农村户用沼气建设，利用沼气池、生物氧化池、人工湿地等方式，通过开展农村污水处理，提高水体自我净化能力。

③整治农村畜禽污染

根据村庄特点，合理规划，整治农村死畜禽乱丢到溪河现象，动员群众填埋死畜禽。拆除污染猪舍、牛栏等，村庄内畜禽养殖户实行人居与畜禽饲养分开、生产区与生活区分离,畜禽养殖场全面配套建立沼气工程,达到畜禽粪便无害化处理。

④整治广告、路牌

按照"规范、安全、美观"的要求,对公路、河道及村庄公共视野范围内的广告牌、路牌进行清理,坚决拆除有碍景观、未经审批或手续不完备的广告牌。制定广告布点控制性规划,规范各种交通警示标志、旅游标识标志、宣传牌等。

⑤整治违章搭建

按照"谁建造、谁所有、谁清理"的原则,坚决拆除违章、乱搭乱建的建筑物,对废弃场所进行整治、复绿,建设村野公园,整治农村供电、网络、电视电话线路乱拉乱接问题,规范网络、线路的布局,促进村庄规范、整洁、美观。

各项整治工程的建设资金投入具体见表8.15。根据各工程项目的资金汇总,每个示范村综合整治工程总计需投入94万元。

表 8.15　九江市美丽宜居示范村综合整治工程建设项目投资估算

建设工程	建设内容	投资金额(万元)
生态人居工程	改造旧村	150
	改造危旧房	167
	改造林相	106
	改造设施	126
生态环境工程	整治乡村生活垃圾	85
	整治乡村生活污水	117
	整治农村畜禽污染	74
	整治广告路牌	53
	整治违章搭建	76
总　　计		954

2.特色农业型示范村建设资金估算

特色农业型示范村具有优势突出的特色农业产业,如水产养殖、畜牧业、林果业、蔬菜种植等等。这类示范村以永修县易家河村为例,易家河村紧紧围绕科学种植柑橘振兴乡村,依托柑橘品牌大力发展旅游观光农业,将大面积柑橘种植与旅游开发相结合。对于特色农业型的示范村镇建设,将大力发展设施农业和相关产业,发展特色农业种植,增加乡村聚集能力,吸引游客消费,增加农民收入。具体可从以下几方面进行:

（1）加快发展休闲观光农业

该类示范村应作为政府扶持培育农业产业特色鲜明、乡土文化浓郁、田园风光优美的重点休闲观光农业示范点，引导广大农户发展"农家乐"旅游。加强休闲观光农业基地基础设施、特色产业和公共服务平台建设，着力开发多功能、体验型、创意型的休闲观光农业项目，形成政府引导、农民主体、社会参与的休闲观光农业发展新格局。整治过程中，应突出自采、垂钓、餐饮、休闲、观光、园艺花卉、特色果蔬、民俗文化等乡村旅游主题项目，重点规划建设游客接待服务中心，打造一批服务优良的"农家乐"服务点，如生态阳光餐厅、种植采摘基地、无公害农产品示范区、户外拓展中心、农家客栈等。

（2）重点引进农业先进技术和人才

示范村建设应重点发展大棚、日光温室等设施，推进高效蔬菜、应时鲜果、食用菌、花卉苗木等园艺产业发展，大力发展畜禽规模养殖，提升畜禽良种化、养殖设施化、生产规范化、防疫制度化、粪污处理无害化、监管常态化水平。而发展此类高效设施农业则需要先进技术的支撑，人才和技术引进、农户科普培训将成为农村特色农业发展的一项重要内容。

（3）大力发展农产品加工流通业

积极推进现代农业产业园区、农产品加工集中区和农产品市场体系"三大载体"建设，提高市场竞争力。扶持培育农业产业化龙头企业，引导龙头企业集聚发展，创新龙头企业与生产基地、合作组织和农民的利益联结机制。大力发展农产品精深加工，提高农产品附加值，如建设农产品加工所需的生产厂房、仓库、储藏保鲜冷库、加工设备、辅助设备及配套设施等；建立良种繁育场、育肥场等；质量检验设施，废弃物处理等环保设施，卫生防疫及动植物检疫设施；购置必要的农业机械及配套农机具；建立信息发布平台等等，全力推进农业产业化。此外，加快发展现代流通业态，推行农超对接、农校对接、场地挂钩、电子商务等营销模式。

（4）加强农产品质量和品牌建设

大力推进标准化生产，全面落实农产品生产档案、用药登记、休药期等制度，严格按照规定使用农业投入品，建立健全农产品质量安全追溯体系，加强农产品"产地准出"和"市场准入"，实行农产品质量全程监管。强化农产品质检体系建设，积极发展无公害农产品、绿色食品和有机农产品，加强农产品品牌创建，鼓励申报农产品地理标志、驰名商标和名牌农产品，打造农产品区域公共品牌，扩大品牌农产品生产规模，提升市场竞争力。

依照上述整治建设方向和内容，按照相关估价依据估算示范村建设项目的资金投入如表8.16所示。

表 8.16　九江市特色农业型示范村专项建设项目投资估算

建设工程	建设内容	投资金额(万元)
农业休闲观光	农业休闲接待中心	58
	农业观光、采摘区、体验馆	95
	农产品展示厅	49
	农家客栈、乡村宾馆	133
特色农业发展	科普、技术培训中心	40
	特色农业育种基地	73
	农副产品深加工区	81
	农产品品牌推广中心	58
基础设施建设	道路、绿化建设	79
	节水灌溉设施维护	82
	供电及电气设备	56
合　计		804

3. 自然生态资源型示范村建设资金估算

自然生态资源型示范村是指具有丰富的自然生态资源以及良好的生态环境的乡村。该类示范村以自然保护区和森林公园等风景区为主要依托,应充分挖掘湖光山色,开发和完善生态旅游产品,合理配套相应公共设施,改善村容村貌,因地制宜地发展休闲旅游业。

本项投资估算主要是针对自然生态资源型示范村的重点建设项目,分别按景区建设、基础设施建设以及示范村镇配套服务建设等建设内容进行资金投入估算。景区建设应侧重于对周边绿地、湿地、山地等生态资源的保护和改善,充分体自然现资源的原始风貌。另外,还应加强基础设施如景观道路、生态停车场、旅游公厕等的建设,为示范村大力发展生态旅游提供支持。

对于景区附近的自然生态资源型示范村镇,应依托村庄区位优势突出景区服务配套功能,注重发挥其与周边景区互为补充的优势,大力发展景区周边配套服务,努力打响生态观光、养生保健、乡村度假、都市农业等休闲经济品牌。如开展农村庭院规范化建设,推广庭院田园认养、田园采摘、农户客栈等,建设绿色、有机农产品生产及休闲养生相结合的庄园或田园。

依照上述整治建设内容,按照相关估价依据估算示范村建设项目的资金投入如表 8.17 所示。

表 8.17   九江市自然生态资源型示范村专项整治项目投资估算

建设工程	建设内容	投资金额 （万元）
景区建设	游客管理服务中心	47
	主题酒店、公寓、度假社区完善	107
	绿地、山地、湿地景观保护工程	86
	相关配套项目	42
基础设施	给排水工程	57
	电力、通信工程	49
	景观道路工程	68
	生态停车场、旅游公厕	98
示范村镇配套服务	农户客栈、乡村餐馆等	147
	田园认养、采摘基地	65
	休闲养生保健场所	68
	生态观光基地	57
合　计		891

4. 特色工业型示范村建设资金估算

特色工业型示范村是指具有特色的工业产业并且具有一定发展潜力的乡村或乡镇。发展乡村工业，应推动工业园区集聚，严格执行污染物排放标准，集中治理污染。推动"技术创新推进工程"和"落后产能淘汰推进工程"在农村的实施，推行"循环、减降、再利用"等绿色技术，调整乡村工业产业结构，不断壮大村域经济实力。

在对特色工业性示范村镇整治建设过程中，以下几方面可着重进行：

一是完善基础设施配套建设。由于农村的基础设施配套相对薄弱，工业发展所需的供水、供电、供气、供油以及交通、通信、排污、仓储等一系列问题几乎都由各乡、各村、甚至各企业、各农户各搞一套，造成人力、物力、财力的极大浪费。因此要大力发展乡村特色工业，完善且规范的基础配套设施是关键，是农村特色工业顺利向前发展的基本保障。

二是注重农村环境保护。农村工业由于发展条件的限制，主要集中于造纸、食品、印染、纺织、化工、建材及矿采等行业，这些正是相对高污染行业。而农村工业企业由于生产工艺、监测技术、废料处理等方面的落后，其污染的强度又明显高于城市企业，因此环境保护工程也是建设特色工业型示范村的一项重要内容。

　　此外,还应重点促进资源基地、生产加工、市场销售以及产品研发、中介服务的有效配置和组合,促进乡村工业长久稳固健康发展。

　　依照上述整治建设内容,按照相关估价依据估算示范村建设项目的资金投入如表8.18所示。

表 8.18　九江市特色工业型示范村专项建设项目投资估算

建设工程	建设内容	投资金额(万元)
基础设施建设工程	道路工程	74
	输气管道工程	59
	通信工程	53
	供电工程	52
	供排水工程	63
	土地平整工程	71
环境保护工程	绿化带	84
	污水处理厂	68
	垃圾处理厂	79
特色工业发展	工业厂房建设工程	132
	产品研发中心	64
	生产销售中心	57
	中介服务中心	51
合　计		907

　　5.人文资源型示范村建设资金估算

　　人文资源型示范村具有一定的人文资源并且具有参观价值,如历史遗存、民俗文化、特色民居等。这类示范村德安县以义门村为例,义门村是一个历史悠久、民风淳朴的古村,具有特色的民居建筑、典型的祠堂、传统的祭祀典礼等等,并以这些特色资源为依托大力发展乡村文化旅游业。该类型的示范村应对村庄的历史文化、自然生态、民俗风情村落进行保护和利用,把历史文化底蕴深厚的传统村落培育成传统文明和现代文明有机结合的特色文化村,着力打造本村优势品牌,建造特色民居村、特色民俗村、历史古村的美丽乡村。

　　一是合理调整人口布局、建筑密度,适当减少核心保护区内的居民数量、优化居民结构,拆除一些与历史风貌不协调的新建建筑,恢复传统建筑的本来面貌。

　　二是进行生态修复工程。历史文化型特色乡镇建设,将开展对古建筑、近现代重要史迹及代表性建筑的修缮工作,盘活现有古迹历史,组织考古发掘,实施古遗址、古墓葬保护和展示。工作中心是"存旧",应严格遵守"修旧如旧"的原则,同时保持原来的建筑形式、结构,保存原来的材料、工艺,尽量保持其原有的历史风貌;在文物古迹点建设绿化带,与周围环境相互隔离,防止周边工矿企业和居民生活点的污染物对文物古迹的污染和破坏;对一些珍贵的文物古迹,要采取科技和经济等手段,对其进行有效保护,如增加防护栏,建造防水设施,在表面粉刷化学涂料等。

三是进行景观建设工程。作为一个人文资源型示范村,村落风貌、民居建筑、古树古木、战事遗址等,本身就是最大的亮点,是最核心的景观。但是,为了更好地诠释和展示人文资源,适当有限度地布置一些小品景观景点和观景建筑可为古村落增添一处标志性景观,达到相得益彰的效果。这些景观建筑,应能较好地体现历史文化,具有人文景观要素,做到与周边建筑的协调一致。

四是完善设施配套工程。配套必要的服务设施,是旅游区的功能性需要,也是实现文化旅游资源向文化旅游产业转移的手段。综合考虑旅游区的各功能场所进行配置,如游客中心、陈列展馆、购物中心、休闲娱乐中心、餐饮场所、客栈等。

依照上述整治建设内容,按照相关估价依据估算示范村建设项目的资金投入如表 8.19 所示。

表 8.19　九江市人文资源型示范村专项建设项目投资估算

建设工程	投资金额(万元)
拆除违章建筑	149
生态修复工程	275
景观建设工程	212
设施配套工程	255
合　计	891

6. 总投资估算

各示范村进行综合整治,改善乡村环境的基础,根据各乡村的特色类型进行专项整治,突出乡村发展特色,重点发展乡村特色农业或特色工业,充分利用农村生态资源或人文资源,打造特色鲜明的美丽宜居示范村。依照每种类型示范村建设需要的资金投入,汇总合计项目库中所有示范村镇进行整治建设的投资总额。由于项目建设往往存在风险和不可预见性,因此按照工程建设项目投资预算 5% 的比率增加不可预见费。

对四种类型的示范村镇整治工程建设资金进行汇总计算并考虑项目的不可预见性,九江市美丽宜居示范村土地整治工程建设项目总投资估算如表 8.20所示。

表 8.20　九江市美丽宜居示范村土地整治工程建设项目总投资估算

建设工程	建设金额 (万元)	示范村个数 (个)	投资总金额 (万元)
示范村综合整治工程	954	71	67734
特色农业型示范村整治工程	804	18	14472
自然生态资源型示范村整治工程	891	27	24057
特色工业型示范村整治工程	907	10	9070
人文资源型示范村整治工程	891	16	14256
其他	不可预见费,取 5%	/	6479.45
总　　计			136068.45

根据表中汇总计算可得,九江市美丽乡村土地整治示范区建设资金估算总额为 13.607 亿元。

三、美丽乡村土地整治示范区项目建设资金筹措

(一)资金筹措途径分析

美丽乡村土地整治示范区项目建设的资金投入是一笔巨额的长期投资,单靠政府的财政投入不能满足需求,还应整合资源,充分发挥财政资金"四两拨千斤"的杠杆作用,运用市场机制吸引社会资金投入,鼓励不同投资主体以各种形式参与美丽乡村土地整治示范区项目建设。引入社会资本,不仅可以有效缓解政府财政的重负、平滑财政支出,还使财政资金从"主导"变为"引导",充分发挥政府的引导、监督职能与社会资本的管理、运营优势,优化项目风险分配,促成政府和社会资本共赢,从而提高美丽乡村土地整治示范区建设的效率。

在美丽乡村土地示范区项目建设中,资金的来源可以是多样的,政府、集体、投资商、农民以及其他成分都可参与进来,形成多种投资主体构成的整体运作模式。在这种模式中,政府是主要的支持者,投资商是主要的推动者,主体是农民和村集体。基础设施建设资金来源主要是政府投资和社会筹资。政府投资主要依靠财政支出和整合各部门涉农资金作为示范区项目建设的主要资金来源。社会资金可以采取群众集资、村企联建、开发商投资建设等不同模式筹集资金。政府投资和社会筹资的联动机制,建立"政府主导、部门协同、社会参与、集体和村民自筹"的多渠道筹资机制,支持美丽乡村土地整治示范区的建设。

（二）资金筹措渠道

1.设立专项财政资金，强化政府引导作用

美丽乡村土地整治示范区建设需要投入大量的资金，政府投入则主要起着引导、扶持、撬动的关键性作用，必须将有限的财政资金集中到重点建设的示范区项目上，以点带面，辐射铺开。政府需通过财政支出设立专项资金用于美丽乡村土地整治示范区建设，同时将专项资金和其他用于美丽乡村项目建设的财政性资金整合使用，统一纳入财政专户管理，引导带动社会资本投入美丽乡村建设，努力发挥财政资金的"乘数效应"。"以无偿带有偿、以政府带社会"的方式，建立以财政资金为引导、以农民投资投劳为主体、社会资本广泛参与的多层次、多渠道、多形式的多元筹资体系，为美丽乡村土地整治示范区项目的建设提供有效的资金保障。

2.盘活部门帮扶资金，捆绑整合涉农资金

一是盘活部门帮扶资金。"以城带乡"是美丽乡村建设的重要途径。加强督导调度和沟通衔接，统筹盘活财政、水利、电力、交通、教育、广电、科技、民政等各部门的帮扶资金，可有效弥补财政资金不足的问题，同时又可切实增强城市对农村的辐射带动作用。如电信、广电部门电话、网络、有线电视初装等只收成本费或工本费等惠农措施。

二是对涉农资金进行捆绑使用。涉农项目资金涉及各个系统，比较分散，但总量相当可观，科学合理地捆绑使用这些资金，对美丽乡村示范区建设可起到事半功倍的效果。通过对现有农村危房改造、村庄整治、扶贫、农村电网改造、农村饮水安全、乡村道路建设、旧村复垦、土地整理、环境整治、清洁工程、流域治理、沼气工程、"四绿"工程、农村公益事业"一事一议"等各项资金进行全面梳理，有效整合建设资金，形成建设合力，集中、优先投入农村环境整治和基础设施建设，突出美丽乡村主题建设。

有效捆绑整合各部门、各渠道涉农项目资金，将各类要素资源集聚到美丽乡村土地整治示范区建设上来，形成"多个项目出资，一个漏斗用钱"的"集束支农"效应。

3.以社会筹资为补充，吸纳社会资金

深入开展结对帮扶活动，支持国企、民企、社会团体、个人等通过投资、捐助、认购、认建等形式，参与美丽乡村土地整治示范区项目建设。

一是调活乡镇企业帮建资金。企业生存于社会，回报社会是其应当承担的社会责任。采用"政府引导、协会牵线、企业参与、市场运作"的方式，多渠道调动乡镇企业结对帮建美丽乡村示范区的积极性，引导企业在美丽乡村建设过程中找到"义"和"利"的结合点。民营企业充分发挥自身观念新、资金足、物力强的优势，以具体措施回报社会、回馈农民，在促进我县美丽乡村经济发展的同时，同时也为企业发展攒足后劲。

二是激励社会各界人士捐赠资金。社会名流、各界精英、致富能人是新农村建设中不可或缺的重要支持力量。政府或村委会在社会上加大宣传力度，创建美丽乡村示范区建设的浓烈氛围，通过召开义捐大会，向社会各界人士发出倡议书等形式，多角度开展思想工作，广泛动员名士贤达、爱心人士、成功人士、民营企业家等捐款，有效发挥"同乡会、同学会及其他民间公益组织"的号召力、凝聚力、带动力支持美丽乡村示范区建设。此外还可通过福利彩票、慈善基金等方式进行公益性筹资。

三是激发外商投资愿望。外商投资的介入不仅弥补国内资金对乡村建设投入的不足，还可引进国外先进技术设备、优良品种和先进管理经验，促进农产品加工业发展，提高了农村产业化经营水平，推动农村和农业改革。

4.引导金融资金投入，建立农村金融扶持机制

加大金融系统支持美丽乡村建设的力度，积极开辟融资渠道，创新农村金融服务机制，确保项目建设所需资金的落实。如积极对接农业银行，搭建美丽乡村建设融资平台，通过打捆美丽乡村建设项目办理"美丽乡村贷"融资，用于满足实施美丽乡村项目建设的资金需求。另外，发挥各类投融资平台的作用，加强与金融部门的协调，积极探索依法取得的农村集体经营性建设用地使用权、林地使用权、生态项目特许经营权、污水和垃圾处理收费权以及林地等作为抵押物进行抵押贷款，用信用手段筹措资金，引导金融资金参与美丽乡村示范区的建设。此外政策性融资，如以国债、以工代赈、设立基础设施开发银行等方式进行资金筹措。

5.以项目建设为支撑，积极进行项目筹资

以项目建设为支撑，从供需两个源头着手，控源控流，依需投放，推动项目规划与项目申报对接。各职能部门按照"各投其资、各记其功、统筹发展、全面推进"的方式，主动包装项目，挖掘乡村特色资源，多方向开发乡村特色项目，依照"谁投资、谁经营、谁受益"的原则，鼓励不同经济成分和各类投资主体以独资、合资、承包、租赁等多种形式参与美丽乡村示范区特色项目的开发。

在项目筹资中，对非盈利的基础项目，可争取国家建设项目和资金；对盈利较少，但较稳定的公共项目，可吸引民营资本予以开发；对盈利性大的项目，可通过直接转让、合作建设经营等方式，吸引各种资金；对于村内集体受益或跨村受益的基础性、公益性建设项目，实行政府投入为主，村民投工、投劳的办法进行建设；对于生产经营性项目，实行政府与村民共同投入的办法，或者利用国家农业综合开发资金、国家开发银行专项贷款来筹集资金；对于单个农户受益的

项目,实行以村民为主、争取各级政府补助的办法解决资金问题。

6.搅活集体盈余资金,带活群众自筹资金

一是搅活集体盈余资金。集体经济不仅是发展农村的重要载体,更是农村资金积累的重要来源。随着村级体经济实力的不断增强,一些行政村正在由"有钱办事"向"有大钱办大事"转变。盘点村集体积累,积极引导村级组织将积累的盈余资金搅活,把其中的一部分资金果断投入新农村建设,进一步增强村级组织的凝聚力。

二是动员带活农民自筹资金。农民是新农村建设的主体。对广大村民进行美丽乡村示范区建设宣传,提高村民对美丽乡村的认识。按照"政府搭台,农民唱戏"的思路,各示范村(镇)通过恳谈会、老乡会、党员会、"一事一议"群众大会和发放倡议书等多种途径,充分发动群众,鼓励农民积极主动投资投劳支持家乡建设。筹集的这些资金可用于硬化房屋前后和衬砌下水道、排水沟等基础设施和公用事业建设。

7.股份引活特色产业发展资金

对于特色农业型示范村而言,美丽乡村示范区建设必须要有特色产业来支撑。发展特色农业须走市场化的路子,在资金筹集、人员管理、机构调整、产业升级等各个环节中融入现代企业管理制度,只有这样美丽乡村建设才会有生命力。如运用市场运作模式,把村庄当企业来经营,吸纳村民入股,成立乡村开发有限公司,以股份制形式相继发展农庄采摘、生态养殖、文化旅游等多个特色产业项目,让部分大股东参与乡村产业项目管理,并用股份项目收入投资建设村级文化广场和其他公共设施,为建立美丽乡村出力。

8.充分利用城镇建新区经营性土地收入

对于项目库中的美丽宜居示范乡镇,可大幅度提高政府耕地开垦费、新增建设用地土地有偿使用费、土地出让收益、土地闲置费、土地复垦费、耕地占用税等新增收入用于美丽乡镇示范区建设资金的比例,并将建新区土地使用中收取的新增建设用地有偿使用费、农业重点开发建设资金、耕地开垦费等相关规费划入财政专设账户,用于乡镇建设项目的实施。由于建新区土地拍卖收益、新增建设用地有偿使用费、耕地开垦费必须在拆旧区至少完成一定比例的工程量并经市国土资源局验收后,才能启动建新区土地征收报备程序,通过土地招拍挂取得建新区土地经营性收益。因此美丽宜居示范乡镇土地整治项目建设所涉及的拆旧区拆迁补偿费用、整理复垦工程费用、安置区建设费用和前期工作费用涉及的前期启动资金可先由县级财政先前垫付,待建新区土地经营性收益取得后一并归还。

第九章 上海实践案例

第一节 廊下镇实践案例①

一、廊下镇基本情况

金山区廊下镇地处上海市金山区西南部,处于长三角交通枢纽地位,与浙江省平湖市交界,杭州湾跨海大桥入口处,是上海连接浙江的主要门户,位于长江三角洲冲积平原,地势平坦,属于亚热带海洋性季风气候,四季分明,温和湿润,雨量充沛,适宜稻、麦、棉、油菜等农作物生长。廊下镇下辖万春、勇敢、景阳、山塘、南陆、友好、南塘、光明、中联、中丰、中民、中华村民委员会和廊下居民委员会,总户籍 8747 户,人口 31107 人。廊下是典型的农业镇,是上海市第二轮现代农业园区发展的领头羊,是新郊区新农村建设、现代农业园区建设的示范区,拥有全国农业旅游示范点、国家级基本农田保护示范区和国家级农产品加工示范基地三个国家级荣誉,2009 年廊下镇更是被评为上海市市第二批全国发展改革试点镇。从金山区而言,廊下镇是金山区重点战略发展的"三区一线"之一(农业园区、新城区、工业区,海岸线),是金山旅游三大版块之中的生态度假休闲游版块。

二、土地整治与美丽乡村建设

(一)整治项目定位

廊下镇作为全国小城镇发展改革试点镇,重点发展现代农业。田水路林村综合整治提升农业发展能级,优化升级传统农业,增加农产品附加值,并在现代农业基础上拓展农业休闲旅游功能。项目区内现状农业定位较为明确,主要是优质水稻、种源农业和优质蔬菜产业,空间布局也较为集中。粮田主要分布在

---

① 本案例是上海市建设用地和土地整理事务中心、廊下镇政府和作者在上海现场调研综合的成果。

回阳璐、景邱路、向阳河及镇界所围合区域,以灌溉水田为主,主要种植水稻、小麦,在土地资源稀缺的上海,是难得一见的成片的粮田,这部分区域通过土地流转、农业专业合作化组织、引进先进技术及配套设施体系可形成规模效益。在廊下镇漕廊公路北侧,有以爱索特植物园艺和上海申潜特种水产为龙头代表的生产灵芝、花卉、育苗等种源农业企业。其中爱索特园艺的花卉组培基地通过引进比利时相关技术,在凤梨组培上独具优势,大大提高了农业土地的产出率,在 2009 年凤梨组培的产值已达 3000 万,占廊下镇种源产业总产值的 30%。在金廊公路沿线有鑫博海、廊下果蔬园艺等高产蔬菜标准园,通过引进优质高产多抗新品种,采用防雾滴棚膜和膜下滴灌控湿等技术,为发展蔬菜产业化、基地化奠定基础。

金山区廊下镇市级土地整治项目总面积 1771.22 公顷,建设规模 1687.34 公顷。项目区内集体土地 1726 公顷,国有土地 45 公顷,国有土地权属界线清晰无争议,共有农户 2846 户,人口共 11920 人,项目区内宅基地使用权及地上房屋所有权归农户所有,农户宅基地界线清晰无争议。规划实施完成后,项目区内耕地面积达 1258.07 公顷,新增潜力耕地合计 55.90 公顷,实现新增耕地率 3.31%。目前,项目区已经形成了"两区一带一基地"的产业布局雏形,传统种植业向万亩粮田示范基地集聚,拥有金山节水抗旱稻种源基地、金山区水稻高产创建示范区和上海市二麦高产创建示范片等优质粮田种植项目;蔬菜产业则沿金廊公路两侧布置,有鑫溥海、廊下果蔬园艺等大型果蔬公司落户;以种源农业为代表的现代化高科技农业在廊下蓬勃发展,上海农业科学院种子种苗、美国红枫、红掌、EP 花卉、申潜水产、彩色苗、灵芝等种业公司先后落户,种源农业以其占地少、产值高的特点,成为廊下镇现代农业中主导产业。

(二)项目融合路径

1.与现代农业融合

廊下镇土地整治项目,在规划阶段就十分重视将土地整治与现代农业发展相融合。该项目从构建廊下镇现代农业发展的战略高度出发,将整治重点转向传统农业、种源农业和休闲农业,项目划分为 4 个区域:万亩粮田整治区、种源农业整治区、优质蔬菜整治区、休闲农业整治区。现项目区域农用地全部统一流转至镇级合作社进行规模化、集约化统一管理。以万亩粮田区和优质蔬菜区为载体提高农田的规模化和集约化水平,建设高标准设施粮田和高标准设施菜地,使农业生产效率进一步提高,农业收入大幅增加。在满足高标准农田建设要求的基础上,项目与廊下镇自然条件和产业特点充分结合,充分体现江南水乡特色,将廊下镇打造成国家级高标准基本农田示范区。结合廊下种源产业基础,以 EP 花卉、申潜水产、彩色苗、灵芝等植物水产项目为载体,发展园艺、水产、粮油等优良种业,引导种子企业与农民专业合作社联合,建设标准化、规模化、集约化的种子生产基地,将廊下镇建设成国内知名、以运用植物组培技术为主体的种源农业基地。

2.与休闲旅游融合

按照"现代农业和农业休闲旅游"结合概念框架,建设功能"多元"的体验农场;结合乡村旅游,发展高标准农业品种养植、高科技农产品培育研发、现代化农产品加工等,体现生态系统的生产力。农耕文化这一传统的乡村要素在这一理念的包装下有了新的解读,成为现代都市居民向往的生活符号。原先平常的番茄、西瓜、鲜草莓等时令农副产品在冠上"廊下现代农业"的品牌后,产品附加值显著提高。上海乡村旅游近年来发展迅速,根据 2009 年数据统计,已建成各类农业旅游景点 100 多个,年接待规模达万人以上的农业旅游景点约 70 个,全市涉农旅游总人数约 1000 万人次,同比 2008 年增长 15%以上,市域农业旅游需求较为旺盛。目前上海的农业旅游主要分为五种类型。一是农家乐,结合新农村建设环境建设和自然村改造,充分利用农村特色民宅等资源,以住农家屋、吃农家饭、享农家乐为特色的一种乡村旅游模式,如崇明前卫村、瀛东村农家乐、嘉定毛桥村、廊下中华村、浦东书院人家、金山农民画村等;二是专题性观光农园,如浦东的鲜花港、宝山的东方假日田园、奉贤都市菜园、玉穗葡萄园等;三是综合性农业公园,融农业综合性生态观光休闲科普于一体,如浦东孙桥现代农业开发区、金山区廊下现代农业园区、松江五厍现代农业园区等;四是人工生态林公园,如崇明东平国家森林公园、奉贤申隆生态园等;五是农业旅游节庆,如上海桃花节、奉贤菜花节、马陆葡萄节、崇明森林节等。金山区农业旅游品牌效应在各区县中名列前茅,目前上海已有 16 个景点被国家旅游总局评为国家农业旅游示范点,位于金山廊下镇的农村新天地、中华村农家乐及枫泾镇的金山农民画村位列其中;中国农民画村和廊下生态园被评为 AAA 级旅游景区。截止至 2013 年 10 月底,廊下乡村旅游共接待游客 332428 人次(含中华农家村、廊下生态园),同比增长 12.3%;完成各类营业收入 400 万元,比去年同期增长 8%。金山区廊下镇现有旅游资源丰富、综合性强,涉及农家乐体验、现代农业科普、旅游节庆、生态度假等多种类型,已成为上海南部特色鲜明、具有品牌效益的乡村旅游项目集聚区,在多个农业旅游产品中竞争力强。金山区廊下镇以其原汁原味的江南农村场景、生态旅游和现代农业项目吸引着四方宾客。中华村,仿佛置身于淡雅的水墨画中。周遭景致古朴自然,袅袅炊烟散发着淡淡的稻草香。如今,这个村的 118 幢农舍中,已有 19 户改成了农家乐旅店。在这里,游客可以品农家菜,住农家屋,体验原汁原味的农家生活。已建成的农村新天地不仅可用餐住宿还可以观景感受现代农业。反季节桃源、出口花卉基地、灵芝培植基地和现代化种子种苗基地,将农业生产和观光旅游融为一体,让游客亲身感受新农村建设的成果。金山区廊下镇市级土地整治项目区内保留了50户农居,拟以廊下农村新天地、生态园、学农基地、山塘民俗村为载体,打造具有廊下民俗特色的,集休闲、度假、旅游于一体的上海一流的乡村旅游休闲基地。农家乐和特色民宿的特点是共用乡村的环境,还能带动邻村居民的就业。在五一、十一等旅游旺季,一户农家乐请周边五六个劳动力一起来帮忙是常见的现象。同时廊下非常巧妙地将本土的一些手工技艺、民俗活动、生活方式等挖掘出来,与乡村的主题相结合,进一步强化了品牌效应,提升了乡村旅游产业的经济效益。廊下的百年老校、土布衣服、当地方言、莲湘文化、白墙黛瓦观音兜的老式建筑等在现今显得弥足珍贵,都是吸引都市游客体验消费的特色产品。借助"乡村"品牌的营销放大效应,村庄实现了在一定程度上的跃迁和能级的提升,借此能够吸收更多的外部资源,进而实现对村庄内部的整合,助力乡村经济的蓬勃发展。

3. 与社区空间重构融合

乡村空间是乡村复兴的重要内容,也是乡村地理、乡村规划研究关注的核心。廊下镇与其他乡镇也无异,经济发展的同时,村庄在空间上的转移也引起了进一步分异,多数居民乔迁至上海市区或金山城区的过程中仍有不少村民驻留在廊下本地,村里的生活品质与城镇存在明显落差,成为被忽略的空间主体。目前留守的也绝大多数是老年人,或是在村产业转型升级过程中被边缘化的村民,经济拮据。在金山区廊下镇市级土地整治项目中搬迁农户采用"一补、二换、三不变"方式以房换房形式安置,搬迁范围主要集中于万亩粮田示范区、种源示范区、乡村旅游区三个片区,区域面积 886.7 公顷,约占项目区的 50%。市级土地整治项目以农户自愿为前提,需经每位家庭成员(18 周岁及以上成年人)同意并签字确认后,向廊下镇市级土地整治项目推进办公室(以下简称"镇推进办")提出搬迁补偿申请,审核同意后方可取得搬迁补偿资格,任何一位家庭成员有异议的,都无法取得搬迁补偿资格。审核通过后,签订搬迁补偿协议,并且根据核定家庭搬迁补偿人数确定安置房房型,办理安置房入住手续。农户在办理安置房入住手续前,根据实际补偿金额与安置房房价(实行"一房一价")二者进行差额结算,多退少补,资金必须提前到位,方可办理入住安置房手续。搬迁补偿要求,简称"三不变":一是搬迁补偿后,村民户籍性质不变;二是搬迁补偿后,村民房屋宅基地性质不变;三是搬迁补偿后,村民土地流转承包费收益权及各种福利不变。将农民的 20 世纪 80 年代的破旧楼房以不花钱的方式置换成洋房别墅。安置小区选址位于镇区控规之外的勇敢村居民集中新建点,位于景钱路以北,村卫生服务站以西地块,原勇敢村一组区域,根据节约土地的原则,户均占地控制在 0.026 公顷,总用地在 18 公顷,集中连片,紧靠镇区,公共设施配套完善,极大地方便了居民生活,小区建筑风格极具廊下特色"白墙、黛瓦、观音兜",受到了农户的一致好评。安置区一期已基本建设完毕,100 余户农户已于 2014 年年底前乔迁新居;安置区二期也即将建设完毕。搬迁整治后将显著提高农户生活条件,促进了城乡一体化发展。这种集中居住,不仅享受了与城市相同的基础设施、公共服务保障,又维持着村民的自治管理和集体的归属。特色民居已成为廊下镇新农村建设的窗口。这种集中居住方式维持了村庄原本紧凑的社会组织构造、相似的生活方式和亲密的人际关系,是对乡村社区空间的维系和再造。

4. 与乡村文化复兴融合

廊下镇历史悠久,景文并存。目前镇域内分布有城隍庙、朱家西墙门、龙门寺、邱移庙及原陆居仁故乡等多处古迹。此外,镇域内还有许多民间艺术,如打莲湘、金山农民画等,人文资源丰富。莲湘、剪纸、农民画作为廊下文化的三支花,历来得到很好的保护和传承。在廊下,人人会打莲湘,人人热爱莲湘。廊下在传承民俗文化中创新,从传统民俗文化因子中衍生出文化新品,把传统的土布服饰加以创新,制作了一些土洋结合、时尚新颖的新服饰,用土布边角料制作的土布贴画别有一番意趣,引领新时尚。廊下旅游公司因地制宜,充分发挥廊下生态园爱国主义教育基地和新农村学农实践基地的功能,利用廊下各种农业资源和特产元素,开发了丰富多彩的乡村旅游体验活动。江南农具馆内的甘蔗床成为榨汁赛的必备工具;纺纱机成为江南织女竞技比武的利器,走巨型象棋、地上写书法、打酱油等别具创意而又取材简易的活动,深受亲子游客的喜欢。在土地整治项目中梳理挖掘基地"风、土、历、人、文"等人文要素特征,整合地区物质与非物质文化资源。此外,金山廊下乡风淳朴,"廊下三枝花",是"活"的、"可赏"、"可参与"的文化遗产,与其他相比,廊下传统文化氛围更浓、体验度更高。保留部分农民宅基地,保留原住民,强调农民自身的参与性、体验性、互动性,充分发挥农民的积极性,延续原有乡村生活及文化,突出乡土风貌,并吸引城市居民的深度参与,塑造城乡一体化的生活;整治基地特色村庄的建筑和周边景观格局,形成景观和人文一体的特色农庄;根据旅游发展需要,增加村庄的住宿、餐饮等多样功能,成为服务节点。

第二节　新浜镇实践案例①

一、新浜镇基本情况

新浜镇位于上海松江区西南,东濒茹塘与泖港镇相邻,南依七仙泾与金山区枫泾镇接壤,西近朱枫公路以白牛塘为界,北傍大蒸塘,与青浦区练塘镇隔水相望,全镇区域面积 44.77 平方千米。全镇乡村耕地面积 2666.67 公顷,户籍人口 2.7 万,外来常住人口 2 万人,有 11 个行政村的自然村落比较零散,大部分农宅建于 20 世纪 80 年代,老百姓房屋总体比较陈旧。一直以来,该镇由于地处上海市的最边缘,属于农业地区,几乎看不到振兴腾飞的希望。

二、土地整治与美丽乡村建设

2013 年,在规划和国土资源管理局的支持下,新浜镇列有市级土地整治、市级郊野单元规划两个项目。708.4 公顷项目区域内的农田、水利、道路、绿化以及村庄实行综合整治;实施低效建设用地的减量,达到提升产业能级、保护生态环境、改善居住条件、实现保值增值的目标。3 年多的时间,新浜精心打造出一个"生态、休闲、宜居、平安"的美丽小镇。

(一)土地整治引领规划调整

到 2020 年,上海总建设用地规模空间 3185 平方千米已接近上限,松江区 286 平方千米已超 88 公顷,新浜镇规划集中建设区为 1.36 平方千米,现状未利用土地只有 0.3 平方千米。这意味着,建设用地空间指标已经接近天花板,要实现新的村镇发展必须要进行建设用地减量。到 2020 年,新浜镇的目标是减量 496 公顷,按"拆三还一"的政策,可以获得 165.33 公顷的耕地占补平衡指标和新增建设用地指标。这一举措,不仅为新浜的后续发展争取了宝贵的空间,还为松江乃至上海的发展贡献了近 333.33 公顷的建设指标。新浜镇以此为契机进行高起点、高标准规划,编制新市镇总体规划、控制性详细规划、产业区和建设用地增减挂钩规划,统筹合理开发未利用土地,安排生产、居住和生态用地,统筹耕地保护、生态环境保护和产业发展、村庄建设、交通水利等基础设施建设。

---

① 赵惠瑛:《美丽小镇的"绿色引擎"——上海市新浜镇土地综合整治经验交流》,《中国国土资源报》2016 年 8 月 3 日。本案例是赵惠瑛和作者在上海现场调研综合的成果。

（二）土地整治引领产业转型升级

由于历史原因,新浜镇散落在集建区之外的村级企业有212家,占用建设用地约113.33公顷,产业特点多数为淘汰行业,土地利用效率相对比较低下,同时存在较大的安全隐患。面对规划受限、环保受控、产业受阻的不利因素,新浜镇通过实施郊野单元规划,全镇3年(2014—2016年)计划纳入减量293个点,土地面积105.87公顷,涉及企业197户。截至目前,已完成签约拆除254个点,土地面积92.53公顷,完成签约拆除企业174户。在企业的处置方法上,对集建区外的低效、污染企业,坚决关停;对低效、无污染的企业,引导到外省市发展;对符合产业导向的企业,引导产业能级提升,安置到都市工业园区发展。正是由于这种整合,集建区外建设用地逐步减少,全镇基本农田连成一片,可以大规模建设高标准基本农田,有效解决耕地分割细碎、农业基础设施不配套、耕地质量较低等问题,一批优质企业如京东、柏丽等落户新浜有了可能。另外,新浜的乡村旅游也蒸蒸日上,吸引了广大游客,游客总数占到了松江乡村旅游游客数的70%。集建区外建设用地逐步减量化以后,全镇基本农田连成一片,可以大规模建设高标准、高水平基本农田,有效解决耕地分割细碎、农业基础设施不配套、耕地质量较低等问题。

（三）土地整治引领生活方式转变

俗话说,安居才能乐业。新浜镇8011户家庭中有7000多户在农村,大多居住在20世纪七八十年代建造的房子里,房屋日渐破损。同时,大多数中青年农民已买房进入城市,留下来的基本是老年人,农宅空置率已达到30%。实施土地整治、郊野单元规划项目,可以实现农民居住向集镇集中,促进群众的生活方式的转变。新浜镇的农民居住环境改变,不是简单地采取农民上楼、集体土地变国有土地的模式,而是采取“以房换房”宅基地置换的模式,实现人口的居住方式、就业方式、生活方式和社会管理方式的城镇化,但不改变农民身份,不改变土地承包权。通过大量政策解读工作,目前已有4600多户农民参与以房换房,占全镇村民的66%。截至目前,一期安置房建设完毕,土地整治项目区1127户农户住进新家。到2016年年底,二期安置房即将交付使用,三期农民安置房争取2017年完成建设用地手续办理。

（四）土地整治引领了生态环境发展提升

尊重自然环境,追逐农耕文化,谋求人与自然和谐发展的价值理念和发展理念,在新浜追求“自然生态美、生活幸福美、文化和谐美、创新引领美”,这既符合十八大建设美丽中国的生态文明建设要求,也符合上海地区水资源保护区的生态环境建设要求,更符合区委、区政府对该镇提出的建设“迷你、美丽小镇”的工作要求。在市级土地整治的基础上,新浜镇积极开展艺术融入乡村、运动激活乡村等创新乡建活动,整合优质资源,打造乡镇版郊野公园,在土地整治区,开展艺美乡村、大地艺术、半程马拉松和微课堂教学,以生态美引领新浜可持续发展,着力推进观光农业区、休闲商务区、生态集镇区、都市工业区"四区建设",倾力打造"生态、休闲、宜居、平安"的美丽小镇。目前,新浜镇已成为全国宜居镇、全国卫生镇、全国生态镇、全国文明镇和全国美丽乡镇。

第十章　义乌实践案例

第一节　义乌美丽农田建设

义乌市 1998 年开始推进耕地整理,除了不到 1333.34 公顷水田和部分山区旱地难以实施整理的以外,其余 1.3 多万公顷水田包括部分旱地全部进行了整理。佛堂镇土地整治暨标准农田建设工程项目,是义乌市美丽农田建设的典型案例,其中生态型土地整治是其重要的特色。

一、项目概况

佛堂镇土地整治暨标准农田建设工程是国土资源部和联合国计划开发署(UNDP)合作的国土整治中关于土地生态环境建设和国土化研究的试点项目之一。本项目辖佛堂镇楼村、盛村、徐塘下、桥西、翁村、靖安塘等六个行政村,整理面积 268.5 公顷,总投资 831.69 万元,建成标准农田 237.7 公顷,建成农用机耕路 29490.1 米,排水沟 1651.2 米,灌溉渠 26082.3 米,建成存水池等各种建筑物 978 处,工程总投资 831.69 万元。

二、整治模式

(一)生态型土地整治模式的特点

生态型整理模式是土地整治研究和生态学结合的成果,是解决农业生态危机的重要途径之一[1],与传统的土地整治模式相比生态型整理模式的特点主要体现在以下几个方面:

1.追求农业规模效益与生态安全相结合

生产的规模效益已经在传统的经济学理论中得到了证明[2],过去的土地整治过于追求农业规模效益,而忽视了生态因素的考虑,殊不知农地系统是一个

---

[1]　吴次芳、徐保根著:《土地生态学》,中国大地出版社,2003 年,第 362—365 页。

[2]　保罗·萨缪尔森、威廉·诺德豪斯著:《经济学》,华夏出版社,2002 年,第 84 页。

高度复杂的开放巨系统,其一个显著的特点是非线性①。生态型土地整治模式引入了生态的理念,在生态安全的基础上追求农业生产的规模效益,防止农业生产中生态灾难的发生。

2.注重增加耕地与保护生态的统一

土地整治一个很重要的目的是增加耕地的面积,在技术没有取得突破进展的情况下,提高农业的总产量,以满足不断增长的粮食需求。对于用世界7%的耕地养活世界22%人口的中国来说,不管在什么时候,这都是一项紧迫的任务。然而,近几年有些地方的土地整治,是用牺牲环境的代价来达到这个目的,将生物休憩的湿地,沟塘等都整理成耕地,没有为各类生物提供生存的空间,导致了农业生产过分地依赖农药和化肥,生产系统自我调节的能力明显弱化,环境污染,产量下降将不可避免,土地整治的初衷无法实现。生态型土地整治除了注重增加耕地面积外,更注重农业生产的环境,关注农业用地尤其是耕地的质量,以最少的环境代价来达到增加耕地的目的。

3.全面关注生态安全

在土地整治的整个过程中关注生态安全,是生态型土地整治的又一重要特点。实践证明,只有土地整治的各个环节均按照生态土地整治模式的要求进行,才能保证最终目标的实现,否则,就像瘸腿的凳子,其坍塌的可能性是不可控制的。基于这样的认识,义乌佛堂镇在土地整治中,从土地整治项目的立项、可行性研究、规划设计、审批、施工、验收,包括以后的项目后评价中,均考虑生态因素。

4.个性化设计与标准设计相结合

土地整治规划设计中,对路、渠、涵、闸等采用标准构件可以提高设计的效率,降低施工难度,但对生物和自然界的关怀显然是不够的,例如,对田间农路、农渠(沟)大量混凝土化,会阻塞大自然呼吸,影响大自然气温的变化,并使草木难以生长,小型动物和微生物无法栖息,从而可能导致部分物种的灭绝。

生态型土地整治模式是对传统土地整治模式的改进,除了具备以上特点外,还有多学科融合性、多因素性等特点。

(二)生态型土地整治规划模式构建

传统的土地整治规划模式,由于科学技术和人类认识的局限,较少考虑土地利用中的环境效应,规划部门要么通过专家咨询,要么应用通常的规划程序和途径,对土地资源的时空分布做出适当的安排和布置,常常过分强调土地利用的社会经济成分和土地整治对公众的眼前利益。事实上,土地复合生态系统

---

① 吴次芳,徐保根著:《土地生态学》,中国大地出版社,2003年,第360页。

的自组织特征决定了土地整治项目规划中的重点不在于寻求土地利用的最优控制,而在于依靠土地利用的能动性去进行系统内外部关系协调发展的有效调节,这是生态型土地整治规划模式的基点。生态型土地整治规划模式的内涵较传统模式丰富得多(见图10.1)。

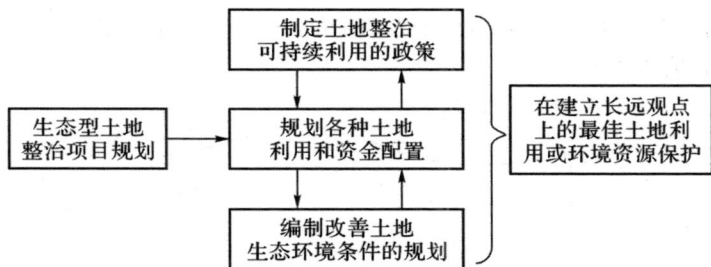

图 10.1　生态型土地整治规划模式

生态型土地整治规划模式是基于长期最佳利用和环境资源保护,并能满足公众的需求和渴望,集制定土地整治可持续政策,规划各种土地利用和空间配置、编制改善土地生态环境方案的土地整治模式。

(三)生态型土地整治设计模式的构建

传统的土地整治工程设计,其任务主要是确定各种具体工程的型式、控制性尺寸、各部分结构和细部构造的工作,提出工程预算和施工进度安排,进行技术经济分析,阐明工程效益。而生态型土地整模式,是基于可持续发展的理念和思维,应用生态学原理结合传统工程设计方法,对工程参数进行设计的过程,其内容主要体现在以下几个方面:

1. 土地平整工程设计

提高农业生产率是土地整治的一个重要的目标,机械化生产是实现这个目标的必然趋势,而机械化生产一般都要在较为平坦的田面上进行,在土地整治中进行土地平整工程正是为了满足机械化操作的需要,使原来高低不平的田面,借助挖掘机的挖土,运输机械的运输,将土壤从田面凸处搬运到田面凹处,从而实现整个田面高程的均匀化和一致化,以利于农业机械化生产。土地平整工程势必使原土壤剖面、结构和性状发生改变,对农田的生态环境产生直接的影响,因此,在平整过程中,采用科学有效的方法,对整理区土壤进行改造,使其建立一个更加适应的土壤剖面和综合土壤肥力因素,在较短的时间内改善土壤的内部结构和环境质量,恢复并提高土壤的质量水平,最大限度地增加土壤改造的效果,并降低土壤的改造成本和维护费用。结合以往的土地整治实践,生态型土地整治模式主要体现在土地平整的以下具体技术细节:

(1)对表土层保护的设计。表土层处在土壤的最上层,厚度大约15～25厘米(见图10.2),在整个土壤结构中,是最适合农作物生长的,从农业生产的角度出发,表土层的肥沃程度事实上决定了农田的产能水平和等级。对需平整的土地,首先剥离耕作层土壤15～25厘米,并全部加以收集,储存于整理场地周围。为了防止剥离的表土受雨水的侵蚀造成流失,对其必须进行适当的保管,例如,搭建防雨棚,覆盖塑料布等。

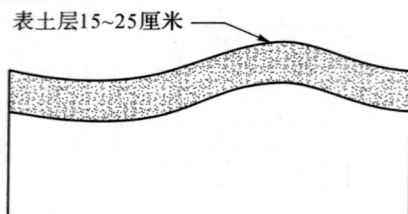

表土层15~25厘米

图 10.2 表土层保护设计

(2)田面地基层处理。田面地基层位于表土层以下大约20厘米处,良好的田面地基层,可以起到保护表土水分、节约水资源的作用,对于缺水地区的农业具有较大的实用价值。土地平整工程设计中,在田面现状数据库的基础上借助数字高程模型(DEM)和地形表面分析技术(TIN),根据田面的实际情况,按照节约工程量的原则,对田面地基层进行最优化设计,完成对凹陷田面的填土和凸出田面的挖土(见图10.3),使其形成具有较好防渗、防漏、厚20厘米左右的隔离层(见图10.4)。

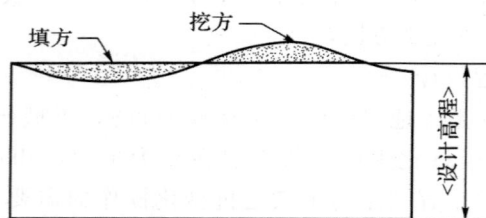

填方 挖方

<设计高程>

图 10.3 填挖土方设计

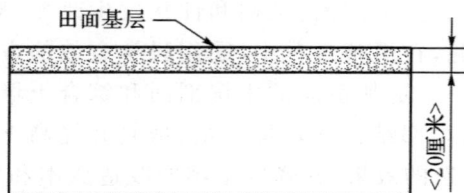

田面基层

<20厘米>

图 10.4 田面隔离层设计

（3）耕作层土壤回填。为了能够在最快的时间内恢复农田的耕作能力，在农田的基层之上，将原来剥离出来的表土层，回填到基层上，形成新的耕作层（见图 10.5）。在回填过程中，原有良性土壤剖面尽量保持有机组合和整体性。若回填场地原为不易透水的土质基层，回填厚度一般为 0.5～1.0 米，若回填场地原为岩石的基层，回填厚度一般为 1.0～1.5 米。在我国的南方地区，若回填厚度小于 1.0 米，土层较薄，则不易保留水分，抗旱能力较低。种植小麦所需的回填厚度应保持在 1.2 米左右比较适宜。

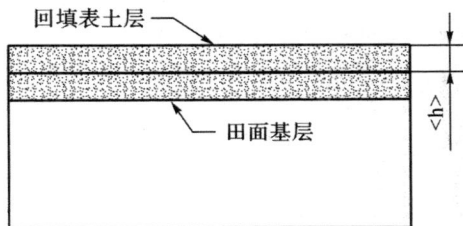

图 10.5　耕地层土壤回填
注：回填表土层厚度（h）应根据田面基层的实际情况确定

（4）土壤的改良设计

土地平整工程完成后，形成的新土壤层，在早期其农业生产能力比原有的土壤层差，对土壤层的改良有助于提高农田的产能。一般情况下，每年亩增放农家肥 2 吨以上；各种绿肥，多施用秸秆肥和灰渣肥，增加土壤有机质含量，疏松土壤，改善土壤的透水、通气性能；对耕作层浅薄的田块逐年深翻，每年深翻 20～30 厘米，逐年改善土壤理化性状。

2.沟、渠工程设计

沟、渠在农业生产中，起到排水和灌溉的作用，沟、渠构造型式多种多样，实践中使用最多的是 U 型和矩形构造；就材质而言，主要有水泥预制 U 型渠、浆砌条石矩形沟、水泥预制暗管或钢管、干砌块石梯形沟等等。

水泥预制 U 型渠（见图 10.6）具有过水断面优、水力损失小的优点，但施工要求高，一般仅在水量要求较小时采用；浆砌条石矩形渠（见图 10.7）牢固、施工方便，但成本较 U 型渠高，主要用于流量较大的支斗渠，最深可达 120 厘米；在地形复杂、土方量大的地段采用暗管；在渠道过河处采用强度较大的钢管或通过架设水泥渡槽；干砌块石沟成本低、深度可达 150 厘米，为了减少占用土地，沟壁往往坡度较大，但应小于 73°，以免造成坍塌。

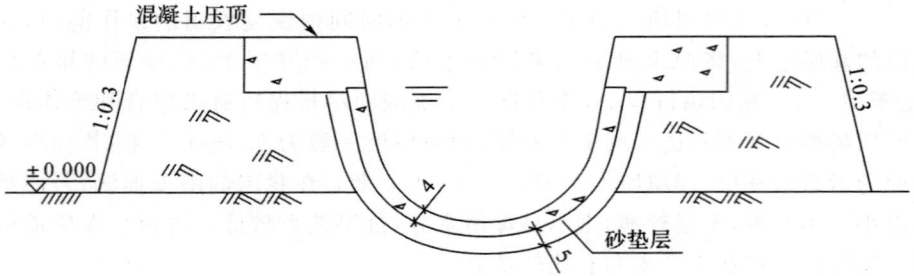

图 10.6　U 型渠示意图

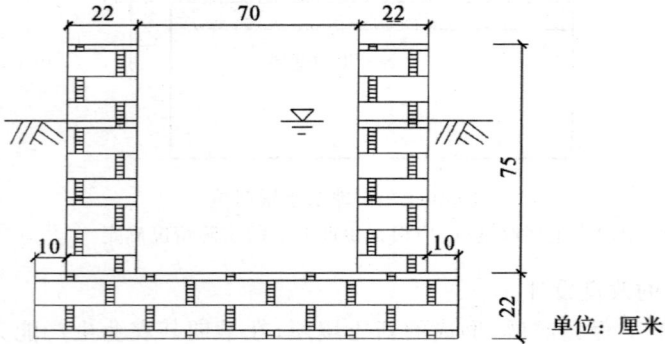

单位：厘米

图 10.7　浆砌条石矩形渠示意图

　　在实际运用中,U 型渠表面光滑、渠壁坡度大、近于直立,浆砌矩形渠深度大、渠壁较平滑且为直立,干砌块石梯形沟深度大、坡度陡,这对动物的生存均构成直接的危险。实践证明,青蛙、蚯蚓等小动物一旦掉入渠面光滑、渠壁陡、深度大于 50 厘米的沟渠内,将很难在爬出,影响了田间动物的正常繁衍生息,久而久之会影响整个生态系统的能量流动,造成了生态环境的人为隔离,并最终影响生态平衡。因此,在使用以上沟渠时必须进行改进,例如,在深度大于 50 厘米的 U 型渠、浆砌条石矩形渠、干砌块石梯形沟内每隔 20～30 厘米做一段长约 1 米的生态型沟渠(见图 10.8),使小动物可以安全行走,将人为对生态系统的影响降到最低,从而保证田间动物的正常生活,保护生物的多样性。

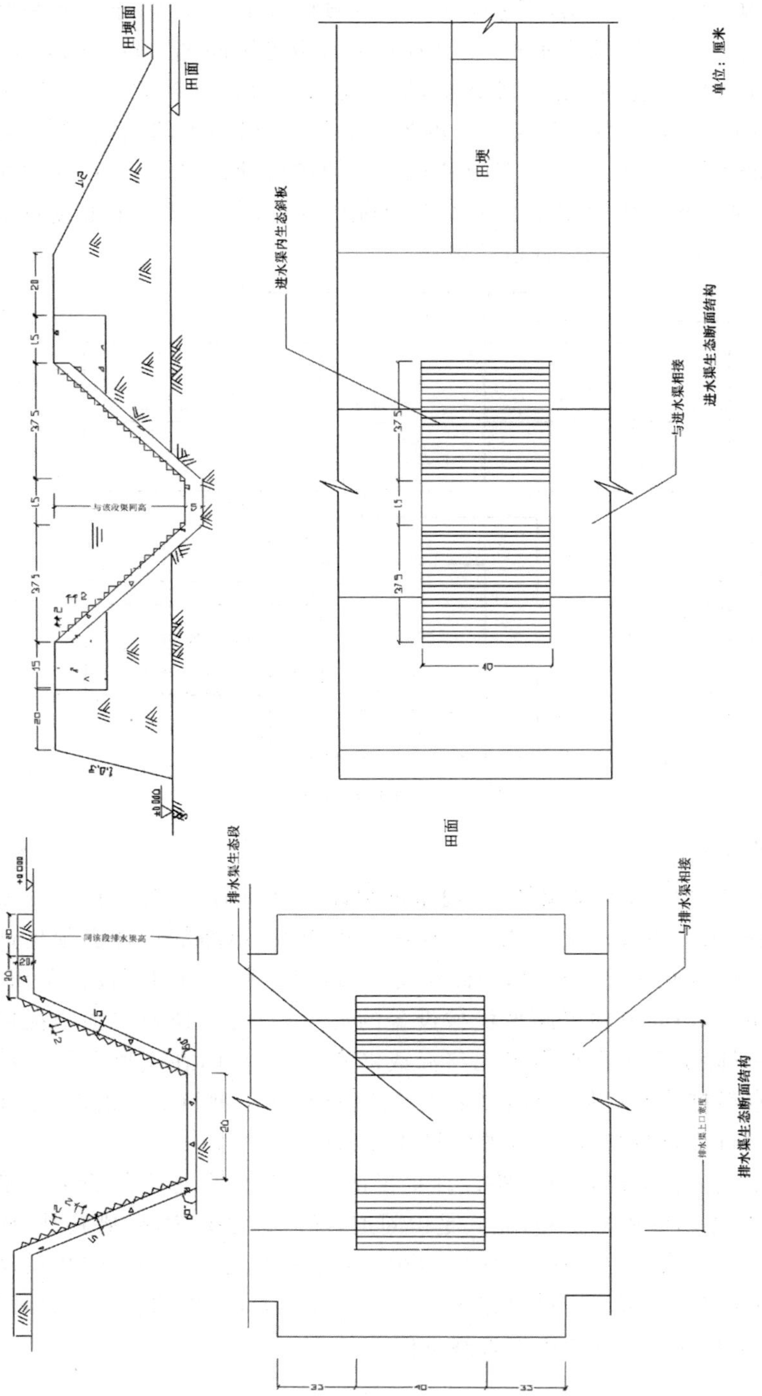

图 10.8 生态渠设计

现代沟、渠系统运用对环境的另一个影响是水土流失,由于灌溉系统的效率得到了大幅的提高,流速加快,在排水时常常带走田间地力较好的表土,久而久之对整个土壤系统的产能产生影响,同时也会造成排水系统瓶颈处的泥土堆积,堵塞沟道、管道。为了避免水土的流失和沟道、管道的堵塞,操作中常常采用护土池的设计(见图10.9),在沟道和管道的进口处设置护土池,缓解水流的流速,使夹带在水流中的泥土在护土池中进行沉淀,定期对护土池进行清理就可以避免水土流失和沟道、管道的堵塞。

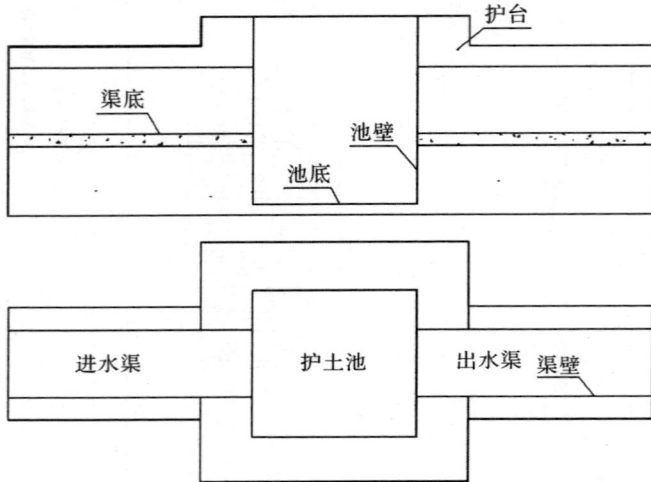

图 10.9　护土池设计

3. 道路工程设计

土地整治区内的道路设计,与通常的道路设计具有不同的特点,主要体现在对可达性、生态的要求上。从可达性的角度出发,道路的设计必须保证农业生产机械可以方便地进入农田,为此在支道、田间道和农田间应设计下田斜坡。从生态的角度,田间道除了满足机械设备的通行要求外,还要为动物提供通行的通道,所以除了主干道采用水泥路面或沥青路面以外,在支道上均采用沙砾石等接近自然材质的材料,田间道采用泥沙路面,其上种植紧贴地面、生存能力强的草皮,给田间动物营造良好的栖息环境和通道。

生态型土地整治模式对道路设计提出的另一个要求是道路的生态景观廊道功能,土地整治区内的道路,尤其是田间道,除了运送农产品、肥料外,还起着连接景观生态斑块的廊道作用,使生活在不同景观生态斑块(田块)内的动物可以在廊道上栖息,也可以通过道路这一廊道进行流通,保护动物的生存环境,同时,又提高了整理区的土地生态景观价值。

4. 防护林工程设计

防护林在不同的地区有不同的要求,义乌佛堂镇整理区地处江南,在防护林工程设计时,防护林树种可以以果树和竹林为主,一方面其经济效益较高,另一方面当地农民一般对果树和竹林舍得投入。但为了使其真正达到生态防护作用,尽快发挥生态功能,故果树、竹林应比常规造林密度高;且在山头、薄土、裸岩地种植湿地松和相思树等树种;同时注意乔、灌、草结合,木本果树套种菠萝或草杨梅,推行"果、草"工程或种植绿肥。严格环保措施,将坡面裸露面积控制在 15%以下,降低地表径流,防止水土流失,达到抗洪、防涝、防风害的最佳效果,在溪流护岸堤种植一定宽度的护堤竹林,结合林带,见空栽植绿竹、苦竹、刺竹、麻竹等,新植密度为 900 株(丛)/公顷,以提高土地的生态效益。

三、工程实践

义乌佛堂镇土地整治项目的规划、设计和施工均结合了生态的理念,采用典型的生态型土地整治模式,项目竣工后,共建成 237.7 公顷生态型标准农田,并对以建成的标准农田进行流耕转包或重新发包到户,独特的整理模式带来的各项效益主要体现在以下几个方面:

(一)保护生物多样性节约农业资源

保持农田生态系统中的生物多样性对于农业生产来说具有重要的意义,人为的不断干扰使农田生态系统内部的自我调节功能逐步降低,特别是化学农药取代有害生物(病、虫、杂草等)的生态控制,结果导致害虫产生抗药性、次要害虫的再生猖獗、农药残留等一系列影响人畜健康、食品安全和环境质量的严重问题。

义乌佛堂镇土地整治实践中,主要是通过采用生态型的工程设计、安排合理的耕作制度和栽培措施,来保护生物多样性的。整理区 29490.1 米机耕路,16516.2 米排水沟,26082.3 米灌溉渠,978 个存储水池均采用了生态型设计,尽量减少了对农田生态系统的人为因素干扰,同时在耕作制度上采取了灵活的措施,对 50.87 公顷标准农田进行流耕转包,改变单一生产单季稻的农业生产方式,转向粮食、经济作物、蔬菜并举的模式。这两项措施,大大降低了农田生态系统由于人为建造物和单一种植结构对生物多样性的伤害。经农业部门测定:采用生态型整理模式的佛堂镇整理区与相邻同类型土质采用非生态型整理模式的联灌畈相比较,每公顷蛙类多 480 只,各种蛇类多 3.75 条,同时每公顷平均每年节约农药成本 57.9 元,节水 1440 立方米,节省农业生产用工投入 4.2 工,各项总计节约农业生产成本约为 2184 元,取得了良好的生态和经济效益。

(二)地面水水质、土壤理性及环境质量的保持和改善

生态型土地整治模式的实施,有效地减少了农药和化肥的使用,使地面水

水质和土壤环境质量得到改善,表土回填技术的使用减少了土地平整工程对土壤肥力的影响。工程竣工后按照国家规定的各项指标对水质和土壤进行检测情况如下:

1.土壤环境质量

按照国家土壤环境质量标准(见表 10.1)对佛堂镇土地整治区土壤环境质量进行检测,测得各项数据(见表 10.2)。

表 10.1   土壤环境质量标准

(元素或农药总量:≤)单位:mg/kg

土壤级别	土壤pH	Cd	Hg	As(水田)	As(旱地)	Cu(农田等)	Cu(果园)	Pb	Cr(水田)	Cr(旱地)	Zn	Ni	六六六	滴滴涕
1	自然背景	0.20	0.15	15	15	35	/	35	90	90	100	40	0.05	0.05
2	<6.5	0.30	0.30	30	40	50	150	250	250	150	200	40	0.50	0.50
2	6.5~7.5	0.6	0.50	25	30	100	200	300	300	200	250	40	0.50	0.50
2	>7.5	1.00	1.00	20	25	100	200	350	350	250	300	60	0.50	0.50
3	>6.5	/	1.50	30	40	400	400	500	400	300	500	200	1.0	1.0

注:(1)重金属(铬主要是三价)和砷均按元素量计,适用于 CEC>5 cmol(+)/kg 的土壤,若≤5 cmol(+)/kg,其标准值为表内数值的半数;(2)六六六为四种异构体总量,滴滴涕为四种衍生物总量;(3)水旱轮作地的土壤环境质量标准,砷采用水田值,铬采用旱地值。

Ⅰ类土壤环境质量执行一级标准;Ⅱ类土壤环境质量执行二级标准;Ⅲ类土壤环境质量执行三级标准。一级标准:为保护区域自然生态,维持自然背景的土壤环境质量的限制值;二级标准:为保障农业生产、维护人体健康的土壤限制值;三级标准:为保障农林生产和植物正常生长的土壤临界值。

表 10.2   土壤环境质量监测结果   单位:mg/kg

样品	土壤pH	Cd	Hg	As(水田)	Cu(农田等)	Pb	Cr(水田)	Zn	Ni	六六六	滴滴涕
样品 1 号(0~15)	5.43	/	/	6.40	7.10	36.83	13.50	59.90	5.39	/	/
样品 1 号(30~40)	5.75	/	/	5.76	4.46	27.65	18.21	47.75	4.57	/	/
样品 2 号(0~15)	5.56	/	/	4.47	7.98	28.38	16.24	51.40	5.21	/	/
样品 2 号(30~40)	5.53	/	/	8.09	2.93	35.00	14.80	48.38	4.50	/	/
样品 3 号(0~15)	5.17	/	/	5.17	7.02	29.38	19.55	51.88	5.13	/	/
样品 4 号(0~15)	5.43	/	/	5.13	4.84	25.88	12.00	40.33	3.72	/	/
样品 4 号(30~40)	5.43	/	/	4.51	3.86	23.20	13.03	43.00	4.31	/	/
混合样品 5 号	6.48	/	/	9.58	6.97	38.28	14.78	49.08	7.66	/	/
混合样品 6 号	6.50	/	/	10.05	8.98	40.60	17.26	53.63	8.24	/	/

2.土壤肥力

对土壤肥力的监测引用绿色食品产地土壤肥力分级标准（见表10.3），测得各项指标（见表10.4）。

表 10.3　土壤肥力分级指标

土壤等级	全氮（g/kg）	速效磷（mg/kg）	速效钾（mg/kg）	有机质（g/kg）	质地
一级	＞1.2	＞15	＞100	＞25	中壤、重壤
二级	1.0～1.2	10～15	50～100	20～25	砂壤、轻黏土
三级	＜1.0	＜10	＜50	＜20	砂土、黏土

注：表中数据均为水田肥力分级指标。

表 10.4　土壤肥力监测结果

样品	速效氮（mg/kg）	全氮（％）	速效磷（mg/kg）	速效钾（mg/kg）	有机质（％）	pH
样品1号（0～15）	37.20	0.66	32.23	175.00	1.33	5.43
样品1号（30～40）	17.34	0.43	14.12	225.00	0.49	5.75
样品2号（0～15）	35.40	0.29	35.05	164.50	1.04	5.56
样品2号（30～40）	19.14	0.15	9.72	48.00	1.02	5.53
样品3号（0～15）	37.64	0.19	138.36	57.50	1.90	5.17
样品4号（0～15）	42.62	0.17	97.25	84.00	1.89	5.43
样品4号（30～40）	13.08	0.17	16.41	60.50	0.35	5.43
混合样品5号	56.71	0.15	96.80	149.00	2.45	6.48
混合样品6号	92.83	0.25	23.24	80.50	4.97	6.50

3.农田灌溉水污染监测

按照绿色食品生产基地农田灌溉水中污染物的浓度限值标准（见表10.5）进行监测，测得农田灌溉水污染各项值（见表10.6）。

表 10.5　农田灌溉水中各项污染物的浓度限值

项目	浓度限值
pH 值	5.5～8.5
总汞	0.001（mg/L）
总镉	0.005（mg/L）

项目	浓度限值
总砷	0.050(mg/L)
总铅	0.100(mg/L)
六价铬	0.100(mg/L)
氟化物	2.000(mg/L)
粪大肠杆菌群	10000(个/升)

注:灌溉菜园用的地表水需测粪大肠杆菌群,其他情况不测粪大肠杆菌群。

表 10.6 农田灌溉水污染物监测结果 单位:mg/Kg

样品	pH	Al	As	B	Ca	Cd	Co	Cr	Cu	Fe	Hg	K
沉水池水样	6.64	1.04	0.01	0.25	31.43	0.00	0.00	0.12	0.03	0.67	0.00	24.64
水渠水样	6.23	1.29	0.00	0.50	29.36	0.00	0.00	0.12	0.04	0.86	0.00	10.55
水塘水样	5.79	2.81	0.00	0.48	29.84	0.01	0.00	0.13	0.05	1.85	0.00	11.35

(三)农业结构调整

单一的种植结构既不利于构建良好的农田生态系统,也不利于提高农业生产效益,在佛堂镇土地整治项目中,优化农业生产结构是生态型整理模式的一项重要政策内容。项目竣工后区内生态、水利、道路等环境条件的改善,给农业结构调整提供了良好的硬件基础,按照统计,2003 年全畈种植瓜菜稻的面积有 74.87 公顷,种植瓜菜面积 108.83 公顷,果蔗 26.81 公顷,花卉苗木 24.12 公顷,其他经济作物类 3.07 公顷。农民种植瓜菜等农作物,优质农田产值最高可达 12 万元/(公顷·年),平均年产值达到 8.7 万元/(公顷·年),而结构调整以前平均产值为 5.25 万元/(公顷·年),项目实施后产值增加 3.45 万元/(公顷·年),年公顷均净利润预计可增加2.7 万元/(公顷·年)。农业种植结构从单一的单季稻生产向多元化、综合生产的转变,给佛堂镇不仅带来了生态效益,同时也带来了可观的经济效益和社会效益。

按照生态型土地整治模式进行规划、设计、施工的义乌佛堂镇土地整治项目,从立项到项目竣工,前后经历了 2 年时间。其实践的成功不仅直接带来显著的生态效益,还取得了较好的经济效益和社会效益。生态型土地整治模式有助于保持和改善当地的生态环境,尤其是改善了当地农田生态系统的生物多样性。生物多样性对农业生产具有重要的意义,合理的生物多样性,有利于通过生物防治以控制有害生物的发生,有利于通过调节土壤生物的活动以实现营养的优化循环和保持土壤肥力,有利于通过整合和发挥各种因素的作用以减少外部投入、节约能源和作物持续高产,生态型整理模式下保持的生物多样性给农业生产带来的好处也在以上的实践中得到了证实。

对工程实践的后续研究表明,生态型土地整治较传统型土地整治更有利于提高农田的固碳能力、土壤有机碳含量密度等性状,促进了美丽农田的建设。从试验结果来看,传统型土地整治实施后土壤有机碳含量(7.91g/kg)小于传统型土地整治实施前(8.38g/kg),说明传统型土地整治的实施降低了农田土壤固碳能力。这可能是传统型土地整治以增加耕地数量为目的,将项目内坑塘等农田景观开发成耕地,以及为了改善生产条件,农田水利设施和交通道路过度混凝化,改变了土壤理化性状,破坏了土壤生物多样性,加快了土壤有机质分解,造成项目区表层土壤有机碳含量库损失明显。而相比之下,生态型土地整治对土壤有机碳含量提高效果显著,实施后提高了28.41%。这主要是由于生态型土地整治采用表土剥离回填、客土培养及改良等土壤生物工程,增加了土壤有机碳含量,提升了碳汇。天然林保留、农田防护林种植、秸秆还田等措施,增加项目区凋落物,促进了碳汇。此外,科学设计生态孔洞沟渠、涵管等农田水利、道路,保护生物多样性,有利于农田土壤有机碳吸收。传统型土地整治实施后,土壤有机碳含量标准差和变异系数有所减少,表明整治后土壤有机碳含量离散程度降低,这可能与传统型土地整治实施过程中并未结合项目区土地特点进行差异化设计,而是采用坑塘填埋、土地平整等统一措施,区域范围内农田土壤有机碳含量呈现趋同性。相比较之下生态型土地整治实施前后,土壤有机碳含量标准差和变异系数变化不大,这可能与为保留坑塘、河流、古树等生态景观,而采用差异化生态型土地整治设计有关。项目区传统型土地整治实施后土壤有机碳密度平均值降低了6.70%,这主要是由于传统型土地整治实施过程中为了增加耕地面积,填埋了坑塘、河流等自流灌溉水利设施,但是硬化的沟渠未能满足区域内全部水田的灌溉,甚至部分项目破坏了几十年自然形成的水田土壤犁底层,农民只能放弃水田耕种而改为旱地农作,土地利用方式的改变对土壤有机碳含量密度影响明显。生态型土地整治实施前后土壤有机碳密度平均值提高了30.46%,主要是由于生态型土地整治实施过程中维持了原来水系,保持了农田耕种模式,此外自然林的保留以及防护林的栽种,林木的落叶间接地提升了土壤有机碳含量密度(梁颖等,2016)。

第二节 义乌美丽村庄建设

一、美丽村庄建设概览

至 2015 年,在义乌 714 个行政村中,80％已经建成美丽乡村。公共服务更加均等。义乌建成覆盖城乡、功能完善、分布合理、管理有效、水平适度的基本公共服务体系。2015 年年底已建成 609 个农村社区服务中心,创建 280 个市级示范农村社区服务中心,义务教育学校标准化建设达 98％。城乡居民医疗保险政策范围内住院报销比例提高到 70％。基础设施更加完善。农田水利基础设施全面改善,农村饮水安全问题基本解决,自来水管网覆盖区农村自来水接水率达到 100％,全面完成农村生活污水治理。农村电力、通信、广播电视、宽带网络实现全覆盖。

二、美丽村庄建设模式

义乌市美丽村庄建设紧密结合自身特点,建立了分区分类型的以下三种不同建设模式。

(一)城镇规划红线范围内——城乡新社区建设模式

城镇规划红线范围内,推行城乡新社区建设模式。即在城镇规划红线范围内的村庄,按照价值相当的原则,用宅基地置换政府集中统建的高层公寓和产业用房,其中,高层公寓保障农民"户有所居",产业用房增加农民的财产性收益,实现人口和产业集聚,推进农村转型,实现美丽乡村建设的景观、品质、就业等,全面提升和可持续发展的韧性。全市规划主城区范围内 159 个村的适用该模式,目前已基本建成 7 个高层公寓集聚管理项目,分别是稠江街道的"香溪印象"、城西街道的"香溪裕园"、廿三里街道的"金麟花园"、北苑街道的"和聚沁园"、佛堂镇的"蟠龙花园"、苏溪镇的"十和里"、上溪镇的"和苑",总占地面积 65余公顷,总建筑面积 230 万平方米,总投资 87 个亿,其中住宅面积 151.8 万平方米,共 11885 套。配套的产业用房项目 7 个,占地面积 25.4 公顷,建筑面积 81.2 万平方米,总投资 20 个亿。该模式可将 14463 个农民融入城市圈,纳入城市生活。首批 535 户、1035 套高层公寓已完成分房,其中 300 户已入住。稠江街道"香溪印象"美丽社区建设是这一类型的典型案例。

稠江街道下沿塘村位于义乌市城镇规划建设用地红线范围内,全村共 316户村民,全体村民迁入香溪印象社区。该社区位于义乌市香溪路以东、开诚路以西、四海大道以北、安和路以南。总占地面积约 3.8 公顷,总建筑面积约 136930 平方米,其中地上部分约 105062 平方米,地下部分约 31868 平方米;容积率 2.73,建筑密度 23.90%,绿地率 30%;共 9 幢楼(4 幢 22 层,5 幢 18 层),地下 1 层,局部裙房 2 层,小区总户数 820 户;主要户型有 70 平方米、105 平方米、140 平方米和 175 平方米 4 种;室内机动车位 900 个,室外机动车位 120 个,总投资 4.7 亿。2014 年 7 月第一批 316 户村民中有 208 户签署了置换协议,2016 年 6 月第二批 80 多户村民参与置换。截至 2017 年 2 月,218 户村民已入住香溪印象。整个建设过程在运作机制上具有以下特点:

1.政府主导和市场机制相结合

整个建设过程统筹工作由社区建设办公室负责,业主职能和融资职能由义乌城乡新社区投资建设集团有限公司承担,"香溪印象"社区的代建工作则由浙江绿城房产建设有限公司负责。"香溪印象"社区建设的重点和核心是解决农民住宅的置换问题,按照下列程序实施:(1)置换对象和置换权益面积的报批、审核;(2)初步确定置换方式;(3)制订置换方案;(4)签订置换协议;(5)项目规划建设;(6)房屋拆除;(7)收回宅基地;(8)房产置换;(9)资产清算,档案移交。项目的启动资金由市政府出资负责。根据相关实施办法,市财政承担项目的建筑设计费和代建费,并提供新社区投资建设有限公司每平方米 400 元的补助。此外,给予全村拆除旧房的村级集体组织适当奖励资金、农户过渡补助费 2000 元/年、高层公寓购置优惠和物业补助等。项目的建设资金则通过村民预交建房资金的方式筹集,搬迁至香溪印象社区的村民需交 10 万元的预付款。

2.宅基地取得置换运作规范

从确定宅基地置换对象开始,对最后的新房选择,全过程阳光运作、规范操作。(1)取得置换对象。该村规定,参加置换的对象包括:村级组织实有在册成员;服兵役前属于本村级组织成员的现役义务兵和士官;入学前属于本村级组织成员的全日制大中专院校在校学生;入监前属于本村级组织成员的在监服刑人员,以及拥有合法产权房屋的非本村集体经济组织成员。(2)置换标准。村级集体经济组织成员以户为单位,可以选择以合法的宅基地占地面积为基数按照 1∶5 的比例确定置换权益面积,其中 3/5 为高层公寓,2/5 为产业用房;或选择以每人 175 平方米建筑面积的方式确定置换权益面积;以合法的宅基地占地面积为基数,置换高层公寓和产业用房的,每户宅基地基数最高不得超过 140 平方米;非集体经济组织成员以合法的宅基地占地面积为基数,置换高层公寓和产业用房的,每户宅基地基数最高不得超过 126 平方米。(3)置换方式。置换对象在确保人均高层公寓面积不低于 30 平方米的前提下,允许以户为单位,在商业用房、商务楼宇、产业用房、货币等其中一种或多种方式中,将余下的可置换权益面积继续选择置换。高层公寓、商业用房、商务楼宇、产业用房之间也可按照一定比例置换。（4）置换价格。本村级组织成员的房产置换价格有三种形式：优惠价、综合成本价、市场评估价。高层公寓面积按人均30平方米享受优惠价置换，优惠价为综合成本价的八折；其余按综合成本价置换；因户型关系超出的部分按市场评估价置换，义乌市规定超出部分最高不得超过置换标准的8%。商业用房、商务楼宇、产业用房部分按综合成本价置换。非本村级组织成员的房产按照综合成本价置换，户型原因所导致超出的部分按照市场评估价置换。在调研中发现，减去政府的各类补助后，本村村民房产置换价格约2000元/平方米。（5）新房选择。香溪印象社区完成建设并竣工验收合格后，根据"公开、公平、公正"的原则，村组织村民分批分房。在楼层和户型选择上，按照抽签的方式进行分配，整个分配过程由市公证处现场监督和公证。

3. 按市场机制促进宅基地高效利用

为了促进村庄宅基地的高效利用，按市场机制促进资源的高效配置，具体有以下两种方式。（1）置换权益交易。参加置换的农民，可通过交易实现置换权益的转移，但须保证村级组织成员每户留有一套人均面积最少不低于30平方米的高层公寓自住房屋。义乌市为此特别设立了专门的城乡新社区置换权益交易平台，通过及时公布交易信息，促成有需求的农民置换权益交易。转、受让方可通过产权交易信息平台发布供求信息，在交易机构交易或自行协商交易。依据相关规定，每次交易置换权益面积不少于1平方米，鼓励农户按小区户型成套交易。交易过程中，双方应按照税务部门规定的税种、计税基价、税率等依法纳税。交易完成后办理置换权益的变更登记。（2）住房交易。农民可放弃宅基地使用权，而获得相当的国有建设用地使用权。其房屋具有完全产权，可办理不动产权证，土地性质为国有出让。对于高层公寓，义乌市规定在保证留一套自住房屋的前提下，可入市交易。对于产业用房，则由当地的国资公司一次性出租，农户按面积比例参与分红。

4. 引导和鼓励宅基地退出

义乌市在美丽乡村建设过程中，引导和鼓励农民退出宅基地，其措施主要有以下几种。（1）留地安置费①。按政府的规定，下沿塘村获得留地安置费7600余万元。2016年年底之前参与置换工作的村民人均分得97000元。（2）旧房拆除奖励。参与置换的农民，在其房产置换之前，必须完成旧房拆除工作。规定时间内拆除旧房率达90%的行政村，人均奖励3000元；实现全村拆除的，人均奖励5000元。（3）物业优惠。从置换当天起，对属本村级组织成员的

---

① 留地安置是指政府在征地时，在给予村民、村集体一定的货币补偿之外，为安置失地的农民，按照一定的征地面积比例，返还给村庄一些建设用地。

业主缴纳的物业服务费和公共能耗费,1—3 年市财政给予全额补助,4—6 年补助 60％,7—9 年补助 30％,以后则全部由业主自行承担。同时,切实保障退出后农民的权益。对于参加置换的农民享受城镇居民的医疗、就业、养老等保险,享有城镇居民职业培训、就业服务、未成年子女教育等同等权利,并继续享有除宅基地之外的原村级组织的其他权益。对于申请参加新社区置换的农户,权益置换前应当先退出原有的农村宅基地。退出的宅基地,若规划为城镇建设用地的,则由政府依法征收后按规划使用;若规划为农用地的,则由政府按规划进行复垦为耕地等农用地。

5.社区建设管理民主化

新社区置换管理过程中充分体现尊重民意、民主管理的特征。下沿塘村 80％以上住户代表同意后,村级组织才提出置换的申请。置换对象提出的置换基数、置换权益面积等申请在被初审后,在村务公开栏等公示 7 日,以接受社会公众的监督。此外香溪印象社区的建设设计方案也都经过专家、部门等的认证,并公开征求村民意见。

(二)城镇规划红线范围外——农村有机更新模式

城镇规划红线范围外,推行农村有机更新模式。即在城镇规划建设用地红线范围外的农村,在核定的村庄建设用地规模内,以村级组织为主导,结合村庄更新改造规划,盘活存量建设用地和闲置的宅基地,优化调整村庄整体用地布局,稳步推进农房改造,合理安排农民建房,改善农村生产生活环境,实现"户有所居"且"住有宜居"。全市市城镇规划区外的 291 个行政村适用该模式,2016 年底已有 49 个村开展农村有机更新改造,其中的 33 个村已经安排了部分用地指标。共拆除旧房 1700 余户、总建筑占地面积达 11.3 万平方米;共建新房 1200 余户,总建筑占地面积达 12.3 万平方米。从 2010 年至今,7 个镇街 31 个村共拆除危旧房达 5.6 万平方米,其中包括自愿放弃安置 3.3 万平方米,发放未安置证明 2.3 万平方米,补助资金 4300 余万元。义亭镇田塘村"空心村"改造是这一模式的典型案例。

1.田塘村简介

义亭镇田塘村位于义乌市城镇规划建设用地红线范围外,全村现有人口 505 人,适用于农村有机更新模式。由于多年来未审批宅基地,村庄内部老旧房屋破败,空心化现象严重。为解决这一问题,2015 年 9 月,义亭镇党委政府统一启动田塘村"空心村"改造建设。田塘村"空心村"改造建设项目总规划建设用地 4.9 公顷,其中宅基地安置区用地 1.8 公顷。项目建设区域分为风貌传承区、老村新韵区和整治提升区三个区域。风貌传承区延续了老村古巷的村巷肌理,传承了本地特色的居民建筑风貌;老村新韵区分为东西两个组团,选取了本地居民建筑元素,形成既与老村风貌协调,又能体现村庄时代风貌,简洁、大方、淡雅的风格特征;整治提升区是对保留老村环境品质的全面提升。截止到 2017 年 2 月,田塘村已拆旧 130 余户,完成建新 50 余户。项目完成后将全面提高村民居住质量、配套和环境,人均占地面积达 95 平方米,全面提升田塘村美丽乡村建设水平。

2.实施主体、实施程序和资金来源

按照"规模控制、多规管控、村级自治、镇街审批,公平取得、配置有偿"的原则,"空心村"改造建设工作由市政府统一领导,镇政府监管,村集体经济组织负责实施。田塘村"空心村"改造建设按照下列程序实施:(1)更新改造申请报批;(2)全面调查、登记与审核;(3)制订实施细则、编制村庄更新改造规划;(4)签订安置协议、分户报批;(5)旧房收回与拆除;(6)宅基地有偿选位;(7)项目规划建设;(8)房屋竣工验收;(9)登记颁发不动产权证。

市政资金为"空心村"整治项目提供一定的资金补助。新建住房过程中,村民需自筹建设资金,同时缴纳配套费与建房押金。建房审批由田塘村村集体统一收取宅基地使用费 2600 元/平方米、基础设施费 200 元/平方米以及选位基数 100 元/平方米竞标款。此外,按照大、中、小户型分别收取每户 5 万元、4 万元、3 万元的建房押金。该押金在新房建设完工,由上级主管部门验收合格后,再扣除相应制图、做证、定点放样等相关费用后给予退回。

3.宅基地取得

(1)分配取得对象。田塘村规定,满足下列情况之一的,可计算参加"空心村"改造建设审批人口,获得宅基地重新分配权:夫妻双方均为本村级组织实有在册成员,且已领取独生子女光荣证的家庭,其独生子女可增计 1 人安排;服兵役前属于本村级组织成员的现役义务兵和士官;入学前属于本村级组织成员的全日制大中专院校在校学生;入监前属于本村级组织成员的在监服刑人员。农户取得宅基地重新分配权后,由农户自主选择宅基地安置方式,与村组织签订安置协议,并分户报批。

(2)报批标准。田塘村集体经济组织成员,按一户一宅标准,以户为单位审批或选择户原合法住宅建筑占地面积按 1∶1 比例拆迁报批。以户为单位审批的,1～3 人户最高面积不超过 90 平方米;4～5 人户最高面积不超过 120 平方米;6 人以上(含 6 人)户最高面积不超过 140 平方米。选择户原合法住宅建筑占地面积按 1∶1 比例拆迁报批的,最高不超过 140 平方米,多余面积由村集体收回。非本村级组织成员以合法住房建筑占地面积按 1∶1 比例拆迁报批,最高不超过 120 平方米,少于 35 平方米一律安置水平套房。田塘村规定,有子女的父母不单独立户报批,须和子女捆绑报批;其中有 2 个儿子的,允许有 1 个年满 20 周岁儿子单独立户;有 3 个儿子的,可以有 2 个年满 20 周岁的儿子单独立户;以此类推。

(3)新房安置。田塘村"空心村"改造规划按大、中、小三种户型布局,大户 140 平方米、中户 120 平方米、小户 90 平方米,审批面积大于等于同级户型才可安置该户型建房审批。60 周岁及以上单身无子女老人(含只有女儿且已出嫁)户,只安置公寓套房(当地又称水平房),不安排顶天立地的垂直房;经本人申请选择旧房拆除 2600 元/平方米的补偿款归本户所有,居住房由村统一安置,房屋产权归集体所有,本人死亡后由村集体收回该安置房。

4.宅基地利用

(1)有偿选位。田塘村"空心村"改造建设过程中,实行宅基地有偿选位,即村民通过投标竞价的方式获得不同地段的每宗宅基地的使用权。村级组织委托房地产评估机构根据普通住宅、店面的经济价值及位置等因素评估确定市场评估价,继而在此基础上设置投标选位的起投价和保留价。田塘村最终划定了 100 元/平方米的选位基数竞标款。参加选位的农户交纳投标保证金,数额不少于评估价的 30%。投票人中投后反悔,投标保证金不予退还,归集体经济组织所有,并承担再次投标选位差价的损失。投标选位所得收益属村集体资产,扣除投标选位所需费用后,全部归村集体经济组织所有,由村集体以民主协商或民主自治方式讨论决定资金用途。

(2)有偿使用。对本村级组织成员超过标准占用以及非本村级组织成员占有和使用宅基地的实行有偿使用。旧房在规划区内,但规划区外有居住新房的农户,如不愿放弃安置,每户只安排一套公寓套房,按市批面积 1∶4 计算套房面积,多余面积由田塘村统一收回,补偿农户每平方米 2600 元。不足部分由农户统一缴纳每平方米 2600 元的有偿使用费。

5.宅基地退出

(1)引导退出的奖助措施。田塘村"空心村"改造建设中,旧房在村规划区内,但规划区外又有居住新房的农户,原则上以货币安置为主,与村签订危旧房拆除协议,如自愿放弃安置的,村一次性按建筑占地面积补助每平方米 2600 元。"空心村"改造旧房拆除面积,以第三方实际丈量结果为计算依据,未经依法处理的违章建筑、临时性建筑及庭院(天井)等一律不计入建筑占地面积。遵循"零增地"或"少增地"的原则,规定相邻属不同产权的房子,由拆房户负责相邻墙壁的拆除,并负责重新砌回墙壁,确保旧房的拆除面积达到最大化,并且不致影响相邻房子的使用。

(2)退出后宅基地的利用方式。原宅基地退出而节余的土地主要用于补充耕地,或增加城镇建设用地指标,或由村级组织通过自主开发、使用权入股等方式增加农民的财产性收益。

6.社区建设管理

"空心村"改造建设工作所收取的各项费用实行专款专用,由田塘村村集体统一实施,保证道路、给排水、电力、绿化等基础设施建设。"空心村"改造建设工作中,田塘村规定,在未经批准的前提下,农户不得私自建造任何建筑物、构筑物,不得擅自翻建、扩建。同时义亭镇严格落实"四到场"制度,即批前选址踏勘到场、批后定点放样到场、砌基建设到场、竣工验收到场,通过严格巡查,确保田塘村"空心村"改造建设按美丽乡村建设规划实施。

(三)山区不适宜居住村——"异地奔小康"模式

城镇规划红线范围外,在自然条件较差不宜继续居住的山区村,实行"异地奔小康"模式,全市共5个"异地奔小康"工程,总建筑面积约86万平方米,总投资24.36亿元。全市有40个行政村7700名村民适用该模式,目前已安置5210人。上溪镇有7个行政村属于此类型,是这方面的典型案例。

1.项目简介

上溪镇位于义乌市最西端,北毗浦江县、兰溪市,南连义亭镇,西接金华市金东区,东邻城西街道。其下的7个行政村(冷坞坪、马岭、石鼓后、里美山、上山、五坪山、楼角)距离镇区较远,752户、1714名村民出行不便,经济发展相对落后,且马岭村、楼角村等地处地质灾害区域范围内,适用于"异地奔小康"模式。

上溪镇"异地奔小康"模式采用镇区全高层集中安置和货币安置两种类型。总规划面积约4.9公顷,建筑面积1100余万平方米,按规划分两期实施。目前已建成的为城市周边的西苑小区一期,总投资2.3亿元,总占地3.15公顷,18层的楼房8幢,住宅738套,分四种户型:80平方米、100平方米、120平方米和140平方米。"异地奔小康"有利于改善山区农民的住房条件和住房环境,提升其生活的幸福指数。

2.实施主体、实施程序和资金来源

上溪镇"异地奔小康"模式由义乌市政府统筹管理,由"异地奔小康"筹建委员会负责组织实施,按照下列程序实施:(1)制订相关方案;(2)调查核实;(3)编制规划;(4)自愿申请;(5)审核;(6)抽签确定当期安置的农户;(7)签订协议、预交订金;(8)拆除旧房;(9)抽签确定房号,交租房款;(10)登记发证。市政府为"异地奔小康"模式提供适当的财政补助资金。集中安置到高层公寓的,按照审批的建筑面积,每平方米补助300元。此外,给予全村拆除旧房的村级集体经济组织适当奖励资金、高层公寓购置优惠和物业补助等。工程建设资金则以山区农民自筹为主。

3.宅基地取得置换

(1)取得置换对象。根据当地规定,参加"异地奔小康"管理的对象包括本村级组织实有在册成员,服兵役前属于本村级组织成员的现役义务兵和士官,入学前属于本村级组织成员的全日制大中专院校在校学生,入监前属于本村级组织成员的在监服刑人员,以及拥有合法产权房屋的非本村集体经济组织成员。

(2)置换标准。选择集中安置的本村级组织成员,以每户100平方米的建筑面积为基数,按照户内可审批人数,人均增加计算40平方米。非本村级组织成员原有旧房占地面积在24~53平方米的,可置换一套80平方米的水平房;54~89平方米的,可置换一套100平方米的水平房;90~108平方米的,可置换一套140平方米的水平房;超过108平方米和不足24平方米的,给予其每平500元的经济补偿。

(3)置换价格。上溪镇安置农户购买西苑小区的套房时,只需交够成本价即可。套房价格＝(建安成本＋基础配套成本)/总建筑面积×套间面积。村民每户每套需预付3万元的购房预付款,后续视小区建设进度,分期交纳购房款。

(4)新房选择。为保证公平,上溪镇采取抽签的形式确定了第一期安置的农户,并按照顺序号安排。在西苑小区完成建设并竣工验收合格后,也是通过抽签统一确定每户的房号,在每户2套或以上公寓套房合理搭配原则的基础上,安排同一户型的参与同一批抽签。

4.宅基地利用

(1)住房交易。参加"异地奔小康"的农民,用宅基地使用权换得了安居小区的国有土地使用权,其住房具有完整的产权,办理好相关手续后,可入市交易;同时,上溪镇农民原承包的山林、土地承包权保留不变,按照"依法、自愿、有偿"的原则,鼓励采取以土地承包权入股、租赁等方式进行流转,完善农民的土地流转机制。

(2)抵押贷款。义乌市加大金融机构对"异地奔小康"的支持力度,积极向参与"异地奔小康"的农户提供抵押贷款业务。

5.宅基地退出

(1)引导退出的奖助措施。这主要有五方面措施。措施一,财政补助。对已签署协议并交付定金的村级组织成员,市财政补助13000元/人,待项目完成后追加补助3000元/人,对整体搬迁的村增加4000元/人。措施二,旧房残值补偿。根据相关实施办法,对砖木、砖混、砖混框架结构的房子,按建筑面积分别予以30~40元/平方米、60~80元/平方米、90~120元/平方米的旧房残值补偿。特别指出的是,违法建筑不予补偿。措施三,货币补偿安置补助。村级组织成员如可提供房产证明,证明其或其配偶在本市其他地区有合法房产,则可放弃水平套房安置。在完成山区旧房拆除工作后,其可享受货币补偿安置补助以及上述的旧房残值补偿。其中,货币补偿安置补助 60000 元/人,整体搬迁村 80000 元/人,单独立户的子女必须与父母同一批申请安置补助。措施四,旧房拆除奖励。为鼓励拆除原有旧房,规定时间内,拆除村庄范围内所有房屋的,奖励 20000 元/人。对整体搬迁、并在规定时间内全部拆除旧房的村,额外再给予奖励 10000 元/人。措施五,物业优惠。从西苑小区一期交付当天起,属本村级组织成员的业主缴纳的物业服务费和公共能耗费,1—3 年市财政给予全额补助,4—6 年补助 60%,7—9 年补助 30%,以后则全部由业主自行承担。

(2)退出后农民的权益保障。参与"异地奔小康"的村级组织成员的户籍关系转移到上溪镇。下山前,针对已参与土地流转的经营大户,其住房必须拆除,但可保留生产用房。在规定时间内参加"异地奔小康",并按规定已实行承包经营权流转的本村级组织实有在册成员,允许其办理职工基本养老保险,与此同时,市财政给予其连续 50 个月的社会保险补贴。另外,在职工养老保险规定补缴条件范围内的,允许其一次性补缴齐全,并享受相应的养老金待遇。在未成年子女教育方面,允许"异地奔小康"中的适龄少年就近入学就读。原住房已拆除的,也可继续在原学区按学区生就学至义务教育阶段结束。

(3)退出后宅基地的利用方式。实施"异地奔小康"的村庄,退出的宅基地复垦为农用地的,产生的"集地券"归村集体经济组织持有。所谓"集地券"是指在符合规划、符合基本条件的前提下,为盘活农村集体存量建设用地,鼓励农村、农户将闲置、废弃和低效的建设用地先实施复垦,验收合格形成相应建设用地指标。村级组织可按照相关规定申请"集地券"的交易或质押贷款等,同时享受相应的收益分配。按规划旧房用于开发美丽乡村等旅游项目的,上溪镇参照"集地券"收益标准给予村级组织适当的补助。

6.社区建设管理

工程建设期间统一规划、统一设计、统一财务管理、统一监理、分步实施,同时成立了由安置户代表、镇政府代表、监理单位等多方组成的质量监督小组,负责监管工程质量。西苑小区建成后,成立了社区居委会对社区事务开展管理,并建立相应的社区服务体系。

三、美丽村庄建设评价

目前义乌全市辖六个乡镇、七个街道,总人口 170 余万,其中义乌本地人口 71 万。义乌市 GDP、人均 GDP、财政一般预算收入等多项指标均位居浙江各县前列,综合竞争力名列浙江县级市首位,是中国大陆六大强县之一,也是全球最大的小商品集散中心,被联合国等国际权威机构确定为世界第一大市场。2014年底,国家发改委发布的《新型城镇化综合试点方案》将浙江义乌定为新型城镇化综合改革试点之一。2015年初,义乌市又被进一步确定为全国农村土地制度改革试点之一,主要承担宅基地制度改革试点任务,也是全国最早探索通过土地整治推进美丽乡村建设的县级市之一。义乌市的模式在实践中取得了显著的成效,尤其是在协调公平与效率框架下的美丽乡村建设运作机制,在一定程度上代表了未来的发展方向。但由于各地的经济实力大部分不及义乌市,因此也决定了其当下的可复制性受到一定限制。美丽乡村建设的三种模式中,也都还不同程度地存在着需要进一步完善的问题。

1. 城乡新社区建设模式存在的问题

该模式的资金需求量通常较大,需要政府有足够的资金支持,同时承担宅基地退出后的开发利用收益无法平衡前期资金投入的风险。再者,该模式往往涉及规模较大,难以完全顾及所有农户的意愿和需求,在建设选址、补偿标准、生活习惯、生产便捷度等方面,难以形成统一意见,为了推进工作进度,可能会存在重视效率而忽视公平的问题。在对下沿塘村的调研走访中,笔者发现仍有十多户村民未签署置换协议,主要原因有三:一是部分村民原住房面积较大,置换后面积变小心有不甘;二是补偿价格不论原住房的新旧,遵循统一标准,少数新建房的村民存在心理落差;三是受传统文化的影响,村内一些老人安土重迁,重乡情结较深。此外,农民用宅基地使用权无偿换取了城镇住房保障以及相关的生活保障权益,同时仍享有农村土地承包权,对城镇居民而言可能有失公平。

2. 农村有机更新模式存在的问题

该模式整理后的宅基地通过重新分配调剂给其他村民或复垦为耕地,产生的经济收益相对较小,多数地方开展该项工作的积极性不高。在对田塘村的调研走访中发现,目前仍有一些村民未参与其中,主要原因有三:一是项目资金以村民自筹为主,部分村民无力承担新房的建设费;二是有些年轻村民刚从大家族中分房出来,不愿再和父母同住;三是少数还处于观望状态。此外,村集体经济组织自我经营与管理水平也有待提高。村庄内部整治后,一些退出的宅基地转变为经营性建设用地,并由村集体自主开发,但目前大多数村尚未实现"政经分离",很难同时处理好公共事务和企业经营活动的关系。

3. "异地奔小康"模式存在的问题

参与"异地奔小康"的村庄多位置偏远,人口稀少,村庄集体经济能力较弱,村民整体经济收入水平偏低,无力承担搬迁费用。该种模式往往需要政府大力的政策扶持和足量的财政资金补助,政府的负担较重。

参考文献

[1]梁颖,耿槟,鲍海君.生态型土地整治工程对土壤固碳能力的影响研究[J].上海国土资源,2016(2):5-8.

索　引

暮色下的胥江村杭派民居

胥江村杭派民居鸟瞰图

阡陌小路旁的一片生机

五水共治后的村庄新貌

烟雨朦胧锁江南

焕然一新的乡村健步道

乡村夏末荷塘

机耕道旁的田园风光

乡村水天一色、天人一景

情调满满的院落之门